MW01170527

Por

Miguel Martin

2016

Pasos para TU Libertad Financiera

Reservados todos los derechos. Prohibida toda reproducción total o parcial en cualquier forma escrita o electrónica sin la debida autorización de los editores.

SERVICIOS, comentarios, información sobre el autor o preguntas puedes hacerlo en *www.miguelmartin.info*

Dedicado

A toda persona que esta económicamente destruida, endeuda, que ha fracasado y que piensa que ya no hay solución. Créeme que todo lo que tienes que empezar a hacer es quitarle las dos primeras letras a imPOSIBLE y experimentar Libertad Financiera A SU POTENCIA.

Agradecimiento

A mi familia que ha estado dispuesta a sacrificar días, semanas, meses para que pudiera escribir este libro y traerlo a nuestra gente latina que tanto lo necesita

Contents

Introducción

"Del seno de la pobreza es de donde por lo común salen la ciencia, el ingenio y los talentos. Homero, poeta inmortal de la Grecia, hizo inmortales a aquellos héroes famosos cuyos nombres, a no ser por él, estarían sepultados en un eterno olvido. Virgilio, Horacio, Erasmo, nacieron en la oscuridad." - Barón de Holbach.

Estoy convencido y experimentado que el fundamento y cáncer económico se llama "falta de educación financiera". Nuestra gente latina recibe todo tipo de educación ya sea buena o mala pero jamás, JAMAS educación en finanzas. Si en esta área fuera diferente nuestras naciones americanas serian totalmente "un mundo nuevo". Todos tendrían suficiente para vivir feliz y libremente. De esta manera podrían dar a los demás con una sonrisa y no forzados si es que dan. No serian sociedades que mendigan estando a la espera de algo por las potencias que gobiernan o la promesa de un "milagro" o respuesta a una "oración."

Diré una cruda realidad que también he descubierto y es que hay un sistema tan grande, tan extendido, tan poderoso que se llama "política" la que se lucra, beneficia y utiliza la "pobreza extendida" a su beneficio. ¡La Pobreza mundial para los grandes es un sistema que intencionalmente provocan y extienden! Esto no tiene ningún plan de cambiar o establecer un sistema de educación diferente en nuestras escuelas, eso de reformas educativas en cualquier país es solo una forma de seguir fortaleciendo. No tiene fin y continuara por buen tiempo hasta que alguien como tu despierte y tome la bandera de La Educación Financiera en sus propias manos. ¿Lo sabias, lo argumentamos? Te escucho.

Por lo tanto, la condición económica general de la ciudadanía **está programada** de tal forma para continuar con "la sociedad pobre y media clase" que conviene a pocos en el poder. Debemos enfrentar esto inmediatamente para evitar nuestra muerte prematura en la gran oportunidad de la existencia económica. ¿Y me preguntaras como es eso posible? De eso se trata este libro - **"Pasos a Tu Libertad Financiera", tu libertad.** ¿Estás listo? ¿Pagaras el precio? ¿entraras a modo alumno?

De entrada, diré que al observar al mundo en que vivimos y sus sistemas ya establecidos en la sociedad veo muy pocas formas para realizarlo. El tiempo se ha ido para algunos, tener 50, 60, 70 años y vivir de un seguro social, si lo tienes, de los hijos ingratos que a duras penas tienen para ellos es una desgracia cruel. Otros que poseen 15, 18, 22, 25, 27, 30 viven en una burbuja de fuego que estalla cuando se encuentran endeudados y viven solo para pagar interés. El numero porcentaje de nuestra gente educada y viviendo libremente con su dinero todavía no existe el número es borroso, obscuro, jejeje talvez exagero el que aún no exista el numero pero si estoy bien claro que es demasiado bajo, esta entre el 5 -1 %.

Opciones para continuar:

Forma uno - es ser del montón y unirnos para salir a protestar por tonterías como tantos hacen la que al final analizándola por todos lados no es conveniente ya que los resultados demuestran que es un total fiasco y pérdida de tiempo, tiempo que tú necesitas para cosas que realmente requieres dedicarte.

Forma Dos – es simplemente **tomar responsabilidad individual** y revelarnos al sistema de una forma inteligente que es "educándonos financieramente", el único camino que permitirá que salgas de la burocracia social, salgas del común del pueblo esclavizado y propongas cambios inteligentes *con una mente y vida transformada creando educación y beneficios.* Mi revolución y rebeldía es con el arma de la "educación selectiva" elegida y aplicada por el individuo.

No hay mejor forma de revolución al mundo que educándonos y usando nuestro potencial de forma consciente. Ven y juntos descubramos la cura, el secreto que permite una verdadera libertad financiera en una época donde la gente solo quiere recibir y esperar e inconscientemente solo consume y destruye. Apúrate y sal del corral de los ratones que van al matadero. Los grandes siempre han tenido planes para destruir masas que estorban y entre ellos están los "pobres".

MMEC propone: "Tu crea un cambio positivo en la sociedad con el cambio de tu vida personal".

Introducción

En **"Pasos a Tu Libertad Financiera"** proveeremos una guía que si aplicas paso a paso tu no podrás evitar tener buenos resultados en tu vida económica y por ende en tu vida en general. Estamos aquí si tú lo decides para activar tu poder de ser libre y vivir en abundancia, si abundancia es posible solo tú eres el factor obstáculo.

Si despiertas conciencia a lo fácil que es encaminarnos, caminar y Poseer Libertad Financiera en una época de tanta LUZ tendrás simplemente eso Libertad Financiera. En este libro entenderás porque mucha gente está esclava a un empleo. Veras por qué muchos solo pueden intentar salir de la pobreza, pero no salen ya que su sistema esta malogrado o en el peor de los casos no saben que tienen un sistema que los controla y lo más triste es que esta en su propia mente. También comprenderás el cómo crear formas, sistemas, servicios, productos, negocios, programas de entradas económicas que contribuirán a tu Libertad Financiera.

Más que un sistema, programas y pasos Al final el libro **"Pasos a Tu Libertad Financiera"** es el mapa que esperabas, necesitas para salir a vivir *tu vida y no más,* jamás la de otros, *tu propio estilo de vida. Por mucho tiempo todo ha influenciado a que vivas un estilo de vida que no ha producido tu estilo de vida. Hoy es tu día para escoger y gobernar tu propio estilo de vida.*

Primer reto, REVELATE. ¿Estás listo para Revelarte a tu propio paradigma, a tus demonios imaginarios, a los sistemas muy bien establecidos para tenerte esclavizado, a entrar a una educación acelerada y acciones masivas para tener el ÉXITO PROPIO, una economía sostenible y abundante? Si no te vuelves hoy un REBELDE a todo lo que te impide jamás será posible. Cierra este libro y regálaselo a otro que si quiera. Sin embargo, yo te invito a revelarte no te arrepentirás. Decide ser rebelde, agresivo y sal al encuentro de lo que es tuyo y que te mereces. ¡Hoy es tu día y momento de actuar, respira esa atmosfera de libertad!

Nunca olvides - "No esperes; el tiempo nunca va a ser el adecuado. Comienza desde donde estás y trabaja con las herramientas que tengas a tu disposición, y mejores herramientas encontrarás en el camino". - Napoleón Hill

Mi Historia

Un viaje de mil millas comienza con el primer paso. - Lao Tse

Que gusto tenerte en esta plataforma de éxito. Gracias por la oportunidad. Emperezaremos un camino poco recorrido pero que si me acompañas estarás feliz por haberme encontrado. A diferencia de mis otros libros comenzare con mi historia y tratare de presentarla la más real posible con la intención de que sepas que he estado donde invito a la gente a salir, he caminado los pasos tan fielmente como te invitare a caminar en este sendero de Pasos a Tu Libertad Financiera.

Si eres o crees que eres pobre, te consideran pobre o media clase, estas endeudado con bancos o personas, no te alcanza el dinero para cubrir tus gastos, no tienes para lo que deseas y sobre todo esto no estas satisfecho con tu vida económica, ENTONCES este libro es para ti.

Este Libro es escrito TOTALMENTE por alguien (yo Miguel Martin) que NO era dueño ni de los calzoncillos que llevaba puestos. Pero al ACEPTAR que tenía un problema, detenerme y PENSAR, PREGUNTAR E INVESTIGAR cómo me había metido en este laberinto de ratas, tomar total RESPONBILIDAD fue como pude entrar al mundo de Libertad Financiera. **Las preguntas apropiadas tienen un poder extraordinario para llevarnos a la solución de cualquier área.**

Despertar consciencia a mi problema e implementar sistemas comprobados permitió mi salida de una vida mediocre en finanzas. Al inicio pensé que lo que necesitaba para salir de mi problema era mas dinero. Nunca llego. Luego pensé que necesitaba otros empleos, si dos o tres empleos. Hasta llegue a pensar que necesitaba trabajar en 7 Eleven. Uno de mis últimos recursos fue orar y orar y orar a Dios que me diera un milagro y hasta hoy nunca me lo dio, el milagro que esperaba era simple y bien practico, cuentas llenas de dinero, que se equivocaran en el sistema del banco y que al regresar yo al encargado me dijera sr.

Martin no podemos hacer nada "quédese con el dinero". Han pasado más de 10 años de esas oraciones y nada de eso ocurrió.

Entonces que hice; deje de estar buscando más empleos, deje de orar por dinero, deje de esperar el milagro, deje de estar buscando tantos bancos y prestamos tontos. Resultados: Hoy con la frente en algo te puedo decir que tengo los calzoncillos y orgullosamente te digo son míos y de colores todos pagados. ¿Pero cómo lo hice, cuál fue mi sistema? ¿Cuál fue mi milagro? De eso se trata este libro.

De una buena vez te diré que en este libro yo NO vengo a hablarte de:

- Como hacer millones. ¡NO!
- Cómo hacerte rico de la noche a la mañana. ¡NO!
- Que pienses SOLO positivo. ¡NO!
- Que pienses en grande exclusivamente para ser SOLAMENTE rico. ¡NO!
- Que ames el dinero. ¡NO!
- Que busques el dinero por sobre tu familia. ¡NO!
- Que pongas el dinero sobre sobre tu FE / Religión. ¡NO!
- Que sitúes el dinero sobre tu salud. ¡NO!

NADA DE ESTO BUSCADO UNICAMENTE COMO FIN. Suficientes libros hay sobre esos temas que pocos resultados han dado porque la sociedad sigue más pobre que nunca INCLUYENDO A LOS QUE SOLO LEEN, SUPUESTAMENTE POSITIVOS, PERO NO HACEN CAMBIOS prácticos.

Vengo aquí a presentarte una vida común, mi historia que ha logrado salir del agujero de las deudas, depresión, insomnio, bajo estima, limitaciones, no poder darse gustos simples y básicos. No poder pagar el alquiler a tiempo, siempre estar esperando aumento de sueldo, esperando caridad, buscar ayuda del gobierno, siempre estar preguntando los precios antes de comprar - solo por no tener LO SUFICIENTE.

Este es El hoy en el que billones de personas están día a día y que desean salir, ver algo nuevo, experimentar otra oportunidad para empezar su vida económica libre de todas estas enfermedades crónicas de la sociedad.

En este tipo de cultura y forma de vida llegue a enrolarme tanto en el EMPLEO que sin darme cuenta entre a un sistema donde nada era mío, pero yo si ERA DE ELLOS, las empresas, organizaciones, jefes, sistemas yo era un ESCLAVO MODERNO. Casa, tarjetas de crédito enumeradas, carro, ropa, todo lo tenía, pero no era mío.

Es increíble, pero en el tipo de empleo que tenía para todo tenía que pedir permiso, si había una emergencia en el hogar, si deseaba realizar algo personal, participar en eventos no asociados con mi empleo *era un problema,* siempre tratando de tener el favor de los empleadores quienes son buenos para destruir el potencial del humano, allí estaba yo mendigando mis necesidades. ¿Te paso eso? ¿Eres libre de hacer lo que quieras en tu empleo?

Algunos no estarán de acuerdo con las palabras, frases o aun mi historia usadas aquí ya que sus paradigmas y conceptos no les permite interpretar lo que digo con una mente libre sino esclava. También muchos se disgustan con este tipo de mensaje o historias ya que sin saberlo ellos su propia viva es revelada. Así que no espero algo mejor de esas personas. Si tú mismo estas peleando mentalmente con lo mismo, te pido de favor que sigas leyendo y no te desanimes y si algo te disgusta de lo que digo o como lo digo por favor continua ya que ese es el primer síntoma de que vas por buen camino y que estas por activar el cambio en ti.

Todo estaba bajo crédito. Era una vergüenza en la vida económica. Si las cuentas de tu banco te desagradan por no tener suficiente CREEME este libro es para ti porque allí estaba yo. Se lo que es vivir en esa jungla de crédito, dinero que no es tuyo pero que aprendes a usar sin saber que si no tienes agudeza financiera te destruyes a si mismo con tus propias decisiones y elecciones. En ese ámbito la pobreza es un demonio que te persiguiera hasta que despiertes y tomes responsabilidad.

Hoy no solo tengo cuentas bancarias en positivo, sino que aprendí a salir de deudas, logré comprender y aplicar principios que construyen la economía personal y ya no la de otros comprando y comprando como loco para enriquecerlos. ¿Cómo? Encontré el templo de la educación donde desperté CONCIENCIA DE MI PROBLEMA Y SOLUCION. Por eso estoy aquí con este libro para revelarte el sistema y pasos que aprendí en ese centro educativo personal.

En este día en lugar de yo pagar "intereses" a bancos los que me estaban matando, hoy los bancos "me pagan" a mí "por usar su dinero". Ayer, de verdad te digo lloraba, gritaba de agonía y mucho estrés por mi situación financiera. Era una vergüenza.

Hoy gracias a Dios y mi diligencia me rio de las situaciones que requieren dinero, de los bancos y de instituciones que controlan a la gente por medio de los intereses altos, instituciones, negocios, empresas que existen para hacerte totalmente miserable bajo la esclavitud de deudas para ayudarte a crear negocios con intereses que te llevaran a trabajar para ellos indirectamente o supuestamente sacarte a ti de deudas endeudándote con ellos. Si eso le llaman '*Consolidación de deudas*' etc. Otro hoyo del que debes salir o evitar. Amigos yo probé de todas esas aguas sucias y como me arrepiento no haber hecho caso a la educación financiera proactiva.

Hace un par de años me llamaban para recordarme de mis deudas y como molestan y lo peor que hay deudas de 1 dólar, 15 o 100 que te lo dejan pasar por un par de meses o años y cuando menos esperabas te mandan un recibo con todos los interés. Otras de las cosas que vive fue el que si no pagaba, me limitaban en las tarjetas de crédito ya que era un desastre en organización. Jejeje hoy día me persiguen para ofrecerme su dinero, bancos, instituciones, corporativas ofreciéndome líneas de crédito por miles y miles 50, 75, 100 Mil y más. Hoy día como disfruto romper esas ofertas y tirarlas a la basura, decir "no gracias" igual a las llamadas telefónicas que como enfadas ya no para cobrarme sino para OFRECERME DINERO. HOY Nn los bancos después de varias transacciones me dicen: "sr. Martin le gustaría aumentar su crédito etc." NO GRACIAS.

De estar endeudado y muchas veces consideré declararme en "banca rota" lo que es legal en este país Estados Unidos – tempranamente entendí que ese era el camino de los cobardes, mediocres e irresponsables. Yo me negué a ser de ese grupo, pero lo peor era que los que me aconsejaban eran líderes religiosos y personas supuestamente consejeros en finanzas. Conocí y conozco a personas que podían pagar pero por evitar responsabilidad se declaraban en bancarrota mediocres entre los miserables.

A pesar de mi desgraciada situación mantuve mi palabra de cubrir mis notas, deudas, responsabilidades y gracias a Dios,

Pasos para *TU* Libertad Financiera

la educación financiera y mis diligentes, inteligentes esfuerzos logré salir de la vida de esa cueva de gusanos, parásitos, murciélagos, ranas, ratones, construida por mí mismo. Descubrí que podía volar y más aún que era un "águila". Gracias a esto llegue a la cima desde donde veo campos llenos de prosperidad para todos.

Hoy día he hecho negocios rentables que ni soñaba décadas atrás y no solo eso, sino que ahora personas me confían su dinero para negociarlo o invertir cosa que era una locura años atrás. ¿Cómo cambio todo eso? ¿Cuál es el secreto? ¿Cómo lo logre? De eso se trata este libro. Pasos simples y prácticos que no requieren de un diplomado, titulo, master simplemente hacerlos y los resultados serán visibles. Este sistema de **MMEC** se llama "Educación Financiera Selectiva" la que ha sacado de la esclavitud a pocos que se han dejado EDUCAR.

Hoy soy dueño de mis propias empresas (MMEC) Miguel Martin Education Center sobre desarrollo y motivación personal en libros, coaching, seminarios y eventos. Tienda Meganutricion con productos naturales y vegetarianos promoviendo salud y vida. Organización no lucrativa (LVP) La Verdad Profética, radios en línea, Radio MMEC ayudando a nuestra comunidad latina a emprender, Radio LVP contribuyendo con vida espiritual. Pero más deseo resaltar que esto fue logrado sobre todas las desgracias y esclavitud moderna en que estuve metido.

"Lo cierto es que mucho antes los negros habían buscado su libertad, en una patria que aún mantiene formas de esclavismo disfrazada de pobreza, miseria y abandono estatal." - J. Mauricio Chaves Bustos. Filósofo. Escritor de cuento, ensayo y poesía.

Hoy estoy súper alegre, orgulloso de contarte que empecé todo esto empresa, organización, tienda, radios y muchos otros negocios activados como "entradas pasivas" **libre de deudas, totalmente orgánico encima de todo mi fracaso en el pasado con las finanzas.** Me lo propuse y hoy gracias a sistemas simples, básicos y anticuados para algunos me han redimido a vivir una vida de Libertad Financiera sostenible ayudando a personas y viviendo mi vida, una vida re feliz.

De donde estaba, vengo hoy gozo de una vida súper cómoda y tengo suficiente para vivir y compartir con aquellos que de verdad necesitan una manito o ayuda lo que de otra manera jamás habría podido lograr de manera eficaz. ¿Cómo estas tú?

16

¿Cuál es tu historia? ¿Cuál es tu desgracia? ¿Estas feliz con tu condición económica?

Créeme que, si quieres empezar YA, vale la pena **reconocer donde se encuentra uno en la vida económica** en **este momento** y si no es lo que deseas, ENTONCES DEBES disgustarte / ENOJARTE (léete Libro Una de las 12 reglas para el éxito) CON ESA CONDICION y luego buscar educación financiera SELECTIVA. Cuando hagas esto en seguida encontraras una salida a toda esa desgracia y esclavitud. PERO TIENES QUE DESPERTAR Y RECONOCER DONDE ESTAS EN ESTE INSTANTE. Alli está la magia y poder de EMPEZAR

¿Estás listo para cambiar de HISTORIA? Te reto a que lo hagamos AHORA MISMO.

Escribe en este momento La historia que tienes en FINANZAS se claro y honesto:

_____
_____
_____
_____
_____
_____
_____

_____

AHORA ESCRIBE LA HISTORIA QUE DESEAS TENER EN FINANAZAS, se especificó:

_____
_____
_____
_____
_____
_____
_____

_____

Conclusión:

"Los problemas económicos no se resuelven con dinero, se resuelven con imaginación". (Anthony Robbins).

El Poder de La Libertad

"Cuando experimentamos Libertad Personal tenemos un alto sentido de genuidad y gozo en nuestro ser." – Brendon Burchard

La libertad es una palabra con su propia existencia y tiene su propio mundo del que pocos aprecian por lo tanto pocos, poquísimos son sus ciudadanos. Es también un gran poder que pocos comprendemos, gozamos y que podríamos obtener sin mínima inversión de tiempo. Pero será un misterio y algo demasiado costoso sin un Gran Despertamiento de Conciencia propia.

Esta palabra LIBERTAD en la historia de la humanidad ha costado vidas, ciudades, familias, negocios, naciones, empresas. A sido la causa de revoluciones, guerras, sangre en nuestra sociedad. Te digo desde ya que es imposible tan siquiera CONSIDERAR dar ESOS PASOS a tu LIBERTAD FINANCIERA sin tomar en cuenta de manera seria este tema y el costo de LA LIBERTAD PROPIA. Todo tiene su precio y pagarlo es necesario para los que estamos aquí. Pero no te preocupes el pago aquí no es con dinero es con lo "orgánico", lo que tú eres y estás dispuesto a cambiar en conceptos y acciones. El precio más grande y costoso es lo que tu no quieras realizar.

Sin embargo, también es la razón de LIBERTAD en una vida, ciudades, negocios, familias, naciones, empresas prosperas tanto que por ella existen y tienen lo que gozan. La Libertad es como el agua, oxigeno, vida que el ser humano necesita. También es como el fuego, el amor que puede ser usado de una u otra manera. La libertad es un concepto poderoso.

LIBERTAD Es una de las grandes experiencias que el ser humano desea en lo más íntimo de su ser pero no sabe lograr, mucho menos mantener. Esto debería ser prioridad en la vida, La Libertad en todo para ser FELICES Y PROSPEROS. No existe *otra plataforma* para la prosperidad verdadera. Quien no la tiene, libertad no tiene vida ni oportunidad de prosperar.

En las majestuosas montañas de Guatemala hay un ave portentosa llamada quetzal. Su cuerpo es pequeño, un poquito más grande que el de una paloma. Su plumaje es precioso: escarlata, verde y dorado y una cola excepcional de aproximadamente tres pies de largo. Es un ave muy singular y virtuosa. ¿Cuál es la virtud de ese pájaro maravilloso? ¡Ah, es que no puede vivir prisionero; nació para ser libre!

Pero cuando el quetzal es enjaulado, por lo general a las dos o tres horas está muerto; muere de tristeza al verse cautivo, pues es privado de su vida, que es la libertad. Por eso el quetzal es llamado el ave libre, y se toma como símbolo o emblema de la libertad. Querido amigo, el hombre fue creado para ser libre como el quetzal, sin embargo, nuestros propios conceptos, deudas, sistemas nos ha hecho prisioneros que nos roba constantemente la vida y la libertad, pero gracias al universo y la educación selectiva es la llave para sacarnos de la prisión de una vida miserable y así llegaremos como el quetzal a ser para lo que fuimos creados, hijos libres, libres para siempre y prósperos. ¿Por qué no ser con educación selectiva como el quetzal, libres?

Por lo tanto debe recalcarse que este poder es gratuito y disponible a todos, el universo es el manantial y tiene para todos, tu estas incluido. Ya que sus orígenes están en Dios, en el universo del que todos somos parte. Está en nosotros el poder ejecutarlo y sin embargo sigue para muchos siendo un misterio. Si se descubriera es una mina de posibilidades, de cambio de vida, de economía, mentalidad prospera, espiritualidad y rotundamente rentable.

"La libertad no consiste en tener un buen amo, sino en no tenerlo." - *Cicerón* (106 AC-43 AC) Escritor, orador y político romano.

Lamentablemente algunos no solo no saben de La maravilla de la Libertad, sino que se han dado por vencidos en esta sociedad limitante y están esclavizados sin siquiera saberlo o tener la mínima intención de poseerla ya que han sido formados en una generación que no aprecia los valores y principios universales – el eje del bien, vida y prosperidad.

Tenemos que DESPERTAR Y RECLAMAR nuestra Libertad. Este es el momento. He allí por qué tanta muerte de poderes, tanto desperdicio y desprecio a lo que en verdad hace feliz al ser humano (TU). Estudia todo lo que desees, investiga y encontraras que la base de todo lo que permite la prosperidad del hombre se llama LIBERTAD, No dinero, herencias, trabajo, propiedades, aumento de salario, intelectualidad, títulos sin ella - La Libertad somos NADA.

Se cuenta que en 1962, el joven James Meredith no se le permitio estudiar en la universidad por ser negro. Pero el conociendo el poder de la libertad demandó y después de sus grandes luchas tuvo éxito rotundo contra la Universidad de Mississippí para que se le permitiera ser alumno de esta universidad.

El ganó la demanda en el mes de septiembre de año 1962, pero no sin obstáculos. Un abogado y gobernador blanco que se había graduado en esa universidad Ross R. Barnett bloqueó su admisión. Este joven para hacer efectivo su derecho, Meredith tuvo que ser acompañado por oficiales del ejército para poder entrar al campus el 30 de septiembre de 1962. Esto creo un caos. Estudiantes y no estudiantes blancos atacaran a los oficiales con piedras y armas de fuego, con 28 heridos, un blanco muerto y un periodista francés. Esto llamo la atención del país y el mismo Presidente tuvo que involucrarse. El presidente Kennedy envió al ejército regular para reprimir el levantamiento segregacionista. No sin esta lucha por su libertad y derecho ganado Meredith pudo iniciar sus clases al día siguiente gracias a la importante presencia del ejército. Gracias a esto que se llamó "la revuelta negra" el Parlamento nacional reaccionó aprobando leyes de derechos civiles en 1957, 1960 y 1964. Mi pregunta es amigo o amiga ¿están dispuestos a pelear, revelarse, reclamar su libertad para gozar de sus derechos de riqueza, prosperidad y felicidad?

Por lo tanto, si deseas PROSPERIDAD, RIQUEZA, VIDA, ÉXITO entonces estas invitado a reconsiderar el Poder De La Libertad como la UNICA PLATAFORMA, BASE, Manantial para esos logros que están totalmente conectados a La Vida que todo ser humano puede y debe usar CONSICIENTEMENTE.

¡Gente nacimos para ser libres, solamente libres!

Contesta:

¿Qué tan consciente estas del Poder De La Libertad en ti de 1-10? 1=nada 5= más o menos 10= total y completo bien consciente. 1,2,3,4,5,6,7,8,9,10.

¿Que es para Ti El Poder de La Libertad?

_____
_____
_____
_____
_____
_____
_____
_____
_____
_____
_____
_____
_____

¿Escribe cuál es el precio que estás dispuesto a pagar para expresar Tu Poder De Libertad?

_____
_____
_____
_____
_____
_____
_____
_____
_____
_____
_____

Escribe como usaras El Poder De La Libertad a tu favor:

_____
_____
_____
_____
_____
_____
_____
_____
_____
_____
_____

Pasos para *TU Libertad Financiera*

Has una lista mínima de 10 cosas en las que buscaras La Libertad o de las que necesitas dejar de estar esclavo.

_____

_____

_____

_____

_____

_____

_____

_____

_____

_____

Resumen: "LIBERTAD Es una de las grandes experiencias que el ser humano desea en lo más íntimo de su ser, pero no sabe lograr, mucho menos mantener. Esto debería ser prioridad en la vida, La Libertad en todo para ser FELICES Y PROSPEROS. No existe *otra plataforma* para la prosperidad verdadera. Quien no la tiene, libertad no tiene vida ni oportunidad de prosperar."

Libertad Psicológica

"Yo quiero libertad para una completa expresión de mi personalidad." – Mahatma Gandhi.

Una de las áreas donde hemos perdido La Libertad totalmente y donde hay más amos y totalitarios gobernando no es el medio oriente, o china, o Venezuela sino en nosotros mismos. Inconscientemente y donde existen grandes esclavitudes es dentro de nuestro interior en nosotros mismos *en conceptos, ideas y pensamientos destructivos* que nos pone en estado de autodestrucción voluntaria y por eso que aun así deseáramos vivir una vida libre, la verdad es que se vive una vida llena de penurias, vida estresada, complicada y confundida, totalmente pobre o deudas. No vivimos Libertad SINO ESCLAVITUDES a todos sus niveles.

La única manera de poder desear inteligentemente, experimentar y luego disfrutar de una libertad en MMEC creemos que debemos **primero reconocer que estamos esclavizados**, ¿esclavizados? Si, en el lugar menos sospechado y esperado y eso es en LA MENTE. En la ciudadela que dirige toda tu vida, allí se construye tu destino. Bien dentro de uno están los demonios, conceptos, sentimientos, ideas controladoras que jamás esperaban que llegaras a este punto de conciencia, "despertar." Están asustados y tienes que tener el valor de correrlos de ti o pararte encima de ellos y caminar y empezar a experimentar La Libertad. La libertad empieza a activarse en el momento que reconoces que estas de una u otra forma esclavizado. Mucha gente solo ve la esclavitud algo del pasado y jamás sospecha de la esclavitud moderna.

Muchos sin darse cuenta al ser formados por las opiniones de otros, sociedad, gobierno, educación, religión, padres, amigos se han esclavizados ellos mismos al CREERLES en sus propias mentes. Lamentablemente la mente se ha vuelto para muchos la cárcel, el amo cruel, cadenas que el YO INTERNO mismo permitió su existencia. Tu dijiste "yo no existo, dime como vivir". Pero sabes, muchas personas no lo saben y por eso estamos aquí para ayudarles, educar, sonar la trompeta para que despierten, asistirles a reconocer el problema de esclavitud más peligrosa, la mental.

Hemos dicho la esclavitud más terrible es la psíquica - en conceptos y pensamientos que son cuerdas que nos atan a vidas comunes, mediocres, normales y hasta conformes *viviendo aparentemente* felices, *maquillando constantemente* una vida que no existe con consecuencias de nuestro propio comportamiento diario. Y de este tipo de gente están llenas las universidades, iglesias y esa sección llamada "media clase" en la sociedad, sección que cada día desparece no hacia arriba sino hacia la pobreza con el coro "la economía está mal", "todo está difícil", "vivimos en tiempo duros y es difícil ser exitosos y prósperos". "Este presidente o política nos fregó." Así hablan las personas esclavas.

"Aunque me quede solo, no cambiaría mis libres pensamientos por un trono." - *Lord Byron* (1788-1824) Poeta británico.

Este tipo de esclavitud inconsciente es la base de tantos sin sabores en la vida, desgracias y canceres en las relaciones y vida. Esta es la raíz de esclavitudes a personas toxicas, empleos abusadores, esposos, esposas controladoras, políticas manipuladoras, sistemas económicos diabólicos que en lugar de liberarte te amarran a una vida llena de deudas e insomnio. Esta esclavitud también se manifiesta al comprar sin pensar, ir de vacaciones sin dinero propio, pero sin con dinero de otros o tarjetas de crédito.

"Libertad es aquella facultad que aumenta la utilidad de todas las demás facultades." - Immanuel Kant (1724-1804) Filósofo alemán.

Mentiras vestidas de felicidad, comodidad, lujos, nos ha anclado a conceptos que han manifestado el tipo de vida, relaciones, y prosperidad que poseemos en este mismo momento. ¿Pregúntate esto es todo lo que podemos vivir y tener?, ¿inquieta tu conciencia, entra a tu subconsciente y platica con él y pregúntale, ¿esto es todo lo que YO PUEDO ser y poseer? ¿Para esta mediocridad fui creado? ¿Será posible que siendo hijo de Dios nací para ser POBRE? Te sorprenderás de las respuestas que recibirás. Tomate 15 minutos vuelve a leer estas preguntas y contesta a conciencia tu realidad.

Tomate ahora mismo 15 minutos. No sigas leyendo sin hacer este ejercicio. Allí encontraras tu verdad. Recuerda La Verdad nos hará LIBRES.

Pero también debes DESCUBRIR en este practico proceso que si encuentras respuestas diferentes simplemente quiere decir que estas reconociendo que la esclavitud está en tu propia psicología y por lo tanto tu eres responsable de esas CREENCIAS como CONSECUENCIAS EN TU PROPIA VIDA.

Hoy como nunca antes necesitamos hombre y mujeres con mentalidad que gobiernen sus vidas con libertad y luchen por otros seres humanos que merecen vivir libres como manifestó el famoso Francisco de Vitoria. El fue un teólogo, profesor, filósofo y jurista del siglo XVI quien en el periodo de colonización española en América, fue un arduo defensor de los derechos humanos de los indios americanos.

Victoria en sus obras constantemente vemos que defendió la posesión de sus bienes, tanto en lo público como en lo privado. El siempre dio forma jurídica a los principios de igualdad, fraternidad universal de los hombres, la dignidad y los problemas morales de la condición humana, que en esa época no contemplaban a los indios. El consiguió que fuesen reconocidos como sujetos de derecho, como personas que son pero lamentablemente aún siguen siendo grupos vulnerados no solo los indios americanos sino gran parte de la humanidad en todo el mundo. "Solo mentes libres activan poderes, poderes con resultados transcendentales." – Miguel Martin

Repito al final del día todos somos los únicos responsables de nuestras creencias, ideas, pensamientos, conceptos como estilo de vida presente nadie más, si nadie más. Ya basta de ese **Tylenol psicológico** que nos han enseñado a tomar para justificar nuestra mediocre situación de pobreza o fracaso – ese concepto que somos lo que otros nos han hecho, abuso, cultura, pobreza, el mundo es difícil, no tenemos dinero, es la voluntad de Dios etc. Eso se llama irresponsabilidad, clave para el fracaso constante. George Bernard Shaw (1856-1950) Escritor irlandés nos lo dijo confirmando este punto. "La libertad supone responsabilidad. Por eso la mayor parte de los hombres la temen tanto."

Por lo tanto, LA PRIMERA LIBERTAD despierta y usada para poder salir y triunfar debe ser la libertad psicológica, la

mental para PODER LIBERAR TODO LO DEMAS en nosotros. En mi historia YO no empecé con más dinero, más salario, más empleos, la lotería, el milagro de Dios, más fortuna sino empecé a reeducar mi psicología, a cambiar de paradigmas, creencias, tome mi propia consciencia y subconsciente y los lleve al **templo de La Educación Financiera Selectiva**. Fue así como activé este poder de Libertad Psicológica y pude volverme a engendrar y sacar a vida mi propio estilo y forma. Tú también puedes y no tienes que esperar es aquí y ahora que puedes. ¿Quieres? ¿Lo harás? ¿Empezamos?

Mucha gente dirá en este punto, pero ¿qué pasa acaso no se me dijo que aquí (libro) me hablarían de "pasos para mi libertad financiera"? Si, y este es uno de ellos que tienes que dar mucho antes que tengas físicamente más dinero en tus manos y cuentas. Libera, limpia tu mente conscientemente y liberaras las grandes cosas para ti que esperan en el universo, en la vida, en la familia, en los negocios y en los dineros que son tuyos. Sin embargo, ese dinero nunca llegara a gente irresponsable. Levántate y declara tu Libertad, liberando tu mente de todo lo que no sirve.

Te diré que aun en el mundo/vida espiritual no puede hacerse nada sino aceptamos, reconocemos la necesidad espiritual. Nadie puede ayudarnos a salir de cualquier situación, condición, esclavitud a menos que reconozcamos la raíz de nuestra condición. Tan básica verdad, "todo empieza y termina en la mente." – Miguel Martin.

"Proclamo en voz alta la libertad de pensamiento y muera el que no piense como yo." - Voltaire (1694-1778) Filósofo y escritor francés

¿Estás listo para liberarte psicológicamente? Si tu respuesta es **SI** entonces hagamos el siguiente ejercicio, PASOS y DECLARACONES:

Cierra los ojos.

Levanta y extiende con todas tus energías las manos hacia el universo.

Declara con todas tus energías ¡Quiero Ser Libre!

Declara ¡SOY LIBRE!

Declara ¡estoy libre!

Declara ¡VIVO LIBRE!

Declara ¡Tengo lo que me merezco porque soy Libre!

Repite estos pasos cuantas veces necesites hasta aprendértelos de memoria y hazlo muchas veces en el día, mínimo 7 veces durante el día.

SI LO CREES te declaro LIBRE por la autoridad que me da el universo. ¡Libre ERES y empieza a recibir LO TUYO!

Resumen: "Por lo tanto, LA PRIMERA LIBERTAD despierta y usada para poder salir y triunfar debe ser la libertad psicológica, la mental para PODER LIBERAR TODO LO DEMAS en nosotros. YO no empecé con más dinero, más salario, mas fortuna sino empecé a reeducar mi psicología, a cambiar de paradigmas, creencias, tome mi propia consciencia y subconsciente y los lleve al templo de La Educación Financiera Selectiva. Fue así como activé este poder de Libertad Psicológica y pude volverme a engendrar y sacar a vida mi propio estilo y forma. Tú también puedes y no tienes que esperar es aquí y ahora que puedes. ¿quieres? ¿Lo harás? ¿Empezamos?"

Libertad Espiritual

"Sera difícil negar que la gente en el mundo grandemente desea obtener LIBERTAD – libertad social, libertad emocional, libertad creativa, libertad financiera, libertad de tiempo y libertad espiritual." – Brendon Burchard

He notado una y otra vez en libros, seminarios, eventos sobre finanzas cuando el tema es sobre finanzas pocos hablan de esto o nadie menciona la parte Espiritual. Creen honestamente que no es parte del cuadrante del éxito. Otros la ignoran. Pero MMEC te dice todo lo contrario, la espiritualidad juega un papel demasiado importante para dejarlo a un lado. La espiritualidad es la electricidad que le da vida y hace totalmente funcional las finanzas en nuestra vida.

La verdad que MMEC enseña es que nuestro mundo exterior está inspirado, dirigido, iniciado, manifestado no por casualidad de la vida o que llego al azar, **no, no vivimos vidas sin origen.** Nuestro MUNDO EXTERIOR es total y completo existente gracias a nuestro MUNDO INTERIOR y el mundo interior de cada ser humano está compuesto no solo de emociones como algunos tratan de enfatizar sino al 300% del E S P I R I T U. SOMOS SERES ESPIRITUALES LO ACEPTEMOS O NO.

Mucha de nuestra gente nunca ha disfrutado Libertad Espiritual, la vida interior, ese mundo de grandes experiencias y poderes como, como va a gozar de Libertad Financiera en el mundo físico. Esto aun entre los religiosos y eso sin importar de qué religión sean, gran parte nunca ha sido realmente LIBRE. SALEN DE UN OYO Y SE ME METEN A OTRO. Como lo sé, lo digo con autoridad ya que parte de mi vida ha sido relacionada en ese ámbito, gente esclavizada a iglesias, creencias, ideas religiosas de otras personas, humanos y no de Dios, Del Espíritu, de la energía universal que inyectan una intranquilidad que a veces confirma que la religión verdadera ha sido mal interpretada, practicada erróneamente por unos pocos.

¿Entonces que es Libertad Espiritual? *Esto no es otra cosa que tener paz interna. Tranquilidad consciente, creciente y revelarse en la vida diaria por AMOR, PAZ, BONDAD, TOLERANCIA, MISERICORDIA. Es la unificación de la vida, humano y Dios. Es cuando el universo, la inspiración, la existencia es real en una vida común. Es la manifestación del balance en la vida de individuos. Es la Inteligencia que equilibra todo en el SER.*

Creemos en que la libertad espiritual ayuda tremendamente a vivir una vida de prosperidad, riqueza, éxito. Es en este estado - Libertad Espiritual, la verdadera libertad espiritual, porque hay una espuria, que permite la capacidad de pensar inteligentemente. Es donde todo está alineado y se mueve congruentemente a un fin basado en valores y principios.

Quien no tenga esta fase en orden, la libertad espiritual en su vida fracasara en sus intentos de lograr prosperidad, riqueza y éxito en cualquier cosa. Esta es una de las simples razones porque muchos que llegan a posiciones elevadas se caen en la política, actualización, organizacional, música, religión, vida económica, profesiones, etc. Tropiezan, caen en drogas, sexo, alcohol, vida sin sentido, hogares destruidos, divorcio y más y más.

Louise Hay confirma esta verdad: "Para cambiar tu vida por fuera debes cambiar tú por dentro. En el momento en que te dispones a cambiar, es asombroso cómo el universo comienza ayudarte, y te trae lo que necesitas." - Louise Hay

Tener libertad financiera no es imposible sino El proceso para lograr Libertad Financiera es el problema para muchos. El obstáculo es que empieza con uno mismo. Por naturaleza a las personas no les gusta tratar consigo mismas. Cuando hay problemas se busca un culpable, otro lugar y difícilmente se espera que esta en nosotros. Por eso es que tratar con uno mismo es un reto y se requiere valor y consciencia. Pero así es si se desea superar cualquier situación como el problema de esclavitud en las finanzas es necesario trabajar súper bien esta área, la interior, la espiritual. ¿Cómo está tu vida espiritual? Tu respuesta demostrara el porqué de tu vida física y económica.

Libertad Espiritual solo la puede tener el que la busca, el que la quiere y hace todo para experimentarla. Por lo tanto,

Libertad Espiritual es uno de los procesos que se debe vivir para poder extender el poder de la libertad a otras dimensiones. Nadie pasa a otra fase exterior sino cuida, trabaja y usa su mundo interior. Esta persona intelectual, educado, conocedor de leyes estaba esclavizado en el área espiritualmente. Nada de lo que hacía le daba paz y parte de su experiencia involucro someterlo a vivir como pobre, parte del camino al cielo que le ofrecieron. Busco muchos caminos religiosos hasta que se encontró consigo mismo. Encontró que el poder de la libertad estaba en el mismo, en el concepto de la FE. Él fue el alemán llamado Martin Lutero. El lucero en la obscuridad de la edad media.

Cuando Lutero descubrió su propia esclavitud, se espantó. Pero salió de allí no sin costarle desprecio y luchas, guerras que fueron el resto de su vida. Vivió la excomunión en 1520 por seguir fiel a *su creencia nueva de libertad espiritual*. Lo gracioso es que, ahora que vivía entre guerras y persecución estaba feliz y vivía libre de verdad.

Esta verdad de libertad activo poderes que en su tiempo en los años 1500 hizo temblar a la autoridad civil y religiosa más grande del mundo, al papado. Se convirtió en el padre de la Reforma, movimiento que puso los fundamentos para la libertad no solo espiritual para millones de personas, sino también naciones que lo apoyaran en su tiempo y que beneficio con su FE hasta el día de doy países como Estados Unidos y todos aquellos que hoy pelean por su propia libertad. Lutero vivió libre, peleo sus guerras, impacto a la sociedad de su tiempo con todo su potencial y pobre no murió. Vivió prosperidad en toda su magnitud.

Para empezar a gozar de cosas hermosas, prosperidad muchos como Martin Lutero primero *necesitamos reconocer y luego usar esa libertad, la libertad espiritual*. Pruébalo, experiméntalo, úsalo para tu propio éxito.

¿Cómo tener libertad espiritual si estamos esclavizados a conceptos, ideas, pensamientos? Todo esto crea emociones que encadenan las facultades, capacidades, poderes que lucen solo cuando hay plena libertad interna. Nuestras acciones tienen mucho que ver con la vida interna y allí pocos revisan o están conscientes de lo que ocurre. DESPIERTA. Detente y dedica tiempo para evaluar y ver que ha estado pasando con tu vida

Espiritual. Créeme que una vez lo hagas activaras PODERES que serán tus siervos en tu camino a la Libertad Financiera.

Por lo tanto, solo quienes tienen paz interna, verdadera Libertad Espiritual hacen conciencia de la necesidad de Libertad Financiera, ellos son los únicos que disfrutan la familia, la vida, comprenden todo proceso para crecer y tienen el valor para realizar los cambios necesarios para la vida que desean.

¿Cómo está tu vida espiritual, tu interior? Recuerda tu mundo interior, espiritual crea, forma, trae a la existencia el mundo físico y esto incluye no solo tu cuerpo, familia sino también y totalmente tu mundo económico. Cuanto más fuerte estés espiritualmente más grande será tu riqueza.

Incrementa tu vida Espiritual con los siguientes pasos inmediatamente:

Cada uno de nosotros está conectado con lo Divino. El Ser Superior que está dentro de nosotros trasciende por mucho la comprensión de nuestras mentes conscientes. Este es el poder al que han accedido todos los grandes genios y maestros.

¡El primer paso es CREER que eres un ser Espiritual!

¡Luego entender que tienes un Ser Superior con quién establecer comunicación!

Tercer paso establece una META para lograr contactar con el Ser Superior, revisa esa meta diariamente y mantén tu propósito con determinación hasta que el éxito sea tuyo.

Transforma Tu Visión del Mundo EXTERIOR CON EL MUNDO INTERIOR es el cuarto paso. Establecer un contacto cercano con el reino, necesitamos que todo nuestro ser – consciente y subconsciente – sea congruente con nuestra meta. Por lo tanto, busca escritos o maestros que expandan tu comprensión de Dios, del Gran YO SOY, del universo, fundamentalmente como un reino de Conciencia y Mente.

Quinto paso soledad es sumamente necesaria. Busca regularmente tiempo para ti, en el cual puedas estar totalmente solo. Es preferible un lugar tranquilo. Simplemente siéntate en silencio sin expectativas. No hagas NADA. NO PIENSES SIMPLEMENTE QUEDATE LIBRE. Esto puede parecer muy incómodo y extraño al principio. Persiste. Le estás dando tiempo y espacio a la voz interna para que se haga escuchar.

Meditación, sexto paso tiene que ser incluido. En la meditación, trabajas para disciplinar a tu mente y para silenciar la charla interna que siempre la llena. De esta manera creas un recipiente puro para que lo llene el Ser Superior. Respiración es crucial en esto como séptimo paso. Aprende a seguir tu respiración es una disciplina de meditación excelente. Hay muchas prácticas que puedes estudiar y usar. Escoge la que te guste mas o sea adecuada para ti. Ten un Diario octavo paso. Registra tus sentimientos, emociones, sueños e intuiciones todos los días en un diario. Esto te ayudará a entrar en un contacto más estrecho con tus profundidades intuitivas. Puedes hacerle preguntas a tu Ser Superior aquí, y después registrar cualquier respuesta o intuición que recibas. Si haces esto regularmente con fe y expectativa, RECIBIRAS las respuestas que necesitas.

Noveno paso: Lee, medita, reflexiona en la Biblia, créeme con ella encontraras las llaves del REINO espiritual que te abrirá los misterios que necesitas para ir a niveles extraordinarios. Este es el libro favorito de MMEC.

Aplica el Diálogo Interno como decimo paso. Conduce un diálogo interno regular con tu Ser Superior. Durante los próximos 30 días, decide mantenerte en contacto todo el día. Dile a tu Ser Superior *"Yo sé que estás allí y quiero conocerte y ponerte atención. Por favor comienza a guiar mi vida"*. No te preocupes si este diálogo es enteramente en un solo sentido al principio. Recuerda que has estado fuera de contacto durante mucho tiempo.

Undécimo paso: La Vida. ¡Toma la vida como si toda la creación estuviera conspirando para tu beneficio! Cuando algo suceda en tu vida, para bien o para mal, pregúntate cuál es la lección para ti. Incluso situaciones o personas desagradables han sido colocadas deliberadamente allí como un reto que te ayude a crecer. Activa La Conciencia duodécimo paso. Enfócate en vivir más y más en el presente, en el AHORA. Cuando estés comiendo, sé consciente de que estás comiendo. Cuando camines, sabe que estás caminando disfruta el movimiento de tus pies. El único momento real es el ahora – el pasado se ha ido para siempre y el futuro todavía no ha llegado.

La oración, decimotercero paso. Aprende a orar en el silencio y dile al Ser Superior lo que te gusta o no de la vida. Aprende en ella agradecer todo bueno o malo. En ella encuéntrate con el amor, paz, bondad, tolerancia y misericordia para vivirlo y expresarlo. La oración siempre será la vía más rápida para encontrar La Vida Espiritual e incrementarla en tu existencia. Dedica minutos en el transcurso del día conscientemente para encontrarte con Dios, tu ser, tu propio espíritu. Siempre se proactivo, busca y encontraras.

Personalmente hago 4 disciplinas para incrementar mi vida espiritual.

1 – Leo la biblia y libros sobre temas espirituales.

2 – Practico la Meditación. Meditar no es lo mismo que orar o rezar.

3 – Realizo oraciones como canales para conectarme con el reino espiritual. Cerrar los ojos es importante ya que al hacerlo bloqueamos el mundo físico y entramos al mundo espiritual.

4 – Visito la naturaleza como plataforma para conectarme con una atmosfera espiritual. La naturaleza permite esto más rápido que en la ciudad etc.

Resumen: "¿Cómo está tu vida espiritual, tu interior? Recuerda tu mundo interior, espiritual crea, forma, trae a la existencia el mundo físico y esto incluye no solo tu cuerpo, familia sino también y totalmente tu mundo económico. Cuanto más fuerte estés espiritualmente más grande será tu riqueza."

Libertad Física

"La primera riqueza es la salud." - Ralph Waldo Emerson.

En estos pasos hacia nuestra Libertad Financiera **La Salud** no puede ignorarse, faltar, sino enfatizar su importancia en este camino a la PROSPERIDAD. No podemos tener una psicología y vida espiritual sana además de lograr los mejores conceptos sin que se posea una EXTRAORDINARIA salud. Mucha gente se pregunta porque es que no tienen, no atraen dinero y por lo contrario el dinero se retira más rápido de lo que les llega. Para muchos el dinero es como "agua en las manos" ¿Por qué? Si supieran que la salud tiene un papel grandísimo en generar, RETENER o alejar mucho el dinero. Simplemente amigos si no hay salud física no existe el oxígeno de una mente lúcida y un interior activando todos los poderes de prosperidad, vida, riquezas y éxito, sin salud esto es totalmente IMPOSIBLE.

Y por lo tanto se debe conscientemente cuidar la salud física porque ella tiene un poder que influencia nuestra mente, el centro de donde se administra nuestro destino y nuestro mundo interior, la parte espiritual de donde surgen nuestras acciones y vida exterior. Buda nos dijo: "Mantener el cuerpo con buena salud es un deber, de lo contrario no seremos capaces de mantener nuestro cuerpo y mente fuertes y claros." Simplemente cierto.

La verdad MMEC es que quienes no cuidan su salud no pueden disfrutar al 100% el potencial del que Dios nos ha dotado a todos para ser y realizarnos al máximo, en este caso especialmente en la economía. La Libertad Financiera está totalmente relacionada a el tipo de salud que poseamos. Sin salud no hay riqueza. Porque salud es riqueza. Mucha gente puede tener riqueza, amor, y logros, pero sin salud na hay vida para disfrutarlo. El gran Jim Ronh nos decía: "Cuida de tu cuerpo, es el único lugar que tienes para vivir." Salud es todo.

La salud es la mayor posesión. - Lao Tzu.

Por lo tanto, para llevar nuestra salud al máximo recomendamos los siguientes pasos:

- Reconocer la importancia de la salud en la vida.
- Hacer que nuestro cuerpo se libere de enfermedades, tensión, estrés.
- Tomar agua, mucha agua, y solo agua.
- Comer más verde, verduras y fruta fresca. Comida vegetariana es totalmente recomendable.
- Descansar lo suficiente.
- Usar inteligentemente los beneficios del sol.
- Tener Fe.

Estos hábitos son necesarios para contribuir en LIBERTAD CUANTICA a nuestra vida.

Además, tu puedes hacer lo que gustes, nosotros recomendamos realizar sin excusas ejercicio, caminar, frotar, correr, nadar, escalar etc. Realizar lo que sea necesario físicamente para que estés en buen ánimo, buena forma y sin saberlo sabrás que estarás en la forma psicológica más apropiada. Todo esto te posesiona donde debes de estar para ATRAER y poseer LIBERTAD.

"La actividad física no es solo una de las llaves más importantes para un cuerpo saludable, sino la base de una actividad intelectual dinámica y creativa." - John F. Kennedy. Entonces si puedes mover el cuerpo y sudas puedes hacer mover todas las "energías" buenas a tu favor. Cuanta gente simplemente no entiende esta poderosa verdad.

Yo descubrí esto cuando tenía 12 años, intente por un año pero no pude ser del todo consciente hasta los 15 años de edad y desde ese día he aplicado estos principio al pie de la letra. Los resultados han sido estupendos y maravillosos.

Así que MMEC te dice que si estas en serio y quieres de verdad entrar al mundo de Libertad Financiera tienes que buscar TENER un cuerpo sano, músculos activos, *sangre circulando*, sistema inmunológico FUERTE estable y sobre todo un buen y limpio colon será siempre la plataforma de toda la demás salud que se necesita en el cuerpo, la mente y mundo interior. Créeme que todo que no sea nutrición, oxigeno, buena sangre es excremento que nunca has sacado y eso no es otra cosa que putrefacción que ha intoxicado tu cuerpo, tu sangre, tu mente y así tu vida. Un dia entenderas como un mal colon es obstáculo a atraer y retener riqueza en tu vida.

El que tiene salud, tiene esperanza; el que tiene esperanza, lo tiene todo. - Thomas Carlyle.

Te lo digo con mucho énfasis. Quienes no le den importancia a esto viven enfermos, están enfermos y talvez lograran algún éxito, pero será más poderosa la esclavitud a la enfermedad que no podrán gozar de la vida menos de su deseo de Libertad Financiera o una vez lograda su riqueza estarán tan agotados que mueren en lugar de disfrutarla.

Afirmamos que *"Tú eres tan importante para tu salud como ella lo es para ti."* - *Terri Guillemets* ¿Qué estás haciendo para tener Libertad Física, cuál es tu vida diaria, dieta incluye esto actividades físicas, ejercicio y una dieta orgánica, vegetariana etc.? ¿Porque? Porque *"El doctor del futuro no tratará el cuerpo humano con drogas, sino que prevendrá las enfermedades con la nutrición".* -T homas Edison.

Dejemos da hablar y leer, ACTIVA MASIVAMENTE UNA VIDA FISICA que provea TU SALUD.

Reto de PROSPERIDAD Y RIQUEZA:

TE recomiendo TODOS los días mientras estés leyendo este libro 'Pasos a tu Libertad Financiera':

Hacer cualquier ejercicio. Has una lista de ejercicios que realizaras en este reto:_____

_____

_____

_____

_____

_____

_____

Hacer que nuestro cuerpo se libere de enfermedades, tensión, estrés. En seguida escribe de las que deseas liberarte se claro y especifico. _____

_____

_____
_____
_____
_____
_____
_____
_____
_____
_____
_____

Te reto a tomar agua, mucha agua, y jugos naturales.

Comer más verde, verduras y fruta fresca. Comida vegetariana es totalmente recomendable.

Escribe tu nombre y promesa que tomaras más agua, jugos naturales y comerás más verduras, frutas, cereales orgánicos: Nombre_____ Prometo tomar _____ y comer mas_____

_____
_____

Fecha_____

Declaro Salud en mi Vida.

_____

Firma

Créeme que esto hará un IMPACTO más grande del que te imaginas y los resultados serán PODEROSOS en tu comprensión y pasos a tu Libertad Financiera.

Resumen: "La verdad MMEC es que quienes no cuidan su salud no pueden disfrutar al 100% el potencial del que Dios nos ha dotado a todos para ser y realizarnos al máximo, en este caso especialmente en la economía. La Libertad Financiera está totalmente relacionado a el tipo de salud que poseamos. Sin salud no hay riqueza. Porque salud es riqueza. Mucha gente puede tener riqueza, amor, y logros, pero sin salud na hay vida para disfrutarlo. Salud es todo."

37

Libertad Financiera

"Eso es lo que ultimadamente es Libertad Personal es: Libertad de restricciones de opresión social y la trágica opresión personal que es el miedo." Brendon Burchard.

Como nunca antes tienen que levantarse para encabezar la libertad personas como el activistas Edgar Nixon que comprendía el poder de la libertad. Entre otros él estuvo con los que persuadieron al reverendo Martin Luther King (1929-1968) para que dirigiera un boicot contra la compañía de autobuses de Montgomery. Se tuvieron que revelar para reclamar su libertad. La rebeldía aseguro sus derechos. Aunque esto mismo duró todo un año, hasta que una corte federal ordenó a la empresa levantar la reglamentación discriminatoria. Esto no solo mantuvo la creencia de Edgar Nixon y muchos más en el poder de la libertad, sino que aseguro los derechos inviolables que todos se merecen. ¿Hay aquí alguno listo para pelear por sus libertades y derechos? ¿Serás tú, yo, quien?

Por el otro lado o extremo encontramos muchos que hablan de crecimiento intelectual, espiritual y económico, pero nunca enseñan la importancia de la libertad financiera. Que hermoso es tener una vida balanceada, libre de deudas, un negocio rentable, entradas pasivas activas que al final es la meta de las personas inteligentes, del emprendedor sano. Estas son *libertades, derechos, pasos* que necesitamos trabajar para lograrlas y tenerlas.

Todo lo que hagas de aquí en adelante debe estar relacionado con este objetivo tener *Libertad Financiera Completa* y eso quiere decir contar con todas las libertades mencionadas, además no tener que estar empleado, preocupado, comiéndote las uñas siempre para pagar tus cuentas y cubrir compromisos. La libertad inteligente asegura tu riqueza.

Poder pagar la casa, el alquiler, carro, aseguranza, luz, agua, servicios de basura, comida, gustos, lujos, vacaciones etc., es importante y totalmente necesario, pero más inteligente es realizarlo con tus entradas gracias a esos sistemas de remuneración ya sea de algún negocio, inversión, inmuebles que tu poseas etc. Personas sosteniendo sus necesidades básicas con un empleo es la peor formula en este siglo para vivir LIBERTAD ECONOMICA ese sistema de empleo creador de un imposible para tu libertad financiera almenos a corto plazo.

"El proceso de ir del empleo o la seguridad financiera a la libertad financiera es primordialmente un proceso que consiste en cambiar de manera de pensar." – Roberth Kiyosaki.

La libertad financiera - ESTE ESTILO DE VIDA, Una vida a este nivel ya no es una vida común, CASUAL, COMO CAIGA O SUCEDA sino una vida INTELIGENTEMENTE diseñada.

¿Entonces que debería ser Libertad Financiera para una persona normal como tú y yo? Seamos realistas los billones y millones en dinero no es para todos YA QUE TODOS TENEMOS formas diferentes de vivir nuestra razón de EXISTENCIA, pero todos SI podemos vivir no debajo de nuestros compromisos económicos, gastos diarios si no encima de ellos. Suplir con tranquilidad todas nuestras necesidades es un total necesario no un lujo.

Por lo tanto, para MMEC Libertad Financiera es simplemente tener **suficientes entradas económicas** para cubrir las G en nuestra vida. Los **Gastos, Gustos y Ganchos en emergencias, reveses o circunstanciales**. ES EL PODER DE NUNCA TENER QUE PREOCUPARNOS POR EL DINERO. Así de simple y practico. Haldor Laxness - "Lo principal -dijo-, y aquello hacia lo cual siempre dirigí mi vida, es la independencia. Y un hombre siempre es independiente si la choza en la que vive es suya. Que muera o viva es cosa suya, y suya solamente. De otro modo, así lo mantengo, nadie puede ser independiente. Este deseo de libertad fluye por las venas de un hombre, como puede comprenderlo cualquiera que haya sido sirviente de otro."

Pero ¿porque pocos gozan, tienen libertad financiera? La respuesta es simple. Pocos pagan el precio de la libertad. La libertad no se manifiesta donde no se cumplan los requisitos para su existencia. La persona que la desee necesita:

• Estar bien despierta a sus Posibilidades.

• Estar bien consciente de sus Poderes.

• Saber quién es.

Pasos para *TU Libertad Financiera*

- Estar claro del porque vino a este mundo.
- Reconocer y usar el poder de la Independencia.
- Revelarse a todo lo que incuba, cierra, encarcela, limitantes.
- Recobrar lo que es suyo.
- Cuidar lo que es solo suyo.

Hoy día, con tanta información, y oportunidades de emprendimiento La Libertad Financiera no debe ser un idea lejana, un sueño más, una simple meta sino un fin real, un objetivo noble a perseguir, debe ser una visión APASIONADA arraigada en cada corazón de todo humano para vivir y lograr una vida sin deudas, preocupaciones, dolores de cabeza, cuentas de banco en negativo sino muy rentable, rentable, prospera y exitosa llena de PROSPERIDAD SOSTENIBLE.

"La primera lección es la independencia. Haz todo lo que puedas y trata de hacer más." – Robert Ludlum.

La fórmula MMEC para llegar a Libertad Financiera es simple y practica:

- (CL+LP+LE+LF) = LF

Conciencia al Poder de La Libertad + Libertad Psicológica + Libertad Espiritual + Libertad Física = Libertad Financiera.

Reto: Decirle mínimo a 3 personas que tu Vida Va a Cambiar Financieramente. Sin miedo, sin vergüenza, sin excusas. El expresarle esto a alguien ACTIVA todas las energías a tu favor y el universo te toma una foto de lo que estas PRONOSTICANDO PARA TU VIDA. Te abrirá las ventanas de la prosperidad y tendrás lo que quieres.

Resumen: "Por lo tanto, para MMEC Libertad Financiera es simplemente tener suficientes entradas económicas para cubrir las G en nuestra vida. Los Gastos, Gustos y Ganchos en emergencias, reveses o circunstanciales. ES EL PODER DE NUNCA TENER QUE PREOCUPARNOS POR EL DINERO. Así de simple y practico".

El PODER de Decir NO

"La diferencia entre las personas de éxito y las personas de gran éxito es que las personas muy exitosas dicen 'no' a casi todo." – Warren Buffet

El camino poco transitado para lograr Libertad en lo que sea debes aprender a decir NO a algunas cosas, asuntos, a los malos pensamientos, conceptos egoístas, a las deudas, gastos innecesarios, vacaciones no planeadas y gustos sin fondos económicos reales para cubrirlos al principio y proceso. El NO tiene que activarse.

En cierto sentido necesitas entrar a un internado de limitaciones momentáneas para gozar de una vida llena de abundancia. Los grandes atletas, soldados, políticos, maestros, ministros, empresarios no han llegado a donde se encuentran si haber entrado a una escuela y proceso de preparación, entrenamiento. Tienes que aprender el secreto de los grandes y es en sí un sistema que podemos aplicar. Este sistema te enseña y desarrolla en ti la capacidad de decir NO ahora para gozar de un total y completo Si mañana en Libertad Financiera.

"No te des por vencido, ni aún vencido; No te sientas esclavo, ni aún esclavo. Trémulo de pavor siéntete bravo. Y arremete feroz, ya malherido" - Almafuerte

Cuando uno sabe decir NO a lo que no es correcto, a lo que es desgastante, deudas, a lo que NO es sano logra establecer la base para una vida fructífera. Es tiempo de decir NO a la mediocridad, a la vida sin sentido y a un estilo de vida sin rumbo económico. El tiempo llego a que tú y yo digamos NO a la pereza intelectual y los obstáculos para ser alguien de éxito en este periodo de existencia que se nos presta. Parte del éxito de todo ser humano debería ser tener lo suyo y suficiente tal y como el universo, lleno y pleno.

Por no entrar al proceso de preparación, educación selectiva la mayoría de gente le dice Si a la mediocridad, a lo común, a los gastos espontáneos, al promedio, lujos que no pueden pagar y un gran SI al mundo del crédito, préstamos y de esta manera construyen su pobreza que ha llegado a ser aceptado como algo "normal", a la falta de educación selectiva, a una condición miserable.

Esta gente **expresan "si" al estar sometido** a un tipo de empleo explotador y eso es lo que ha hecho que produzcamos una sociedad que espera todo de papa, del gobierno, de la iglesia, de instituciones benéficas. LES CUESTA y no tienen valor, conciencia, alma y educación para DECIR "NO" A ESTE ESTILO DE VIDA PARA CREAR SU PROPIO "SI."

"¿Creéis que se puede oponer solamente el entusiasmo a la fuerza de un enemigo organizado, hábil y con un feroz aparato de represión? No, camaradas; si no los encuadramos en la lucha, la voluntad y el entusiasmo serían estériles." - José Díaz Ramos

Los buscadores de Libertad Financiera dejan de decir SI a todo lo deplorable, consumidor, destructivo, esclavizador y gritan No quiero seguir igual, NO quiero seguir siendo explotado, NO quiero seguir en el camino de los manipulados con la zanahoria (salario, bonos, regalos,) al fin de mes, gritan: "soy único y NO quiero ser más uno de las estadistas de gente iletrada en las finanzas, esclavas al empleo y vidas pobres". Necesario es saber que el aprender a decir NO nos da EL PODER de ser libres. Seguir con el SI a todo lo mediocre limita mi propia vida y sistema para SER CREADOR DE MI LIBERTAD FINANCIERA.

"Hay que luchar, Nadie llega a la perfección por mera renuncia." - Mahabharata

Les cuento. Yo aprendí esta lección mientras vivía en México. En la escuela, internado en el que estaba allá por San Felipe Baja California por mucho tiempo fui manipulado por un joven que como el sabia box y sabia pelear me tomo de su juguete y burla.

A todo lo que me decía yo contestaba "si" y ese fue mi martirio hasta que ofendió lo más interno en mi ser. Recuerdo bien una noche frente de todos los demás muchachos que también se burlaban de mi decidí gritarle "NO" mas. Deje de decir "SI" y en mi caso fue detenerle la mano con la que siempre me pegaba y opte por dar todo lo que YO tenía. Nos dimos una buena revolcada donde descubrí que YO era más fuerte que él, donde demostré que YO también podía y tenía fuerza y capacidad para "pelear".

No pudo conmigo más. Todos quedaron sorprendidos que este pequeño muchacho le diera una paliza a este boxeadorcito. De allí en adelante me respetaron y la verdad es que todo cambio con los demás jóvenes. Muchas veces amigos todo lo que tenemos que hacer es animarnos, tomar el valor de decir "NO" más a lo que sea, pero en este caso a la mala vida, a las deudas, a la pobreza y vida miserable. Deja de decirle "SI" y demuéstrale que tu no has dado tu todo y demostrado tu "capacidad" de administrar tu fortuna. Dile que regresaste a reclamar lo tuyo y lo tuyo tendrás.

"Tienes que tener el control sobre tu tiempo y no podrás tenerlo salvo que digas "no" a menudo. No puedes dejar que la gente tome el control de la agenda de tu vida." – Warren Buffet

Escribe 10 cosas a las que dejaras de decir SI PARA DEJAR DE TENER LA VIDA QUE NO TE DA LO QUE TU QUIERES Y TE MERECES:

_____

_____

_____

_____

_____

_____

_____

_____

Expresa y escribe 10 cosas a las que dirás NO firmemente PARA TENER LA VIDA QUE TU QUIERES:

_____

_____

_____

_____

_____

_____

_____

_____

Aprender DISFRUTAR

VIVIR TU VIDA

Deja de pensar en la vida y resuélvete a vivirla. - *Paulo Coelho*

Los que buscamos Libertad Financiera debemos:

1 - **Comprender** de ante mano que de nada sirve tener una visión, 2 – de nada valdrá vivir misión 3 – de nada sirve tener éxito 4 – de nada sirve ver una meta en tri unfo **si no se aprende a vivir la vida en el proceso de Libertad Financiera. Es como la mujer que cocina tan rico, tan sabroso que todos se chupan los dedos de tan deliciosa comida pera ella no come bien ni menos disfruta SU COMIDA y para el colmo termina agotada. Mal negocio.**

Aprende que la riqueza VERDADERA NO está basada en tener o no dinero sino está fundamentada en reconocer, apreciar y disfrutar la Vida. Esto es un principio universal descuidado. Es tu hora de retomarlo y aplicarlo en tu existencia. Si tienes Vida y la vives enteramente consciente entonces lo demás vale la pena. Es increíble como es que hay millonarios, empresarios, actores, cantantes, ministros, padres, maestros etc., con vidas mezquinas. ¿Por qué? Porque, aunque tengan todo lo que muchos llamarían Vida, Dinero, El Éxito, La Felicidad no la tienen simplemente porque nunca saben disfrutar, apreciar, vivir La Vida, su Vida. Una de las verdades universales está en saber que quien no puede DISFRUTAR lo que tiene ahora no podrá DISFRUTAR COSAS QUE NO POSEE pero podría tener mañana.

Parte esencial de este *proceso de aprender es desaprender* aquello que no nos permite disfrutar la vida. Hay personas que mueren buscando libertad financiera y no solo no la lograron, sino que hicieron de su búsqueda una experiencia miserable. Nosotros no creemos en ese camino. No queremos eso ni proponemos eso. Deseamos que este proceso sea gustoso, disfrutado y productivo que sobre todo La Vida en este INSTANTE se viva y debe disfrutarse al máximo. La mejor RIQUEZA en capital es este momento, el AHORA.

Para los que no han aprendido a VIVR LA VIDA AHORA, la vida es pesada, confusa, amargada en todo porque pensaban que lograr dinero era lograr la felicidad. **MMEC** Te lo dice desde ya el dinero solo es **una herramienta** para facilitar cosas en la vida, no es La vida, no es todo, no eres tú, solo *es una herramienta* que permite tener, realizar, facilitar cosas, medios, mejores e interesantes experiencias. Eso es todo con el dinero. Quien tenga basado su vida en el dinero tendrá una vida miserable Y NO PROSPERA.

Era una noche fría de diciembre en Dallas Texas que me encontré con esta verdad. Pensando, preocupado con el porqué de las deudas y como me hundía cada vez más, porque tanta pobreza, porqué las finanzas era un desastre en mi vida. Decepcionado con mis logros en mi cama esa noche entendí que estaba viviendo un futuro que no tenía, era tanta mi preocupación que carcomía mis energías, mi salud, mis facultades estaban siendo limitadas. Entendí que tenía que dejar de preocuparme por el mañana y trabajar, disfrutar y vivir CONCIENTEMENTE e inteligentemente el hoy. Desde ese día decide reconocer el gran don de la vida, disfrutar selectivamente los momentos más insignificantes de mi vida como el cuidar de nuestro perrito, la ducha, el té de manzanilla, saludar al vecino, ver caminar a la gente, el yo poder respirar, comerme esos frijoles, lo bello que era lavarme los dientes, el proceso de una sonrisa, tomar de la mano a mi esposa etc. Ese día nací otra vez a mi vida y desde alli en adelante al no gastar más tiempo en preocupaciones estúpidas, tonterías y conceptos errados me di cuenta que fui liberado a encontrar el conocimiento, las herramientas, el camino hacia esa vida de PROSPERIDAD disfrutando el aquí y ahora.

"A veces podemos pasarnos años sin vivir en absoluto, y de pronto toda nuestra vida se concentra en un solo instante." - Oscar Wilde

La libertad y máxima está en que uno viva de verdad con sentido y prosperidad consciente y eso radica en vivir cada momento con sentido, enfoque y razón correcta, la de disfrutar la vida ahora. En otras palabras, **MMEC** cree que quienes establecen esto muy temprano en su experiencia en el camino a su Libertad Financiera no solo llegan más rápido a ella, sino que aprenden que para poder disfrutar la vida **allá** (Libertad Financiera) tienen que disfrutar la vida **aquí** (ahora, hoy, en este instante). Simple regla 'quien desee ser feliz mañana con libertad financiera tiene aprender a ser feliz ahora con lo que es y tiene.'

Es momento de Despertar Conciencia, El Proceso de Salir de una vida económicamente mal, miserable, mediocre es AHORA Y ASI experimentar y caminar el sendero felizmente de La Vida *paso a paso* para llegar a donde tendremos Libertad Financiera INTELIGENTE y llena de goces.

La mejor recompensa de un ser humano en su vida después de Despertar Conciencia es tener *la libertad de poder decidir* cómo usar, disfrutar y vivir su vida, su tiempo y su dinero sin el dictamen de alguien o sistema. Pero nada de esto es posible si no aprendes y DECIDES EN ESTE INSTANTE "VIVIR TU VIDA."

"La mayor rémora de la vida es la espera del mañana y la pérdida del día de hoy." - Séneca

Aquí te va otra frase MMEC: "El dinero solo trae felicidad a la persona que ha aprendido a vivir el proceso de La Libertad Financiera." Si ahora que no tienes dinero tienes una vida miserable y no entiendes lo que es disfrutar la vida, aquí y el *ahora,* entonces pronostico que lo mismo ocurriría si tuvieras dinero seguirías con la vida miserable. Tu mañana FELIZ empieza hoy DISFRUTANTO LA VIDA HOY.

Te pregunto ¿has aprendido a vivir la vida? ¿Tienes una psicología de la correcta Libertad y Acción a vivir? ¿Eres feliz en lo que haces y con lo que tienes AHORA? ¿Estás desesperado por tener más y no duermes porque tu sueño, profesión, empresa no avanza o no da lo que quieres EN ESTE MOMENTO? Tienes un problema de motivos, visión y concepto de la vida. Tienes que enfrentar tu realidad ahora y es que eres egoísta, eres cruel, eres enemigo de ti mismo.

"¡Qué pequeñas son mis manos en relación con todo lo que la vida ha querido darme!" - Ramón J. Sénder

Uno de los primeros pasos para gozar tu libertad financiera es reconocer lo valioso que es la existencia AHORA entonces y solo ENTONCES se podrá disfrutar TODO LO QUE OFRECE Libertad Financiera - lo demás, ES EXTRA en la vida que la hace más y más feliz.

"Todo el mundo trata de realizar algo grande, sin darse cuenta de que la vida se compone de cosas pequeñas." - Frank A. Clark

Activemos esta actitud AHORA MISMO:

Has una lista de mínimo 10 casas que ACEPTAS QUE NO HAS DISFRUTADO en tu vida:

_____
_____
_____
_____
_____
_____
_____
_____
_____
_____

Has una lista de mínimo 10 casas que vas disfrutar **inmediatamente en tu vida:**

_____
_____
_____
_____
_____
_____
_____
_____
_____
_____

Escoge 1 de las 10 la más importante, especial por la que no cambiaras en tu existencia y siempre estarás AGRADECIMIENTO SIEMPRE:

_____
_____

Resumen: "Aprende que la riqueza VERDADERA NO está basada en tener o no dinero sino está basado en reconocer, apreciar y vivir la Vida. Esto es un principio universal descuidado. Es tu hora de retomarlo y aplicarlo en tu existencia. Si tienes Vida y la vives enteramente consciente entonces lo demás vale la pena. Es increíble como es que hay millonarios, empresarios, actores, cantantes, ministros, padres, maestros etc., con vidas mezquinas. ¿Por qué? Porque, aunque tengan todo lo que muchos llamarían Vida, Dinero, El Éxito, La Felicidad no la tienen simplemente porque nunca saben disfrutar, apreciar, vivir La Vida, su Vida. Una de las verdades universales está en saber que quien no puede DISFRUTAR lo que tiene ahora no podrá DISFRUTAR COSAS QUE NO POSEE, Mañana."

Celebrar / Vacaciones

"Celebra la felicidad que los amigos siempre te están dando los amigos, que cada día sea un día de fiesta y celebra la vida simplemente." (Amanda Bradley)

Cuando uno logra la Libertad de Conciencia, Libertad de Concepto, la Libertad de Emociones, Libertad Espiritual, Libertad Física ENTONCES Y SOLO ENTONCES puede EMPEZAR **a experimentar** La Libertad Financiera Completa. Estas personas pasan a otro mundo. Los niveles se empiezan a escalar. Allí se vive algo que pocos hacen celebrar, vacacionar. Este tipo de gente aprende a celebrar, vacacionar y gozar los resultados de sus esfuerzos, sacrificios, y logros.

Para las personas en este camino de vida esto no es otra cosa que celebrar por los logros. Las vacaciones que hablamos aquí no es un asunto de presunción como la mayoría hace sino un estilo de vida única, las vacaciones son sagradas para todos aquellos que han trabajado honestamente, han dado su todo y logrado sus objetivos, metas y sueños. Todo lo contrario es una burla y confirmación a la vagabundancia y haraganería insólita.

Por eso es ridículo celebrar o vacacionar cuando se empieza una visión, emprendimiento, proyecto, producto y servicio o la práctica de un nuevo concepto, pero también más ridículo es no hacerlo cuando se ha establecido y se está prosperando o logrando en lo que se emprendió.

Las vacaciones son necesarias en la vida, para la mente, para la familia y son una demostración que se ha logrado un status de éxito de cualquier área y disfrutar al 300% los logros. *Las vacaciones son algo a experimentar después de, no antes de* que es lo que la mayoría hace y por eso nunca llegan ni a comprender o alguna vez de verdad viven Vacaciones. Celebra inteligentemente.

En mi caso no crecí en un hogar donde se celebrará mucho las cosas, tampoco estaba relacionado con gente que vacacionará. Eso era un tabú para nosotros. Pero más tarde aprendí e integre este concepto que me llevo más de una década aplicarlo. Recuerdo bien que la primera vez que tome vacaciones o celebre fue obligatoriamente en el trabajo allí celebramos muchas veces, pero sin voluntad ya que tenía que, eran en la hora de trabajo y por empleo. Las vacaciones eran obligadas ya que todos teníamos que tomarlas en cierto tiempo del año. Sin embargo, un día comprendí el poder de celebrar y lo hice al leer mi primer libro, terminar una jornada de trabajo, escribir mi primer libro, cuando logré mi primera venta en red de mercadeo, cuando di mi primera charla como conferenciante. Celebre. De igual forma con las vacaciones primero empecé tomarlas con forme pudiera. Más tarde ya contaba con tiempo y medios que hoy día vacacionar con familia es como ir a la tienda. Hoy en día se celebrar y vacacionar y que bien que me la paso con mi familia. ¿Fue un milagro? NO.

Por lo tanto, como persona que busca Libertad Financiera debes agendar tus vacaciones o celebraciones, si en el momento no estás listo o sea no gozas de libertad financiera entonces ponlo como meta, agéndalo con fe y acciones que de seguro te inspirara a que avances en tu misión presente.

"Deja de quejarte de los baches de la carretera y celebra el viaje." - (Barbara Hoffman)

Usa el concepto de celebrar o vacacionar como incentivo en tu psicología, a tu emoción de éxito y veras que cuando lo logres no solo la gozaras, sino que sentirás sentimientos tan poderosos como el haberlo logrado que te inspiraran a ir otros niveles y metas. Las diferentes formas de celebrar o vacacionar seria:

- Después de haber terminado alguna cosa propuesta.
- Después de haber leído tu primer libro de economía.
- Después de haber ordenado tu oficina o establecido una en tu casa.
- Después de haber perdonado a tu enemigo.
- Después de haber sonreído siendo una persona enojona.
- Después de haber cerrado tu primer contrato o negocio.
- Después de haber logrado tu primer interés o ganancias en las inversiones.
- Después de haber logrado alguna meta difícil, algo grande.

- Despúes de algún éxito o triunfo.
- Después de haber alcanzado Libertad Financiera.
- Etcétera.

Las celebraciones o vacaciones pueden ser algo tan pequeño que incluya una bebida, dulce, una llamada etc. que te gusta y disfrutas, pero solo la tomaras o harás cuando logras algo. De igual manera cuando logras algo grande o mayor puedes dejar como regla ir a comer a tu restaurante favorito o ver la película que tanto deseas con la familia. Así mismo aplicar la regla con logros grandes la celebración podría ser como, "iré de vacaciones a, un masaje, spa, un fin de semana visitando tal ciudad, viajar con la familia a tal lugar etc...".

Después de logros grandes, otro detalle importante es que las vacaciones para las personas inteligentes son importantes no solo para recuperarse físicamente, mentalmente, emocionalmente sino porque también son necesarias para evaluarse uno mismo y en muchas ocasiones es la oportunidad de planear otra aventura y proyecto en la vida.

"Nunca guardes nada para una ocasión especial, cada día que vives es una ocasión especial. ¡Celébralo!" - (Anónimo)

MMEC te invita a que comiences a celebrar tus logros pequeños como también éxitos grandes. La regla es simple. Celebra tus logros, celebra después de...:

Rellena el espacio en las siguientes frases:

En el día Que lograste _____
Como Celebrastes_____
En La Semana que lograste_____
Como Celebrastes_____
En el mes que lograste_____
Como Celebrastes_____
En el año que lograste_____
Como Celebrastes_____

A Futuro Rellena el espacio en las siguientes frases:

En el día Que logre _____
Celebrare _____
En La Semana que logre _____

Pasos para TU Libertad Financiera

Celebrare_____

    En el mes que logre_____

Celebrare_____

    En el año que logre_____

Celebrare_____

Resumen: "Usa el concepto de celebrar o vacacionar como incentivo en tu psicología y veras que cuando lo logres no solo las gozaras, sino que sentirás sentimientos tan poderosos como el haberlo logrado que te inspiraran a ir otros niveles y metas."

¿Dónde estás?

"Si estás en un barco con filtraciones crónicas que no se puede arreglar, la energía que gastes en cambiar de barco será mucho más productiva que la que dediques a tapar las filtraciones." – Warren Buffet

Para poder iniciar este viaje fascinante de Libertad Financiera creo es parte integral de la vida, demasiado importante contestar la pregunta ¿Dónde estás?, nos referimos a ¿cuál es tu status actual en el mundo económico? Las respuestas a estas preguntas nos ubicaran rápida y exactamente el dónde estamos y usar esta información para salir de allí y activar e poder de la decisión para encaminarnos e ir al nivel que deseamos.

En realidad, viajar cualquiera lo desea y así con el deseo de tener mucho dinero o poseer libertad financiera. Mis deseos de tener mi propio dinero empezó en mi hogar. Pero ocurría algo curioso que cuando lo buscaba se me iba. Trabajaba duro por tenerlo, pero no podía y mi padre no creía que yo podía cuidar de él. Como lo deseaba desesperadamente busque negocios para tenerlo a mi pequeña edad 8 años y dinero llegaba a mis manos, pero lo perdía casi instantáneamente. Para serte honesto no sabia donde estaba y el porque deseaba dinero.

¿Estás listo para emprender este camino de Libertad Financiera? Empecemos entonces a pensar juntos de este extraordinario "nuevo mundo" que nos ofrece la misma vida. Es tiempo de dejar la esclavitud de Espíritu, esclavitud de Creencias, Esclavitud de comportamientos y sobre todo la Esclavitud de resultados físicos que desaniman y hunden la posibilidad de lo que si podemos lograr teniendo como origen *el pensamiento.*

Es increíble como mucha gente se programa para ir a un baile, a una comida, a trabajar, a jugar futbol, ir a la escuela y universidad, intentan prepararse para el matrimonio si les queda tiempo después de comerse todo el pastel en el noviazgo. Agendan ir a la iglesia, pero difícilmente les pasa por la mente la preparación para su vida financiera si es que NUNCA.

Este comportamiento viene por la falta de las 3 Ps. 1 - Propósito, 2 Planificación, 3 – Preparación. Nuestra gente está hundida en mundo de confusión, deudas y desorganización económica. ¡Ya basta amigos! Identifiquemos donde estamos para saber a dónde podemos llegar. La economía es necesaria invitarla tomando responsabilidad reconocimiento con honestidad nuestra presente condición.

Muchos nos preguntamos ¿porque hay tantos pobres? ¿Por qué la sociedad es tan consumidora? ¿Nos preguntamos porque la mayoría de la gente es egoísta? ¿De dónde salieron tantos mediocres? ¿Por qué tanta delincuencia? Sin embargo vivemos en un mundo basado en la ley universal de "Causa y Efecto" y no hay excepción. Nuestra propia existencia y resultados de vida, de sociedad, hogar, finanzas *es un efecto de una causa activada por cada uno de nosotros en algún PUNTO de la existencia.* Y aun así no hacemos más que quejarnos y vender nuestra oportunidad de estar en mejores condiciones. La ironía es de esto es que es más económico y fácil hacer lo que se tiene que hacer para ser prósperos que hacer lo que estamos haciendo para continuar pobres.

"Todo el que llegó donde está, tuvo que comenzar donde estaba." - Robert Louis Stevenson.

Posición actual

Salir a una vida diferente, nueva y productiva no es nada diferente a ir a un viaje independiente al destino, de lo largo o corto que sea. Sin embargo, necesitamos saber que requerimos para el viaje y de eso se trata este capítulo en principio encontrar nuestro punto Z para ir a la M, o la A – tu deseo, meta, visión, ambición etc., necesitamos un punto de partida, saber dónde estamos para empezar el viaje correcto.

Mucha gente, muchas personas están de viaje solo que, en dirección contraria a su intención, libertad financiera. Les preguntas ¿te gustaría ser libre económicamente? y ellos a coro gritan si, claro. Totalmente de acuerdo están de viaje en buen autobús, carro, avión solo que sin su dinero y en dirección opuesta a donde deberían ir y todo porque no sabían dónde estaban y por qué ir o no a una dirección especifica.

Recuerdo bien cuando me toco salir de mi país a Estados Unidos, pude haber llegado a Argentina o solo a México, pero no fue así simplemente porque sabía a donde iba. Y sigo en Estados Unidos en el país de las oportunidades sencillamente porque sabía desde el inicio donde estaba y estuve claro de lo que deseaba desde el principio.

Una y otra vez me han preguntado si deseo irme de regreso a vivir a mi país Guatemala y con mucho respeto digo y ¿porque tengo que irme a vivir a donde no tenia lo que deseaba? Se lo que quiero y en Guatemala no lo tendré.

Aceptar donde estaba (Guatemala) me dio el conocimiento y una razón para buscar otro lugar (USA). Fue claro al inicio, estoy claro con mis resultados hoy. Aunque con historias diferentes el principio de esta parte de mi vida se aplica a cualquiera que desea ir a otro lugar en su vida económica. ¿Sabes dónde estás? ¿Sabes a dónde quieres ir? ¿Sabes lo que quieres? ¿De verdad lo sabes? Pregúntate ¿Se dónde estoy? ¿Se adonde quiero ir? ¿Se lo que quiero? ¿De verdad se lo que se? ¿Cuál es mi fin? ¿Qué tengo que hacer para llegar a mi deseo? ¿Cuál es mi estrategia para estar alli pronto? Preguntas benditas preguntas siempre dan respuestas.

"Juzga un hombre por sus preguntas en lugar de por sus respuestas." - Voltaire.

En este mundo del dinero necesitamos asegurar ese mapa, el destino del viaje para que no nos chasquiemos, desanimemos, tropecemos, desviemos de lo que nos estamos proponiendo tener - La Libertad Financiera. ¿Cuál es tu posición actual en las finanzas? A menos que seas honesto en esta área jamás podrás emprender tu Libertad Financiera, JAMAS imposible.

Sé que algunos quisieran un acto mágico, una píldora o encontrarse con la lotería y ganarla. PARA los religiosos desean un milagro imponiendo manos, o convencido que las riquezas caerán como lluvia del cielo se convencen que solo tiene que orar y dar buenos diezmos y ofrendas. En el mundo de las finanzas duraderas y que realmente proveen libertad en todo, no ocurre así. Para empezar Dios no hace milagros a gente que no aprecia La Vida ni administra el dinero. Aunque el universo hiciera milagros económicos a nuestro favor lo echaríamos a perder y ofenderíamos al proveedor divino ya que nuestro estilo de vida mostraría ingratitud a las riquezas. ¿Entiendes porque estamos como estamos?, nuestra propia psicología lo ha determino.

Por lo tanto, para saber dónde estás, contesta honestamente: ¿Cómo están tus cuentas de banco, estas positivo o negativo? ¿Cuántas tarjetas de crédito posees? ¿Cuánto dinero tienes ahorrado para una emergencia? ¿Cuál es tu aseguranza de vida? ¿Cuánto dinero donas a instituciones no lucrativas o religiosas? ¿Eres de los que da o siempre estas esperando que le den? ¿Cuándo compras regateas los precios? ¿Al ir a un restaurante siempre estás buscando algo barato o miras al menú primero al lado derecho para ver los precios o simplemente ordenas? ¿Eres empresario, emprendedor, negociante o empleado, dependiente del gobierno, de la caridad de las iglesias? ¿Discutes, peleas sobre temas económicos en casa o disfrutas de lo que tienes y compras para tu casa todo lo que deseas?

Si a estas preguntas tus respuestas son positivas solo puedes ir a otro nivel más rápido con este libro y sistema MMEC aquí presentado, pero si en su mayoría las respuestas están en un negativo simplemente eres parte de una comunidad que casi gobierna al mundo, el mundo de los pobres que necesita ayuda inmediata y abundante. ¿Te animas a reconocer donde estas para ir a donde podrías estar? Listo. ¡Vamos que ya se nos hace tarde! Si tu respuesta es positiva solo súmale los años que tienes y lo que revela eso es que ese es el tiempo que te has atrasado.

Mentalidad actual

Mi frase MMEC favorita es que "La Pobreza o Riqueza no es asunto de dinero sino de concepto". Como todo lo demás nuestra vida está formada de lo que pensamos. ¿Dime la verdad cuál es tu mentalidad de las riquezas? Es de este centro, que podremos construir nuestro imperio o someternos a un mundo de esclavitud moderna. Empleo, deudas, quejas, problemas económicos estrés, insomnio, problemas emocionales, psicológicas discusiones constantes sobre economía son las nuevas esclavitudes. ¡Lo sé, he estado allí! Esclavo era, pero hoy libre soy.

Pero no empecé así. Las ganas de poseer dinero seguían allí y por muchos años pensé como muchos que todo lo que yo necesitaba era tener empleo y que el dinero se iba acumular. Esa era mi mentalidad y tenía mucho trabajo pero poco dinero y seguía el problema, se esfumaba. Trabaje como caballo o mejor dicho como burro por muchos, muchos años, pero nada cambiaba. ¿Cuál era mi problema? Mi problema era que no poseía la mentalidad para tener dinero y acumularlo. Viví en este país en los años de mucha abundancia económica en Estados Unidos bajo la presidencia de Bill Clinton y difícil de creer, pero en mi mano a los 15,17,19 pasaron miles y miles de dólares como agua, pero todo se me fue, ¿Por qué? Porque no tenía la mentalidad para cuidarlo, retenerlo o invertirlo. Sin embargo en lugar de tener dinero empecé el mal y diabólico habito de las deudas.

Todas nuestras deudas, falta de dinero, preocupación de tener para el fin de semana, mes, o el poder pagar ese alquiler del apartamento, el pago de casa, el carro, aseguranzas, intereses, etc., no son, ni los pagos, las compras ni cosas el problema sino la forma en que pensamos. ¿Cuál es tu mentalidad actual sobre finanzas? Simple, es tu forma y estilo de vida actual. Si te gobiernan los créditos, deudas, pagos pisándote los talones si tienes que trabajar siempre para poder producir tus dineros para cubrir tus necesidades entonces estas en un muy mal lugar.

Planes Actual

¿En este momento que planes tienes para tus finanzas? ¿Qué es lo que ha gobernado tu psicología sobre economía, en tus finanzas que proyectos tienes para esta semana, mes, años o los próximos 5, 10 años? Como la mayoría me imagino que ninguno. Amigo si no tienes ningún plan como esperas mejorar y llegar a otro nivel en tu vida económica.

Repito aquí NO hay milagros y si no pregúntaselo a gente religiosa que se ha pasado orando toda su vida y siguen pobres. Yo era uno de esos religiosos que creía que después de trabajar "duro" solo tenía que "orar" a Dios para que hiciera un milagro y mis cuentas de banco crecieran en abundancia, pero descubrí que mientras más "oraba" menos tenia y más me seguía endeudando.

Fue en esta situación y gran lucha mental, emocional que me encontré un día en mi carrito entre el tráfico de San Bernardino a Los Ángeles por la interestatal 10. Sin poder avanzar más por el trafico puse la radio y me gustaba escuchar Radio Nueva Vida fue allí donde por primera vez escuché un tema sobre la importancia de finanzas.

Pasos para TU Libertad Financiera

Después de ese programa ese día algo paso en mi mente, empezó una revolución y todo el día me quede pensando en los consejos, recomendaciones. Pero lo que más me impacto fue que los presentadores eran religiosos, pero ellos no estaban diciendo que diera muchos diezmos y ofrendas, que siguiera orando, o que orara más horas para conmover a Dios. Nada de eso. Empecé a despertar conciencia. No escatimes lo que escuchas sin buscarlo indirectamente puede ser el código para empezar una nueva vida en cualquier área.

En ese programa enfatizaron la mentalidad para tener riqueza, hábitos contrarios a las deudas y gastos. Hablaron de un plan y medio escuche sobre un presupuesto. Me gustó tanto que ese día estaban regalando un libro llamado "Guía para controlar sus Gastos" por Larry Burkett que ordene y me llego a casa tal y como prometieron. Pero tristemente de ese día al día en que de verdad desperté pasaron años que te contare más adelante. Sin embargo, ese librito lo leí una y otra vez y aun lo tengo y es como un amuleto en mis primeros pasos a mi libertad financiera. Mi punto aquí es que desde ese día sin saberlo active el plan y proceso que hoy vivo, si me llevo tiempo y simplemente porque no sabía mejor. Pero los resultados aquí están.

Te lo digo claramente si nuestra presente condición no está consciente de nuestra vida financiera estamos atrasados en nuestra educación selectiva y llegar a la libertad financiera es solo una ilusión. Por lo tanto, es crucial implementar *el proceso* ahora mismo para llegar a ACTIVAR Libertad Financiera inmediatamente. Aquí tienes los pasos MMEC para tal experiencia. ¿Te animas, listo?

Vamos los pasos son:

- **Despertar** Consciencia.
- **Aceptar** nuestra condición actual.
- **Ingresar** al templo de Educación Selectiva.
- **Establecer** la mentalidad que impulsara tu economía.
- **Activar** la decisión como caballo la voluntad.
- **Quitar** lo que impide nuestra prosperidad.
- **Planificar** nuestro Futuro Económico.
- **Empezar** a caminar el sendero de libertad Financiera inmediatamente.

Contesta para saber tu condición actual ¿Cuáles son tus creencias hacia las riquezas?

_____
_____
_____
_____
_____
_____

¿Qué educación financiera posees?

_____
_____
_____
_____
_____
_____

Te hago una simple pregunta ¿Cuál es tu presupuesto mensual?

_____
_____

¿Qué cantidad en **dinero exacto** posees en este momento, esto incluye centavos, respuesta sin ver tus cuentas? Si no sabes sigue leyendo el libro.

Banco: _____
_____

Caja:_____
_____

Sobre: _____
_____

Billetera: _____
_____

Otros: _____
_____

Si a las ultimas preguntas te rascaste la cabeza, te reíste, burlaste y de alguna manera en ese mundo tuyo tu mente insinuó "deja esas tonterías", "eso no es importante", "ignora este libro", "léelo después." De seguro que tienes una situación económica pésima y me convenzo que este libro es para ti. De eso se trata ayudarte y salir de allí, el oyo en que estas lo más pronto posible. Regla. Cuando tomes en serio tu vida económica tomaras en serio el valor del dinero. Sabrás de donde viene, cuanto EXACTO viene, cuanto EXACTO tienes, cuanto EXACTO gastas, cuanto EXACTO te sobra etc. Con el dinero o es EXACTO O NO TIENES DINERO gran secreto de la abundancia y prosperidad.

Resumen: "Salir a una vida diferente, nueva y productiva no es nada diferente a ir a un viaje independiente al destino, de lo largo o corto que sea. Sin embargo, necesitamos saber que requerimos para el viaje y de eso se trata este capítulo en principio encontrar nuestro punto Z para ir a la M, o la A – tu deseo, meta, visión, ambición etc., necesitamos un punto de partida, saber dónde estamos para empezar el viaje correcto. Mucha gente, muchas personas están de viaje solo que en dirección contraria a su intención, libertad financiera. Les preguntas ¿te gustaría ser libre económicamente? y ellos a coro gritan si, claro. Totalmente de acuerdo están de viaje en buen autobús, carro, avión solo que sin su dinero y en dirección opuesta a donde deberían ir y todo porque no sabían dónde estaban y por qué ir o no a una dirección especifica."

Visión del futuro

"Aquel que lleva en el corazón una visión maravillosa, un ideal noble, algún día lo realizará." – James Allen.

Lograr Libertad Financiera no es un asunto de FE vaga, NO ES un milagro, NO ES solucionado por una oración, sino que requiere un proceso, educación, aprender, desaprender pero sin duda alguna ninguna pauta funciona si no hay Visión Inteligente EN LA VIDA. Esa intención nos lleva a contestar las preguntas.

¿Cuál es mi FIN **desde el comienzo?**

Si NO tienes claro Tu fin del viaje financiero te aseguro que es imposible tener una visión y menos Libertad Financiera. Quien no sabe a dónde va claramente jamás tendrá una visión. Es elemental al comenzar la vida de Libertad Financiera establecer que es lo que uno quiere alcanzar, a donde llegar desde el comienzo. Así de claro, si desde el principio no determinamos que queremos en la vida, por qué deseamos llegar a tal punto la verdad es que solo estamos jugando a pensar y soñar y eso lo hace cualquier mediocre. Mírate la masa de gente brincando con supuesta "mente millonaria" pero pobre, jejeje, mente mediocre y punto.

Para encontrar tu fin del viaje considera las siguientes preguntas para darte una idea:

- ¿A dónde quiero llegar con libertad financiera?
- ¿Qué me permitiría hacer que no he podía hacer si tuviera libertad financiera?
- ¿Cómo viviría mi familia si tengo libertad financiera?
- ¿Cómo estarían mis cuentas banco con libertad financiera?
- ¿A cuántos podría ayudar con libertad financiera?
- ¿Cuánto podría contribuir a mi iglesia con libertad financiera?
- ¿Qué fundación podría ser beneficiada con mi ayuda

económica si tuviera libertad financiera?

• ¿Qué programas implementaría para ayudar la pobreza en mi país, en mi estado, en mi ciudad, en mi pueblo?

• ¿Cómo se llamaría mi institución para ayudar a mi comunidad a despertar conciencia sobre sus capacidades y dineros?

• ¿A cuántos niños podría sacar de la miseria con ayuda económica en X país?

• ¿Si gozara de libertad financiera que programa global iniciara para inquietar el emprendimiento?

• ¿A dónde podría viajar si tuviera libertad financiera?

• ¿Cuánto durarían nuestras vacaciones con mi familia si tuviera libertad financiera?

• ¿Qué casa le compraría a mi familia si tuviera libertad financiera?

• ¿Qué vida les daría a mis padres si tuviera libertad financiera?

• ¿Qué estilo de vida tendría si gozara de libertad financiera?

• ¿Cómo estaría mi espíritu si no tuvieras que preocuparme del siguiente mes para pagar mis deudas?

• ¿Qué haría en mi tiempo totalmente libre si tuviera libertad financiera?

• ¿Si contara con libertad financiera cuánto tiempo de verdad pasaría para estar con mis hijos o sus eventos de escuela?

Llena los siguientes vacíos para empezar tu visión si no tienes una:

Yo quiero hacer _____ para _____ y así servir/ayudar/suplir/.

Mi visión es:_____

_____

Si aún necesitas ayuda contestas las siguientes preguntas y encontraras respuestas que te guiaran a tu visión de vida.

¿A Dónde quieres llegar? **¿Cuál es tu fin en mente? ¿Cuál es tu sueño?**

"Visión es ver con el ojo de la mente lo que es posible en las personas, en los proyectos, en las causas y en las empresas. La visión se produce cuando nuestra mente relaciona posibilidad y necesidad." – Stephen Covey.

Cuando se tiene visión uno sabe a dónde quiere llegar en la vida. Si no tienes un destino, una dirección, un punto de llegada es totalmente imposible tener un punto de partida. Y es por esto que muchos, muchos no saben cómo empezar algo, no tienen dirección, lógico que no saben empezar su camino a La Libertad Financiera. En la vida y en la economía son una babilonia, están confusos. No tienen dirección. Son pobres y para el colmo endeudados.

La historia del icono Warren Buffet. Desde muy temprano en su vida entendió el poder del dinero y se visiono como el hombre más rico del planeta. Llego a ser millonario a los 30 como planeado. Hoy es uno de los seres humanos más acaudalados (billonario) de la tierra, pero sus billones de hoy no son el resultado del azar. Todo fue pensado y planificado desde sus 6 años de edad. El que no comienza con el fin en mente se inventa uno y casi siempre es un fin horrible. En el mejor de los casos es pobre.

Si observas con cuidado notaras que las personas pobres piensan erróneamente que tienen que primero encontrar un inicio, cuando en realidad tienen primero que encontrar un fin, un destino, **una *visión del porque* para saber dónde empezar**.

Tales individuos comienzan mal, o sea que empiezan con el inicio en mente **y no con el fin en mente** esto es, explico, solo se preocupan de profesión, una casa, dinero, carro, barco, vacaciones, desear vidas millonarias y ventas, entradas, no les importa ni el cómo, ni mucho menos el proceso. Total, fracaso. Muchos están como un amigo. Me pregunta, "miguel que hago me caso o no", después de embarazar a la muchacha. Es al revés, primero piensa, planea, encuentra tu porque deseas casarte, una vez claro comienza el proceso del noviazgo, luego matrimonio y luego talvez hijos. Pero no al revés es fiasco no importa de quien se trate igual con el dinero.

NO es solo querer más dinero, más entradas, libertad financiera, NO. Tienes que empezar con el fin en mente – tu

Pasos para TU Libertad Financiera

razón del porque quieres libertad financiera, porque haces lo que haces. Básicamente contestar ¿Por Qué y para que quieres dinero? Por eso tener una visión de lo que se quiere como fin es crucial. **No hay Libertad Financiera ESTABLE sin visión consciente.**

"Tu visión devendrá más clara solamente cuando mires dentro de tu corazón... Aquel que mira afuera, sueña. Quién mira en su interior, despierta." - Frases de Carl Jung

Resumen: "Si NO tienes claro Tu fin del viaje te aseguro que es imposible tener una visión y menos Libertad Financiera. Quien no sabe a dónde va claramente jamás tendrá una visión. Es elemental al comenzar la vida de Libertad Financiera establecer que es lo que uno quiere alcanzar, a donde llegar desde el comienzo. Así de claro si desde el principio no determinamos que queremos en la vida, por qué deseamos llegar a tal punto la verdad es que solo estamos jugando a pensar y soñar y eso lo hace cualquier mediocre."

¿Cuál es Tu Objetivo?

"La mejor recompensa de convertirte en millonario no es la cantidad de dinero que ganes. Es la clase de persona en la que te tienes que convertir para llegar a serlo". - Jim Rohn.

¿Con esta visión cuál es tu objetivo? Tienes que encontrar tu objetivo en esta línea de creación. En otras palabras, a quien deseas beneficiar o influenciar con tu nuevo estilo de vida. Tienes que establecer el objetivo, la razón de tu emprendimiento. "Las grandes mentes tienen propósitos, otros tienen sueños." – Washington Irving.

Puedes tener una visión, pero si no tienes **objetivo** de la visión terminaras fuera de la carrera más rápido de lo que te llevo empezar. Por eso muchos no son más corredores. Muchos solo estaban bromeando en su visión o sueño. Por ejemplo, yo no estoy bromeando tengo una visión MMEC y es hacer el mundo mejor en cada persona que encuentro y por eso estoy viviendo mi objetivo de mi visión que es ayudar, servir, activar cambios, despertar conciencias en los humanos, a personas como tú. Por eso escribí este y muchos otros libros. El hecho que tu tengas este libro y lo estés leyendo demuestra que mi objetivo está dicho y bien claro, no hay desvíos.

Paulo Coelho nos lo dijo de esta manera: "Cada vez que quieras lograr algo, mantén los ojos abiertos, concéntrate y asegúrate de saber exactamente qué es lo que deseas. Nadie puede dar en el blanco con los ojos cerrados." Mejor lo pudo haber dicho este maestro.

Para ubicar tu objetivo te doy una metáfora: Querrás ir a Norte América (visión) pero porque quieres llegar (Objetivo) a Norte América / Estados Unidos. Una vez tengas claro por **qué quieres llegar allá estarás en buen camino**. "Los objetivos señalan en donde quieres terminar, no en donde te encuentras hoy." – Catherine Pulsifer. ¿Entonces cuál es el fin que tu deseas? Considera uno de:

- beneficiar

- servir
- ayudar
- inspirar
- construir
- mejor vida
- ayudar a los jóvenes adictos a la droga
- tener medios para contribuir a la sociedad. Etc.

"Escoger un objetivo y apegarnos al mismo lo cambio todo." – Scott Reed

En esa lista podría estar tu posible objetivo. Encuéntralo o añádelo ahora, pero si encuéntralo y escríbelo en este momento. No puedes ir lejos con tu visión hasta que encuentres y tengas tu objetivo y lo establezcas en tus notas, pisaron, agenda, pared, cerebro, alma con una estaca. En otras palabras, muchos logran despertar conciencia, entienden que pueden y establecen un sueño, meta, visión, pero, ¡Se quedan estancados porque no tienen INSPIRACION, MOTIVACION, RAZON, PROPOSITO, Objetivo! Así se afirmó: "Los objetivos no sólo son necesarios para motivarnos. Son esenciales para mantenernos vivos." – Robert H. Schuller.

Siempre recuerda que una visión confusa y sin objetivo se pierde en el camino. Esto lo confirma la historia de Lance Edward Armstrong originario de Austin, Texas. Es un ex ciclista internacional de estados unidos. Se retiró al inicio de la temporada 2011 tras participar en el Tour Down Under.

En 1996 se le detectó un cáncer de testículo, del cual se recuperó. Mas tarde logró siete triunfos consecutivos del Tour de Francia entre 1999 y 2005, así como una medalla de bronce en los Juegos Olímpicos de Sidney 2000. El 13 de junio en el 2012 fue acusado de dopaje consecutivamente por la Agencia Antidopaje USADA.

El 23 de agosto de 2012 la USADA decide retirarle las siete victorias en su carrera por dopaje, además de suspenderlo de por vida. La UCI ratificó la decisión de la USADA, y anuló su palmarés ciclístico a partir de 1998.

El mismo Armstrong después de tantas guerras y defensas ante acusaciones el mismo admitió haber usado EPO, testosterona y transfusiones de sangre para mejorar el rendimiento durante su carrera de ciclismo. Su caso provocó reacciones en su contra por parte del mundo del deporte en general. Hoy día después de tantos aparentes logros, metas alcanzadas es una vergüenza y ni ciclista ni visión. No importa por donde vez o analizas esta historia encontraras que no existía un verdadero objetivo de otra manera no hubiera termino así.

Escribe tu Objetivo del porque deseas Libertad Financiera, se bien especifico y tomaras las llaves del universo para traer todo lo que es tuyo en esta vida:

Mi objetivo de Libertad Financiera es:

_____
_____
_____
_____
_____
_____
_____
_____
_____
_____

NO tienes que empezar con grandes logros, da pequeños pasos y llega a tu destino de manera feliz. "Quien quiera alcanzar un propósito distante tiene que dar pequeños pasos."
– Helmut Schmidt

Resumen: "Puedes tener una visión, pero si no tienes objetivo de la visión terminaras fuera de la carrera más rápido de lo que te llevo empezar."

Razón de Existencia

"La mejor razón para comenzar una organización es hacer sentido Para crear un producto o servicio para hacer del mundo un lugar mejor." - Guy Kawasaki

¿Por qué existo? ¿Qué me trajo a este mundo? ¿Qué quiero realizar en mi existencia? ¿Porque respiro? Preguntas que no muchos hacen. Nosotros quienes deseamos dar nuestro todo y ser alguien en la vida tenemos que contestarlas tan pronto podamos.

Por lo tanto para encontrar el que existes tienes que saber quién eres. Si NO tienes claro de que quien eres, que quieres ser y hacer en la vida te aseguro que es imposible tener una visión inteligente y menos, menos Libertad Financiera. Es elemental al comenzar y estar en la vida de Libertad Financiera establecer QUIEN ES UNO.

Para encontrar el ¿Quién SOY? ¿Qué quiero realizar? ¿Por qué existo? Considera los siguientes preguntas para darte una idea:

- ¿Quién me trajo al mundo?
- ¿Tengo objetivo de vida?
- ¿Cuál es mi propósito al vivir en este mundo?
- ¿Cuáles son mis poderes?
- ¿Cuál es mi don
- ¿Cuáles son mis talentos?
- ¿Cuál es mi conocimiento?
- ¿Cuál es mi experiencia en la vida?
- ¿Con que idea me siento a gusto?
- ¿Cuál es mi creencia del dinero?
- ¿Que pienso de la vida?
- ¿A qué tipo de personas me inclino más a tener como amigos?

- ¿Qué tipo de conocimiento tengo?
- ¿Por qué soy hombre?
- ¿Por qué soy mujer?
- ¿Por qué soy latino?
- ¿Cuál es mi papel al conocer a Dios?
- ¿Cuál es mi historia hasta este día?
- ¿Estoy o no contento con mi historial?
- ¿Qué más tengo para dar en mi iglesia?
- ¿Por qué es que me gusta hablar o compartir tal y cual información?
- ¿Que creo de mi existencia?
- ¿Qué conocimiento de economía poseo?
- ¿Qué experiencia tengo como administrador?
- ¿Cuál es la razón de que me gusta todo relacionado a lo químico?
- ¿Cómo puedo impactar a la sociedad con mi vida?
- ¿Por qué me gusta mucho la tecnología?
- ¿Cuál será la razón de que me gusta estar aconsejando a la gente?
- ¿Sera que he sido llamado para ser misionero?
- ¿Por qué me gustan tanto las letras, libros, conferencias, charlas y todo lo relacionado a desarrollo personal?
- ¿Cuál es mi anhelo más grande, ganar dinero o agregar valor a la humanidad?
- ¿Porque me interesa Libertad Financiera?
- ¿Por qué existo?
- ¿será que solo vine para procrear hijos?
- ¿será posible que solo nací para estar soportando a ese jefe malhumorado?
- ¿será cierto que mi vida tiene como destino ser abusado o abusada?
- ¿Qué más hay en el infinito para mí?
- ¿será que yo vine para nada a este mundo?
- ¿Sera posible que yo nací para limpiar, pintar, cortar saque de casas?

- ¿será que yo nací para estar endeudado o pobre?
- Etc

La visión es el tacto del espíritu. - *Frases de Fernando Pessoa*

El joven Barack desde muy temprano descubrió que su razón de existencia – servir. Por eso se lo encontró ayudando a la comunidad en las calles de Chicago a su gente. Por saber su propósito de vida con anticipación se dedicó a estudiar leyes para continuar sirviendo. Es en este caminar que llega a ser un senador exitoso de Illinois y más tarde de los Estados Unidos.

Cuando sabes porque existes no hay nada que te impida lo que la gente llama éxito y prosperidad yo le llamo comprensión de razón de existencia. El poder de servir de Barack con padre de Kenia y Madre de Kansas mas con la inclinación a ser un afroamericano se abrió camino al puesto más grande del mundo – a la presidencia de Los Estados Unidos de Norte de América. Si el es el 44 presidente Barack Obama con dos periodos y el primer presidente negro en la casa blanca. Su frase de vida es "Si se puede". Claro siempre se puede cuando sabes porque existes, todo es posible. Todo.

El está por retirar se la presidencia y te aseguro no saldrá como entro y su economía jamás será la misma, ¿basado en que?, en el principio de servir a los demás. Al revisar vidas de grandes personas, aquellos que ha marcado al mundo con su existencia siempre vivieron al máximo su existencia y eso es lo que todos deberíamos de buscar y lograr. ¿Qué harás tú? ¿Estas claro con tu razón de existencia?

Tomate un tiempo, horas, o talvez *días y medita seriamente y luego escribe* desde el corazón cuál es tu razón de tu existencia, encuéntrate contigo mismo HOY Y EMPIEZA A VIVIR TU RAZON DE EXISTENCIA:

_____
_____
_____
_____
_____
_____
_____
_____

Razón de Existencia

En un pisaron o hoja lo suficientemente grande escribe TU RAZON DE EXISTENCIA, ponle fecha y ponlo en un cuadro o cuélgalo, pégalo en tu oficina, en tu cuarto, sala, baño y donde sea. Tienes que creértelo tú mismo y lo haremos haciendo lo dicho aquí. Vamos, escríbelo no importa el color, tipo de hoja o pisaron, simplemente hazlo. Dile al universo que encontraste tu razón de existencia.

Reto 1: Comparte a 3 personas mínimo tu razón de existencia.

Reto 2: Activa algo que tenga que ver con tu razón de existencia AHORA.

Reto 3: Grítalo en redes sociales, iglesia, amigos, familiares, dilo al mundo.

Resumen: "Es elemental al comenzar y estar en la vida de Libertad Financiera establecer QUIEN ES UNO."

¿Porque Lo Quieres Realizar?

"Cuando cautivas a la gente, tu objetivo no es sacarles dinero o hacerles hacer lo que tú quieres, sino llenarlos de una gran satisfacción". - Guy Kawasaki.

AHORA tienes que establecer bien claro porque lo quieres hacer. Cuando tienes claro a dónde quieres llegar, QUIEN ERES y a quien deseas beneficiar ahora tienes que encontrar tu razón del porque querer hacer esto. Encontrar esto es como encontrar el timón de un auto, la base de una construcción, la oficina de una empresa, el centro que dirigirá en las buenas y malas tu emprendimiento, tu vida, tu existencia.

Por eso quienes solamente buscan algo físico, negocio, empresa, producto, servicio, dinero, casas, dinero, lujos, placer tarde que temprano fracasan porque, aunque tengan visión – mente, intención – emoción, pero no tienen motivo correcto – alma, espíritu, conciencia tropiezan y fracasan intentando, solo están de pasada y desaparecen. ¿Tienes un motivo? ¿Cuál es?

En otras palabras, tienes que contestar honestamente, ¿porque lo quieres realizar? ¿Cuál es tu motivo, que es lo que está detrás de este viaje, proceso, meta, visión? Esto te lleva a lo más íntimo de tu ser. Un área que pocos, poquísimas personas llegan o tocan o investigan y por ello es que la mayoría solo son personas comunes que intentan, no son personas altamente inteligentes que logran VIVIR CON PROPOSITO.

"Los líderes crean una visión con significado, una visión relevante, que coloca a todos los jugadores en el centro de las cosas en lugar de en la periferia." - Warren Bennis

Quienes no encuentran su razón verdadera entran y salen de esta carrera como un ventoso, hacen ruido y desaparecen. Luego dicen, gritan, murmuran, que los sistemas no sirven, es imposible tener una mejor vida y que libertad financiera solo es un sueño. Mentira con esa gente su problema fue y es que no tienen un motivo correcto y congruente para hacer lo que desean realizar.

¿Porque Lo Quieres Realizar?

Te ayudo a que encuentres tu razón CORRECTA:

¿Qué impacto deseo realizar con libertad financiera?

_____
_____
_____
_____
_____
_____

¿Cuál es el legado que me gustaría dejar con libertad financiera?

_____
_____
_____
_____

¿Cómo quiero que la gente me piense al poseer libertad financiera?

_____
_____
_____
_____
_____

¿Qué es lo que me está moviendo a esta dirección de libertad financiera?

_____
_____
_____
_____

¿Qué es lo que me influencio a del porque desear esto?

_____
_____
_____
_____
_____

¿Qué experiencia me está gobernando de tal forma que deseo realizar esto?

_____
_____
_____
_____

¿Por qué quiero ser rico?

_____
_____
_____
_____

¿Quién me gobierna el dinero o yo al dinero?

_____
_____
_____

Piensa en los siguientes puntos para diferenciar entre buen motivo o mal motivo.

Si tu razón solo es dinero vamos mal. Vanidad.

Si tu motivo es demostrar a tu papa o mama, familiar, o alguien que tu si puedes, vamos súper mal. Ego.

Si tu motivo nació de un enojo, celos, envidia, coraje, amargura vamos muy mal y mal terminaremos, aunque por un tiempo florezcamos. Ego.

Si la raíz de un árbol está mal todo estará mal así con la vida, así con las metas y deseos. Si el fundamento de una construcción esta frágil tarde que temprano caerá. Si no hay un centro para dirigir con una razón sensata desaparecerá de la escena de la vida.

Este no es un libro más de dinero y como hacerte rico vindiendo en internet o estar involucrado en red de mercadeo o hacer negocio que le robe a la gente. NO. Te vuelvo a preguntar: ¿Cuál es verdaderamente tu motivo para tener libertad financiera? ¿Qué espíritu te motiva? ¿Cuál es la idea que está detrás de tu intención? ¿Qué es lo que te motiva a empezar este camino? ¿Qué es lo que te inspira a buscar libertad financiera? **Contesta:**

_____

_____

_____

_____

_____

_____

_____

_____

_____

_____

Contestando honestamente, realísticamente todas estas preguntas en este capítulo es totalmente fácil y natural entrar al mundo de Libertad Financiera. MUCHOS LIBROS NOS HABLAN DE VISION, pero todo este proceso para MMEC involucra VISION INTELIGENTE y HONESTIDAD CONCIENTE Y SOSTENIBLE y no solo una visión espuria de hacerse rico con "mente millonaria."

Este personaje entendió el principio que MMEC comparte aquí sobre tener el motivo correcto ante su visión de existencia, su visión es "mover una generación a la generosidad." Ambiciosa y retante visión. Dale Partridge cree el 300 % en el emprendimiento en el tener tu propio negocio. El comenzó una organización donde venden ropa y otros misceláneos comunes entre la gente en linea. Pero el punto aquí y por qué se ha hecho famoso no es esta tienda en internet que hace ventas en millones de dólares anuales que desde ya es exitoso sino el motivo detrás de este emprendimiento. ¿Sabes cuál es? Su motivo es simple y básico "La Gente Importa" este es su lema en todo lo que hace "La Gente Importa". Basado en este motivo de cada venta ellos donan 7.00 dólares a alguna causa en necesidad del mundo. Al momento de escribir este libro la organización Sevenly.org ha donado más de 4 millones de dólares a organizaciones que suplen necesidades en el mundo.

Por lo tanto, tu motivo es crucial como también en toda carrera y profesión para lograrlo uno tiene que poner una meta como Partridge porque sin ella muy difícil o tarde se llega y cuando se llega se está súper cansado, fastidiado o enfadado ya que todo el proceso fue peor que no haber intentado. Asegura tu motivo correcto y tu emprendimiento en libertad financiera será un exitazo.

Escribe tu motivo una vez mas:

_____

_____

_____

_____

Consciencia Del Dinero

"A los poderosos arrastrados por los placeres les falta tiempo para tener conciencias y en cuanto al pueblo, tampoco la tiene cuando se trata de ganar dinero." -Voltaire.

INQUIETEMOS, despertemos, hablemos con tu psicología, entremos al mundo de la conciencia que pocos visitan y conversemos sobre el dinero contestando las siguientes preguntas, porfavor contesta cada pregunta **con lo primero que venga a tu mente:**

¿Porque estoy donde estoy en mi vida Financiera?

_____
_____
_____
_____

¿Quién es culpable de mi estado económico actual?

_____
_____
_____
_____

¿Cuál ha sido mi escuela para que esté produciendo este estilo de vida actual?

_____
_____
_____
_____

¿Cuáles son los pensamientos que tengo que cambiar para empezar libertad financiera?

_____
_____

———————————————————————

¿Cuáles son los hábitos que tengo que cambiar para salir de las deudas?

———————————————————————

¿Qué es lo que honestamente me ha detenido salir de la mediocridad?

———————————————————————

¿Mis creencias hasta este momento que han hecho de mí?

———————————————————————

¿A dónde llegare si sigo creyendo como hasta ahora?

———————————————————————

¿Quién soy yo realmente?

———————————————————————

¿Lo que ahora vivo es vivir mi razón de existencia?

———————————————————————

¿De verdad esto es todo lo que hay para mi mientras viva?

Repito no sigas leyendo a menos que contestes cada pregunta es parte de la enseñanza.

Lo más grave que he encontrado en muchos seres humanos es que están heridos, abusados y son fieles creyente del mal, el fracaso, del tropiezo en la vida y muy adentro sin saberlo tienen un disgusto con la vida, con la prosperidad y no pueden faltar al disgusto interno con el dinero. Están sin conciencia desasociados con el dinero. Y no es de extrañarse ya que la ley de atracción les alcanza y por eso tienen lo que tienen, **pobreza y fracaso** o como dicen los pobres "el dinero no se queda conmigo, se me va como agua". Empecemos con esto, el dinero es una energía y tiene vida o lo tienes o no lo quieres y solo esta donde hay espacio para él.

La verdad es simple y práctica. Tu consciencia tiene que estar totalmente despierta a la importancia de lo que es el dinero, despierta al poder, el beneficio que tiene el dinero en la vida del ser humano. Una consciencia despierta es la única plataforma que permite que el ser humano sea realmente él y pueda poseer lo que le pertenece en esta tierra y vida. La falta de ello ha creado un monstruo en la sociedad desnutrida de conciencia pura. ¡**Conciencia del poder, beneficio, beneficio y ayuda del dinero**!. *Este es el estado* en que se tiene que estar para cabalgar con la libertad financiera y mantenerla. No otra forma. De otra manera todo lo que se diga es como echar buenas semillas, extraordinarias verdades en un campo sin preparar, sin tierra, sin fondo, campo. Jamás habrá frutos. Nosotros somos el campo y lo que tenemos son los frutos de nuestra consciencia bien o mal preparada.

Te lo digo bien claro es totalmente imposible poseer riqueza donde no se aprecia. Con razón manifiestamente se dijo: "El control de la conciencia determina la calidad de vida." - Mihaly

Csikszentmihalyi. ¿Qué tan consciente estas del dinero amigo? ¿Cuánto de verdad sabes que serias buen socio del dinero? ¿Qué lugar tiene el dinero en concepto en tu vida? ¿Qué has hecho con lo que te ha enviado para invertir? ¿Cómo administras el dinero que ahora tienes? Entiendes o vuelvo a explicar. Confió que estas comprendiendo.

Cuando la conciencia esta despierta **todo poder del universo está a nuestro favor**, esto permite estar despierto a la vida, a las posibilidades y oportunidades. Toda fuente de riqueza es activa en favor de nosotros. De esto están bien seguros y claros los prósperos, ricos, millonarios, billonarios. Todo lo bueno se vive en la consciencia primero. Tú potencial florece y empiezas a vivir una vida propia, repito y en grande UNA VIDA PROPIA cuando la consciencia está al 1,100.00

Aunque quisiéramos, aquí es donde la mayoría de humanos nunca despertaran. Vivir su vida, la vida, en vida todas las maravillas de la existencia y en ella está totalmente incluido una vida económica prospera, sustentable y ABUNDANTE *pero* No creen, no esperan, son buenos profetas del mal, de lo negativo y loros fieles a lo que les dijeron del dinero. Recuerda los loros solo aprenden a repetir no PIENSAN.

"La conciencia sólo es posible a través del cambio; el cambio sólo es posible a través del movimiento." - Aldous Huxley.

La realidad de nuestra pobreza, confusión, desorganización con el dinero y todas las deudas es que muchos no le hemos dado al dinero como tópico, creencias y energía el lugar que le pertenece en nuestra vida. Esta es la verdadera razón de donde surge la experiencia que se ha tenido con él dinero en vida personal. Nuestras vivencias fisicas son el flujo de nuestro estado consciente o inconsciente. Secreto de secretos que solo los que han despertado conciencia y utilizan inteligencia comprenden y APLICAN.

Nuestra vida física o sea lo que tenemos, poseemos, ganamos, logramos en vida me refiero a lo material, dinero, cosas, carros, ropa, maquinaria, electrónicos, propiedades, cuenta de bancos, el tipo del colchón donde duermes, el tipo de librero, lámpara, la tubería de tu baño es el resultado de lo que eres por dentro, dentro del alma, de la mente, del corazón, tu conciencia, creencias, ideas se manifiesta siempre en la vía física. Para comprender esto considera las siguientes preguntas.

Te pregunto para empezar a descubrir una de las razones del porque tus deudas aumentan, y tus cuentas están como están en el banco y porque en lugar de producir dinero solo gastas y consumes.

¿Cuáles son tus creencias del dinero?

¿A parte de lo que comúnmente se ha escuchado del dinero cuando fue la última vez que tomaste físicamente un curso, seminario, leísteis un libro sobre economía, finanzas, dinero, negocios?

¿Cuánto tiempo has dedicado a escuchar temas, charlas, cursos, audios sobre economía, finanzas, dinero, negocios?

¿Cuánto tiempo dedicas diariamente para leer o escuchar temas, cursos, audios, seminarios sobre finanzas, dinero, negocios?

¿Cuáles son las pláticas que tienes en tu hogar, con tu esposa, esposo, hijos, amigos, familiares, en redes sociales, en la iglesia, en el trabajo sobre el dinero?

Las respuestas a estas preguntas ayudaran a saber el verdadero porque TIENES O NO TIENES DINERO. El 99.9% de las personas su respuesta es negativa. Las preguntas tienen poder de descubrir tu interior. Es simple amigos si hablas del amor y tienes amor, el amor reinara en tu vida, si tienes luz mental y la aprecias la inteligencia florecerá, si aprecias y entiendes el poder de la vida La vida Reinara. De igual manera si piensas y hablas pobreza, pobreza tendrás. Si hablas de enfermedad y le crees a los que lo anuncian en la TV y radio que llego el invierto y que tienes que tomarte esto y aquello, o haga esto y aquello si no tendrás esta enfermedad etc., eso tendrás **simplemente porque lo creíste.** ¿Entonces qué crees del dinero? Lo mismo **SUCEDE.** Busca un rico y pregúntale si cree en el dinero O POBREZA y pregúntale también de que habla y piensa mas, observa la respuesta. Hagamos lo mismo con una persona pobre y pregúntale que cree del dinero y en que piensa mas y observa su respuesta.

"Estamos más vivos cuando nuestros corazones están conscientes de nuestros tesoros." -Thornton Wilde.

Sin embargo, si piensas, hablas y aprecias el dinero y le das su lugar en tu vida, dinero tendrás en la vida. Así de simple. Pero por ser tan simple muchos prefieren vivir la vida de pobres por ser limitados en su forma de pensar y no entender la importancia del respeto y aprecio al dinero psicológicamente. El dinero como cualquier otra cosa en la vida es una energía y se crea con el pensamiento o se invita y se le da su lugar o sencillamente de aleja y nunca llega. El dinero es un concepto. El dinero es una energía. El dinero es una herramienta. ¡El dinero o pobreza eres tú!

Si tu conciencia no despierta a esta verdad y no tienes capacidad para darle un espacio en tu vida al dinero, si no decides apreciarlo y respetarlo por favor no pierdas tu tiempo con este libro y sigue tu vida de pobre, mediocre, deudas, mendigar, pedir y pedir y pedir para vivir entre la masa de gente sentenciada a su propio estilo de vida, elegido por ellos y por nadie más, vida mediocre gracias a su PROPIO PENSAMIENTO.

¡El Dinero es como la salud, el amor, los hijos, Dios solo están donde se los quiere y aprecia!

Entremos al templo de la consciencia y para ello respira y relájate. Toma agua y reflexiona y escribe.

Escribe que lo que te han dicho o has escuchado que es El Dinero:

_____
_____
_____
_____
_____
_____
_____
_____
_____
_____
_____

Contesta ¿has estado consciente del valor del dinero?
SI_____   NO_____

Contesta ¿Has respeto al dinero? Si_____
NO_____

Contesta ¿Has apreciado al dinero en tu vida?   Si
_____ NO_____

Escribe que es el dinero para ti:

_____
_____
_____
_____
_____
_____
_____
_____
_____
_____
_____

En mínimo 10 áreas en donde tu vida mejoraría si tuvieras más dinero:

_____
_____
_____
_____
_____
_____
_____
_____
_____
_____

Repite cuantas veces puedas en el día: ¡El Dinero es como la salud, el amor, los hijos y Dios solo está donde se lo quiere y YO lo quiero conmigo!

Resumen: "La realidad de nuestra pobreza, confusión, desorganización con el dinero y todas las deudas es que muchos no le hemos dado al dinero como tópico, creencias, energía el lugar que le pertenece en nuestra vida. Esta es la verdadera razón de donde surge la experiencia que se ha tenido con él dinero en vida personal. Nuestras vivencias físicas son el flujo de nuestro estado consciente o inconsciente."

Mentalidad de ABUNDANCIA

"Siempre supe que sería rico. Creo que no lo dudé ni por un minuto." – Warren Buffet

En el mundo del dinero esta talmente prohibido dudar. No es hasta que se allá hecho total conciencia que para tener dinero se debe asegurar la psicología necesaria que es hasta ENTONCES que podría considerarse **el comienzo hacia una libertad financiera.**

Nadie en este mundo puede vivir tal y cual vida sin ser respaldado consciente o inconscientemente de la razón de sus comportamientos. En el contexto de una metáfora con esto aseguramos que el fruto que tenemos procede del tipo de árbol que tenemos sembrado en mente. Todos en vida hemos sembrado árboles. La pregunta es ¿qué árbol hemos sembrado?

El humano inteligente, tú el que no mas quiere seguir una vida a nivel de tranquilidad, aceptación de mediocridad o someterse a que así es la vida y no se puede más, debes decir: "No te engañes la pobreza de cualquier índole no es un estado estático o físico sino totalmente mental." Escrito esta por el sabio "así vendrá tu necesidad como a un vagabundo, y tu pobreza como hombre de armas." Pro. 6:11 si no sales de tu zona de confort. Adiós conformismo. Me declaro en pro de la riqueza, la interna, la mental, la espiritual y la física. Lo creas o no la pobreza es una zona donde los mediocres les fascina estacionarse y acumular energía negativa simplemente porque justifica toda formación de limitantes y estados que fascinan la pereza. Por el contrario, los humanos inteligentes se desconforman con ello y deciden hacer algo para salir de allí y salen al cambio.

Todo lo que el hombre ve, piensa, tiene es el resultado de lo que alguna vez se formó en su mente, todo lo que eres y somos empezó solo en la mente de cada uno de nosotros. Lo que sabes que eres, lo eres porque lo piensas y lo que tienes lo tienes porque ya sea que tu mente lo busco o lo reconoció al concebirlo de algo o alguien. Todo está en la mente, el amor, el dolor, odio, celos, orgullo, la alegría, el placer, el ser o no ser, tener o no poseer, salud, paz etc.

"En cuanto a la psicología, no importa cuánto la hayas estudiado o cuánto pienses que sabes de ella. Es capaz de reducir muy rápidamente tanto tu ego, como tu dinero." – David Dreman

El ejemplo del vagabundo que nos da el sabio es claro en demostrar que el "vagabundo" símbolo de humanos, es vagabundo porque quiere, porque así lo piensa no porque así haya nacido o el destino lo allá hecho un vagabundo. Capta este secreto tan público para los sabios es que la pobreza como la riqueza es mental porque todo se concibe allí. **Ser pordiosero o ser noble es el resultado vivido de lo que alguna vez pensamos, deseamos o buscamos en lo más íntimo de la vida.** Nuestra vida es "elección y decisión mental".

La mente es El Centro de los pensamientos que hacen o desasen la vida. Dime tus pensamientos y te diré porque eres, porque haces y quien serás. Los grandes en la vida moderna en esta gran ciencia que afirman totalmente esta verdad son Vicent Peale, Napoleon Hill y Jim Ronh maestros modernos sobre el origen de todo en el hombre.

Muchos, muchos son pobres en la vida, en emociones, en conocimiento, en espíritu y no tienen una actitud correcta, positiva y prospera todo como resultado por lo que tienen y son en mente. La vida abundante también empieza en mente no cantidades de dinero o propiedades o placeres.

Ojo con esto. Despierta y comprende que el trabajo que tenemos, la casa que poseemos, o apartamento en que vivimos, la ropa que usamos, marcas etc., nuestras cuentas de banco, los negocios, la esposa, esposo, tipo de hijos, el estatus en la sociedad, aun el área donde vivimos, el estilo de vida que se posee, los amigos, hasta los calzones que usamos es un asunto del estado mental nuestro. En otras palabras, el hombre y la mujer son y tienen lo que piensan y punto.

Si en este momento estas en alguna situación difícil, negativa y en declive el que caigas o te mantengas de pie y hacia adelante no depende la circunstancia sino del estado mental que poseas. Al final del asunto tu diriges desde tu mente.

Afirmo que los pobres económicamente son el resultado de su estado mental pero no lo saben y como la sociedad lo justifica con su misericordia, ayuda, servicios y ellos también se alientan en una vida mediocre que los hunden más. El humano inteligente sin embargo lo sabe y evita como evitar un tornado u maremoto. En este contexto de finanzas se Educa Selectivamente, eso quiere decir que el escoge porque sabe que es lo mejor para su vida EDUCARSE SELECTIVAMENTE. Eso es el tipo de educación que tienen los ricos y por eso son ricos.

Los humanos inteligentes con el concepto de alto nivel están en contra de los nombres que el gobierno, la sociedad, los educados dan a esos sectores donde vive la "gente pobre" o los países tercermundistas pues al decirlo nos lleva a creerlo y así justificar que hay gente de alta, media y de baja sociedad. Lo hay simplemente porque lo creemos, pero ¿si lo dejamos de creer que hay? Al final eso es política y no verdad. Somos lo que elegimos, y nosotros somos poder, vida, éxito, triunfo, prosperidad, salvación, somos concepto. Nosotros somos los únicos creadores de nuestra POBREZA O ABUNDANCIA.

Si no tomamos serias decisiones de cambiar estas frases:

- "asi es la vida",
- "la pobreza es nuestro destino",
- "el dinero es malo",
- "tenemos que aceptar nuestra condición",
- "esta es la vida que nos tocó vivir" etc.,

Con ellas estamos enteramente atrapados a esclavitudes eternas. Estos títulos y nombres mencionados limitan la manera de pensar y el ser humano está hecho de tal manera que él o ella llega a donde su mente los lleve, pero si lo clasifican como "pobre" "media clase" "así es la vida" "esta es mi suerte" allí se está y mantiene si no sale del concepto común, muere sin haber vivido su vida ABUNDANTE.

Necesitamos catalizarnos y filtrarnos en pensamientos, ideas y conceptos NUEVOS, correctos para tener acciones NUEVAS, correctas y así resultados NUEVOS, satisfactorios o sea una vida NUEVA Y productiva. Sabio es el que entiende que es arquitecto de su propia vida y situación actual y social que todo empieza y depende de tu estado mental.

Vemos en el mundo como seres humanos como artistas y millonarios terminan como vagabundos, viciosos, pobres y aún más algunos se suicidan y uno se pregunta por qué. La felicidad y riqueza no estaba en los millones ni en los logros sino en lo que pensaban. Pensaron mal acabaron mal. Igualmente, políticos, intelectuales y gente que es considerada común también se matan, se tiran en algún vicio drogas, sexo, alcohol etc., y volvemos al mismo principio que todo, todo, todo es el resultado del estado mental del individuo. El verdadero humano inteligente como piensa así vive.

"Aplastemos estas inclinaciones, y vaciemos el templo del alma de malos pensamientos. No permitamos que ni un solo pensamiento negativo quede allí." Cada día con Dios pg. 347.

Cuidado amigos por más simple que suene este principio todo depende **de tu mente**. Algunos argumentarían que no es cierto y que depende solo de Dios o del diablo o la suerte y yo digo que es mentira pues hay gente que profesaba el cristianismo, la religión y aun ministros que después de una larga jornada en la vida religiosa deciden ahorcarse, matarse, abusar y vagabundear. Otros individuos de la sociedad se vuelven ateos. Bajo el mismo principio personas que en algún momento expresaron su convicción hacia el diablo, le sirvieron tan fielmente como un cristiano a Cristo y sin embargo cambio su vida, se han vuelto cristianos, religiosos en lugar de matarse o abusar y maldecir la vida de otros ellos han llegado a ser grandes misioneros, ministros, cantantes, motivadores, oradores y sobre todo humanos prósperos. ¿Dónde **está el secreto? El poder de su mente.** La manera en que administraron su pensamiento.

Como plan divino y para poder huir de condiciones erróneas y abusivas se nos dijo: "Dios requiere el adiestramiento de las facultades mentales. Él se propone que sus siervos posean más inteligencia y más claro discernimiento que los mundanos, y le desagradan aquellos que son demasiado descuidados o insolentes para llegar a ser obreros eficientes, bien informados. El Señor nos manda que lo amemos con todo el corazón, y con toda el alma, y con toda la fuerza, y con toda la mente. Esto nos impone la obligación de desarrollar el intelecto hasta su máxima capacidad..." - Palabra de vida del gran maestro pg. 268.

Por lo tanto, la pobreza intelectual, espiritual, física, económica, social y familiar no es el resultado del destino, de la providencia o asunto del mal, del diablo y la mentada mala suerte, nada de eso, es tu propia elección y decisión de tu estado mental, conceptos incorrectos. Los pensamientos te forman, hacen o desasen. El universo nos ayude a abrir los ojos y podamos ver la gran bendición que tenemos con y en la mente y podamos entender que lo que somos es la combinación de la providencia con nuestros propios pensamientos, ideas y conceptos.

Entonces para lograr cambios radicales si hemos errado en esta área sii hemos caído en una educación falta y según la sociedad estamos en una área llamada media clase o baja recordemos que es indispensable y necesario reaprender a pensar para poder recrearnos y ser lo que la vida dice que podemos ser, ser de su clase, realizados y prósperos, SOMOS YO CREO, SOMOS YO SOY, SOMOS YO SOY PODER, SOMOS YO SOY LUZ, SOMOS YO SOY CREACION. La ABUNDANCIA es una mentalidad no una herencia o algo exterior de nosotros está en ti si lo descubres y sabes usar.

Eduquémonos conscientemente y así formaremos ese carácter y condición que deseamos. Nada es imposible solo lo que no creas, aunque lo busques. Triunfar o fracasar, ser rico o pobre, educado o ignorante, estar felices o infelices, tener paz o extrañarla, dolor o alegría, soledad o sentirse completo es al final todo el resultado de nuestros paradigmas.

Por lo tanto aprendamos que nadie nos puede hacer daño a menos que lo permitamos, que somos lo que deseemos y si no somos y no tenemos lo que en verdad queremos entonces limpiemos la mente y alineémonos con acciones correspondientes para verlo y serlo. "Pero si tratáis de gobernar sin ejercer dominio propio, sin sistema, pensamiento ni oración, seguramente cosecharéis las amargas consecuencias". Conducción al niño pg. 229.

Quienes descuidan su vida no hay duda que descuidan su mente y así se vuelven vagabundos de la vida y caerán como "el hombre de armas" de Proverbios. 6:11, pues, aunque tenga vida será mediocre por su propia voluntad, las armas SON símbolo de potencia, medios, capacidades y caminos para ir lejos. De nada valdrá TENER TODO ESTO (ARMAS) pues ya ha sido vencido mentalmente, él o ella caerá, caerá por su propia estupidez, PEREZA mental y estado. ¡Que perdida! En la vida el hombre al final "pensó, realizo y fue."

Si deseamos vivir VIDAS ABUNDANTES tenemos que asegurar conscientemente una MENTE ABUNDANTE y eso requiere conciencia, educación selectiva y DECISIÓN a permancer en ese estado.

Consejos MMEC para Crear Abundancia:

• Leer un buen libro sobre el poder interior.

• Meditación EN LAS COSAS buenas, hermosas y benéficas.

• Evaluación de si mismo para estar consciente de la necesidad en uno mismo.

• Alejarse de Personas, pensamientos, hábitos y cosas negativas.

• Conscientemente activar Conversaciones sobre abundancia.

• Cambiar los pensamientos, creencias e ideas de escases a pensamientos, ideas y creencias de abundancia.

• Buscar Educación sobre el dinero, prosperidad, felicidad y salud mental.

Por favor Contesta:

¿Qué es la mente para ti?

_____
_____
_____
_____
_____
_____
_____

¿Cómo podemos despertar al potencial de la mente?

_____
_____
_____
_____
_____
_____

Pasos para TU Libertad Financiera

¿Porque hay gente que no tiene lo que quiere?

_____
_____
_____
_____
_____
_____

Escribe una experiencia donde reconoces que te falto el concepto correcto para actuar y realizar:

_____
_____
_____
_____
_____
_____

Explica una experiencia donde viste el poder tu mente:

_____
_____
_____
_____
_____
_____

¿Cuál es la diferencia entre el pensamiento y el estado mental?

_____
_____
_____
_____
_____
_____

¿Qué es una vida abundante?

_____
_____
_____

¿Dónde empieza la abundancia?

_____

_____

_____

_____

¿Cuál será tu plan para crear Abundancia en tu vida?

_____

_____

_____

_____

Escribe las cosas que evitaras para Crear Tu Propia ABUNDANCIA:

_____

_____

_____

_____

_____

_____

_____

_____

_____

_____

Resumen: "Por lo tanto, la pobreza intelectual, espiritual, física, económica, social y familiar no es el resultado del destino, de la providencia o asunto del mal, del diablo y la mentada mala suerte, nada de eso, es tu propia elección y decisión de tu estado mental, conceptos incorrectos. Los pensamientos te forman, hacen o desasen. El universo nos ayude a abrir los ojos y podamos ver la gran bendición que tenemos con y en la mente y podamos entender que lo que somos es la combinación de la providencia con nuestros propios pensamientos, ideas y conceptos."

El Director Ignorado

Vivimos en una cultura que cree que la mayor parte de todo lo que hacemos lo hacemos de forma consciente y, sin embargo, la mayor parte de lo que hacemos, y lo que hacemos mejor, lo hacemos de forma inconsciente. - *John Grinder*

Es sorprendente el cómo hemos sido realmente somos formados los humanos, el proceso, la raíz, la esencia, la verdadera base de todo nuestro comportamiento consistente. Nuestros caracteres, personalidades, creencias, ideas, convicciones, filosofías tienen un trasfondo bien establecido, pero por la mayoría de nosotros los humanos es un total misterio este asunto.

De manera general se dirá que somos lo que tenemos en mente y allí se dicta nuestra vida. Y eso de general ya lo dijimos en capítulos anteriores. Sin embargo, iremos un poco más profundo de lo que hemos hecho hasta ahora. El resultado de una persona es dictado por el mundo interior. Hay un mundo que está adentro *del adentro* de nosotros que se desconoce. Ese adentro del adentro, profundo de nosotros se llama subconsciente.

"Todo lo que ocurre en nuestra vida está ligado al inconsciente, porque es, antes que nada, la matriz de nuestras repeticiones, ya sean estas sanas o enfermas." - *Gabriel Rolón*

Sin embargo, en este mundo interior, en esta área esta lo que conocemos como subconsciente que es realmente el que tiene *el poder de mantenernos en tal comportamiento*. A menos que estemos bien conscientes de ello del poder que tiene, ejerce, administra El Subconsciente o reeduquemos el subconsciente de tal forma que nuestro interior realmente dirija nuestra vida con las metas establecidas por nuestro consciente tendremos una vida confusa, contradictoria y desorganizada. ES de esta manera como se crea vidas limitadas y claro, por supuesto que bloqueamos nuestra abundancia. No hay peor cosa que tener en guerra el consciente con el subconsciente que es donde la mayoría vive y reina en la pobreza.

La vida es confusa cuando el consciente y el subconsciente no están alineados. Entiende ellos son gemelos. Si ambos no trabajan en armonía conscientemente buscaremos algo por el que no estamos apasionados, educados o sea el subconsciente no lo detecta, lo ve como falso y de esa manera muchos por ejemplo estudian una carrera y al graduarse tienen vidas como todos los demás vidas comunes, rutinarias, conformistas ¿porque? porque tienen conciencia de un título, potencial, visión, deseos pero en el subconsciente nunca salieron de su verdadero yo, el yo pobre, no educado, la voz que rige la cultura familiar, social de limitantes del "yo no puedo", "imposible" "NO" Es para mí, "No estas educado" etc.

"Casi toda nuestra mente es inconsciente. Tenemos que aprender a comunicarnos con esa parte misteriosa de nuestra mente con su propio lenguaje, y los símbolos nos ayudan a eso." - Elsa Punset.

Por lo tanto ya no se trata solo de despertar conciencia sino de aprender el cómo hacer que el subconsciente quien nos dirige siempre, desaprenda lo que no dicta una vida de abundancia, de riqueza y prosperidad. Es allá en el otro mundo del intirior que tenemos que **reeducar conscientemente** lo que deseamos ser, tener, lograr. De este punto en adelante ya no viviremos vidas ignorantes, vidas influenciadas por personas, ideas, culturas sino será nuestra propia decisión y elección.

3 fases de vivencia:

Son tres las etapas en la que vive la sociedad. No consciente. Consciente. Subconsciente.

La gente en general vive fuera del consciente o sea la fase NO consciente. Eso quiere decir quienes viven allí y ni cuenta se dan quien son, del porque existen y del poder y talentos que poseen. Estas personas son influenciadas por otros, son la sombra de otros, son la mente de otros, son otros y no ellos mismo. Solo encuentran problemas no soluciones. Estos son manipulados por el gobierno, religiones y sistemas educativos convencionales.

Luego esta el otro grupo consciente, esos son aquellos que han despertado a quien son, lo que tienen, lo que podrían lograr. **Reconocen** sus talentos, dones, facultades. Son orgánicos y

Pasos para TU Libertad Financiera

muy productivos y no consumidores. Piensan y manifiestan una madura actitud independiente. Son líderes de ellos mismos y se afanan por descubrir sus necesidades y suplirlas. Son proveedores y siempre sirven a la sociedad. Son ayuda y no carga en la humanidad.

Luego están las personas que se conocen bien los que viven desde el inconsciente. Ellas conocen quien son, que son y porque existen.

Ellos viven con claridad en el subconsciente. Debido a esto conocen sus debilidades y saben suplir lo que no poseen. Entiendan el poder del balance en el cuadrante de la persona. Están súper completos y balanceados en mente, emoción, espíritu y material.

Ellos no solo están conscientes, sino que se dirigen de manera disciplinada. Nada hacen por casualidad y no solo están a un nivel de dirección inteligente, sino que son líderes de otros y están a la vanguardia de los que despiertan conciencias y ayudan a otros a ver su poder y posibilidad en la vida. Ellos jamás son tomados por sorpresa se conocen lo suficiente y son proactivos en todo.

Trabajan de adentro para afuera siempre empiezan con ellos mismos y están en autocontrol basados en principios y valores. Estas personas por lo general son los únicos conectados con el universo al 1001%.

En lo personal en esto estaba mi problema que limitaban mi existencia y confieso como me costo reconocerlo y salir de allí. Mucho tiempo, 15 años viví en **modo NO consciente** y debido a esto solo seguía a los demás, los codiciaba, y trataba de imitar o tenerlo lo que ellos poseían. Creí que tenía que adquirir obligatoriamente educación convencional para tener posición, ser exitoso y poseer dinero. Mentira de mentiras. Vivía sobre el concepto de otros. Estaba limitado.

En este camino me fui a buscar un empleo para sentirme realizado por muchos años. Era del montón produciendo para otro. Más tarde en una noche fría de noviembre en 1995 después de leer y escuchar una charla medite y fue allí donde entre a la fase de **Modo consciente, entendí por primera vez que era especial,** único y de esa experiencia algo se activó en mí y pase de ser del montón a ser uno de los independientes buscando mi propio comportamiento, ideas, acciones creando un nuevo ser lo que me llevo 10 años. Active libertad.

Persistencia y aprendizaje me llevo a ser **un alumno consciente** para poder descubrir el inconsciente y así **activé modo inconsciente** a los 25 años de vida donde morí a la vida que me habían impuesto desde que nací por cultura, padres, religiosos, sociedad etc., y nací nuevamente a crear mi vida en el caballo de la libertad del mundo inconsciente en el que hoy vivo y cuido bastante para no regresar al pasado.

"La respuesta es que no estamos indefensos ante nuestras primeras impresiones. Aunque éstas pueden salir a flote desde el inconsciente, de detrás de la puerta cerrada que hay en el interior de nuestro cerebro, el mero hecho de que algo esté fuera de lo consciente no significa que no pueda controlarse." - Malcolm Gladwell.

Por lo tanto, con Los **Pasos a Tu Libertad Financiera** estamos poniendo en tus manos "Las Herramientas Transformacionales" que a mí me llevo años aprender y aplicar a ti si aprendes y aplicas podrías experimentar en días o meses que permitirá crear una vida de abundancia selectiva y no un mundo impuesto por lo demás.

¿Qué tan importante es para ti el consciente?

_____

_____

_____

_____

¿De 1 -10 que numero te das para demostrar que tan Consciente estas? 1,2,3,4,5,6,7,8,9,10.

¿Cuándo fue la última vez que consideraste el tema sobre el subconsciente?

_____

_____

¿Cuál es tu opinión del subconsciente?

_____

_____

_____

_____

¿Has tenido ocasiones donde haces una cosa pero piensas otra? Escribe esa o esas experiencias.

_____

_____

_____

_____

_____

_____

¿En qué etapa estas. No consciente. Consciente. Subconsciente?

Toma tiempo, Reflexiona en tu vida y escribe las áreas en que tendrás que trabajar con tu subconsciente:

_____

_____

_____

_____

_____

_____

___

Resumen: "De manera general se dirá que somos lo que tenemos en mente y allí se dicta nuestra vida. Y eso de general ya lo dijimos en capítulos anteriores. Sin embargo, iremos un poco más profundo de lo que hemos hecho hasta ahora. El resultado de una persona es dictado por el mundo interior. Hay un mundo que está adentro *del adentro* de nosotros que se desconoce. Ese es adentro del adentro, profundo de nosotros se llama subconsciente."

Reeducación Inteligente

El tiempo es tan precioso como lo es el dinero. -
(Horace Mann)

Ya que tenemos que darle dirección conscientemente a nuestro subconsciente, a nuestra vida y ya que la vida que tenemos hasta este momento no nos ha provisto Libertad Financiera que necesitamos tenemos que ponernos en fase alumnos conscientes que involucra no juzgar, dejar los prejuicios a un lado para poder conocer lo que se requiere para lograr, tener esa Libertad Financiera en subconsciente primero, esa experiencia tan deseada por seres prósperos. Para poder ser apasionados en algo fuera primero se elige en el interior y luego se manifiesta exteriormente todo lo demás es una imposibilidad o jueguito de niños mimados con conceptos que tiene amarrados a las personas pobres y limitadas.

Todo lo bueno claro que tiene un precio y está envuelta bajo un proceso disciplinado. Ya que el consciente hasta ahora, si es que lo tenemos despierto con la codificación de El Código De Toda Posibilidad (uno de nuestros libros www.miguelmartin. info) que posee cada humano solo hemos logrado lo que somos ahora y la realidad no miente, menos lo material, la vida exterior dice TODO LO QUE SOMOS REALMENTE entonces se debe trabajar CONSCIENTEMENTE el SUBSCONCIENTE.

Para lograr el subconsciente correcto, necesario MMEC cree en los siguientes 4 pasos aplicando *el sistema COENDIRE* para que el cambio sea impulsado o implementar una nueva educación voluntaria, selectiva, propia, conocimiento con el cual poder proyectar, iniciar y tener una vida llena de abundancia y riqueza. ¿Listo para introducir a tu vida este sistema único? Vamos, implementémoslo y seamos creadores de nuestro futuro incluido el financiero.

Sistema MMEC COENDIRE es:

1 – **CO**nciencia

2 – **EN**tendimiento

3 – **DI**sociar

4 – **RE**acondicionar

Muchos expresan "déjate de tonterías, la vida es así y ya". Pero ¿Porque tenemos que trabajar el subconsciente? Porque de allí surge la matriz que conduce nuestra existencia. Esto es como si tenemos un rio contaminado, el problema no es el rio (vida) en si sino la raíz de la contaminación (subconsciente). Para encontrar la contaminación del subconsciente en este momento contesta:

¿Cuál es tu condición económica?

_____

_____

_____

_____

¿Gozas de libertad en general?

_____

_____

_____

_____

¿Te sientes satisfecho con lo que has logrado?

_____

_____

_____

_____

¿Eres verdaderamente feliz?

_____

_____

_____

_____

¿Alguna vez te has preguntado por qué vives?

_____

_____

_____

_____

¿Si volvieras a nacer te gustaría cambiar de nombre, familia, posición y condición?

_____
_____
_____
_____

¿Si volvieras a nacer y existir tendrías el mismo estilo de vida si pudieras escoger desde el principio?

_____
_____
_____
_____

Si eres de las personas que me imagino que eres y estas donde está la mayoría de los humanos sé que a estas preguntas tus respuestas son muy negativas o están relacionadas con el gran NO. No desesperes por eso se escribió este libro para ayudarte a que a todas esas preguntas y más puedas aprender como instruirse a contestar con un Sí a tu vida y lo que te mereces. Solo recuerda que todo lleva tiempo, proceso natural y educación. En esta fase de tu vida no es la excepción sino ESENCIAL La Educación selectiva, El Tiempo y el PROCESO. Entremos al Paso número uno:

Conciencia

En este paso tienes que hacer conciencia de tu condición PRIMERO, la condición que no gustas, que no deseas porque nada puede cambiar sino sabes (CONCIENCIA) que cambiar y eso es lo que permite despertar conciencia al problema que impide Tu Libertad Financiera. Sin conciencia es imposible empezar el proceso de CONDIRE.

Usemos como metáfora de vida una casa. Hacer conciencia es llegar al punto de poder decir 'caramba esta casa en la que vivo no sirve, el techo está roto, las paredes están por caerse, la tubería da muchos problemas y la verdad que la posición de las ventanas no permite la entrada del sol. Esta casa no me gusta. Quiero una nueva.'

Tenemos que despertarnos para despertar nuestra consciencia ya que si no se usa se duerme o es manipulada por otros y esa condición es la que dicta no preocupación y gran conformismo y si viviéramos en un basurero, esa condición es la peor de la sociedad aceptar condiciones impuestas. Vamos al segundo paso:

Entendimiento

Es importante en el proceso del cambio de paradigma **entender lo que se debe cambiar** y enfrentarnos con el dónde surge nuestras limitaciones, los *no* limitantes, los *si pero muy débiles*, las dudas, las confusiones, de otra manera es como desear una nueva casa sin saber el proceso para el cómo lograrlo.

No entender este proceso necesario es soñar, tener visión, pero seguir en la misma casa sin poder salir, amigos entendimiento es libertad. Peor aún saber que podría tener otra casa mientras en la que vivo se me está cayendo encima y no poder hacer nada es ignorancia cruel impuesta por uno mismo. ¿Vives en entendimiento o ignorancia inteligente, que sabe, pero ignora?

Eso es lo que pasa cuando no se comprende lo que está pasando, el cómo salir de allí, lo que requerirá y el cómo empezar para buscar otra casa, tener otra vida. El entendimiento es el único camino para saber en y como ir de una situación a otra. Entendimiento no solo nos lleva al problema, sino que nos indica la raíz y nos da una solución práctica. ¿Qué tanto entiendes tu situación? Entremos al tercer paso:

Disociar

Una vez este detectado por tu conciencia la raíz que impide la vida que deseas, tienes ahora la oportunidad de **desasociarte de manera inteligente** o quedarte en esos pensamientos, ideas, opiniones que has colectado durante toda una vida o en un momento especifico acumulando en las experiencias de tu existencia. En la vida nada se pierde todo se transforma. Pregunta ¿todo lo que has coleccionado consciente pero más inconscientemente en que se ha convertido en tu vida?

Siguiendo el ejemplo de la casa una vez estés consciente de que la casa que tienes no es la única que podrías poseer entonces ahora aprendes el que hacer y el cómo dejarla, destruirla, tumbarla y empezar la casa que tú quieres con **tu propio diseño.** Aquí es donde aprendes y aplicas el disociarte de lo que no sirve en tu vida. Simple y al punto. Súper practico. Esto es simple si algo es basura, veneno, destructivo ¿qué haces con ello? ¡Lo sacas y tiras a la basura! Ese es el poder de disociar. No necesitas un pastor, un psicólogo, maestro, mentor. Si algo esta echado a perder y lo tienes de almohada que haces? A la basura.

Eso es disociar, es el poder que cada humano tiene de elegir su nueva forma de pensar, trabajando y utilizando de manera inteligente y bien consciente el centro de nuestro comportamiento que es el inconsciente. Este proceso de cambio es reconocido y aplicado por poquísimo por eso solo el 5% de la población sabe lo que quiere y tiene lo que sabe. Desde allí, tu subconsciente, tú tienes la capacidad de tumbar, destruir la casa que no te gusta y volver a construir la casa de tus sueños. Eso es lo que llamamos disasociarse sin embargo muchos, muchísimos llegan a entender su problema, su situación, la raíz de sus desgracias, pero NO HACEN NADA, NO LO SACAN A LA BASURA, NO LO SACAN DE SUS VIDAS, DE SUS SUBCONCIENTE y he allí la razón de sus desgracias ni siquiera es lo que tienen en el subconsciente sino lo que no hacen con el mal que posee bien adentro. Profundicemos el cuarto paso:

Reacondicionar

Cuando uno entiende este asunto tiene en sus manos la capacidad de nacer otra vez, de rehacerse, renovarse, reeducarse, someterse a un desaprendizaje inteligente ya que ahora el o ella pueden engendrarse otra vez sembrando en su subconsciente esas semillas, conocimientos, archivos nuevos que darán los arboles correctos.

No es otra cosa que saber que puedes, sino tener el poder, la capacidad de diseñar tu nueva vivienda, todos los detalles y material AHORA tú los pones, nada puede faltar si sabes lo que quieres ahora que tu consciencia está despierta tienes la llave para entrar al subconsciente, ahora que sabes de donde se dirige tu vida sabes dónde estar constantemente.

En este modelo de cambio puedes total y completa reacondicionar tu mente, psicología, paradigmas para encaminarte a esa vida de abundancia, riqueza y dinero – es volver a construir tu nueva casa con tus PROPIOS diseños, gustos, ideales, materiales y visión de vida. Quien entiende este sistema COENDIRE encuentra el centro de donde se administra su confortamiento y resultados de vida. El sistema CONDIRE es el único puente entre lo que eres ahora y lo que podrías llegar a ser si lo activas ahora.

Repaso:
¿En qué tienes que Despertar consciencia? _____
_____

Escribe en que necesitas dedicar más tiempo para comprender tu problema externo :_____
_____
_____

Específicamente de que tienes que Disasociarte:
_____
_____
_____
_____
_____
_____

En este instante para seguir adelante con una vida exitosa y prospera escribe TU LISTA en que TIENES QUE REACONDICIONARTE mentalmente:
_____
_____
_____
_____
_____
_____
_____
_____
_____

Específicamente y esto es demasiado en serio y necesario: No pienses que solo son letras y que solo tienes una línea que llenar. Se bien y exactamente especifico.

1 – Escribe que ideas y conceptos tienes que sacar y echar a la basura. Escríbelos primero y luego GRITA, LOS SACO DE MI VIDA CON TODAS MIS FUERZAS.

_____

_____

2 – Has una lista de la gente que te ha dado malos consejos, que no son un apoyo para tu nueva vida y que les tienes que decir Adiós. No tengas misericordia sea quien sea incluyendo a tu madre y padre. (Padres, Esto es muy en serio hasta que estés en un punto que puedas tu influenciar y no ellos a ti)

_____

_____

3 – Has tu lista de programas, películas, shows, novelas, libros, música que dejaras de ver, leer, oír para acelerar tu divorcio de todo esto AQUÍ Y AHORA.

_____

_____

Reto MMEC: Escuchar un audio libro sobre finanzas, economía, dinero, cada DIA. De preferencia antes de dormir y al despertar. Si no puedes hazlo cuando quieras durante el día, pero Hazlo. Seguir leyendo libro y practicar el **capítulo "El Poder de Las Afirmaciones de Abundancia"**

Resumen: "Para lograr el subconsciente correcto, necesario MMEC cree en los siguientes 4 pasos aplicando el sistema COENDIRE para que el cambio sea impulsado o implementar una nueva educación voluntaria, selectiva, propia, conocimiento con el cual poder proyectar, iniciar y tener una vida llena de abundancia y riqueza. ¿Listo para introducir a tu vida este sistema único? Vamos, implementémoslo y seamos creadores de nuestro futuro incluido el financiero."

El Mundo en contra de
TU Libertad Financiera

En tus pasos a Libertad Financiera tienes que estar bien claro de aquello que puede impedir tu progreso. Conocer tus enemigos. Necesitamos estar bien alertas a todo esto si deseamos avanzar y lograr. Aquí presentamos los principales enemigos que hemos encontrado en nuestra experiencia y encuesta internacional en el tema. Sin embargo, esta lista no es limitada. La vida y circunstancias pueden variar.

El empleo

La mayoría del mundo deficiente que no mas razona a capa y espada pelea, defiende el empleo como única fuente de vivencia. Por lo tanto, así se encuentra la psicología que controla al pueblo en general. Un paradigma esclavizador que impide ver más allá que necesidades en lugar de hacerse productor de soluciones y una vida mejor POR ENCIMA DE UN EMPLEO.

El empleo tiene su lugar, pero no es la única forma de suplir necesidades. El empleo es un esclavizador, un jefe, una cárcel, un limitante, pero jamás un libertador de vida. TENEMOS QUE GRITAR "NO MAS", "Nada de esto", he ir a un nivel de consciencia diferente para lograr subir a la cima y ver que otras formas de vivir y suplir necesidades con un estilo de vida escogido por nosotros mismos. No es lo mismo trabajar en lo que no te gusta que trabajar por lo que te apasiona y gusta en esto llegaras a experimentar que ese trabajo se volverá un placer y no más una carga.

El empleo ya no es seguro

Hubo como en cualquier cosa que ha impactado al mundo en que el empleo fue la maravilla de su época. La mala noticia del siglo 21 es que un empleo en el tiempo en que vivimos ya no es seguro y la verdad HOY DIA ES que en cualquier momento quien este empleado puede ser despedido a cualquier hora y día, o alguien más eficiente o guapo ocupara tu lugar y ya el empleo no es lo más seguro para suplir las necesidades y mucho menos para llenar tus cuentas de banco o vacacionar sin deudas.

La tecnología ha tomado el lugar de muchos en el empleo, este nuevo sistema en la economía ha forzado a empresas a cerrar, cambiar de base e irse a otro país más barato etc. Hoy ya no te aseguran el trabajo, aunque tengas un título, master etc. Da igual que estudies o no la universidad el más abusado y amigo del jefe, sonríe y bonita cara tiene el poder del empleo hoy día. ¡Por lo tanto si no eres abusado y bonito estas eliminado!

Yo viajo mucho y he visto los cambios drásticos en los aeropuertos. En muchos casos ya no pasas al mostrador, sino que obligatoriamente te registra y provee tu ticket un kiosco. En ocasiones ni tu maleta la recibe una persona. Solo la depositas en tal lugar y listo. Migración ha implementado el mismo servicio. Estaba en Canadá cuando me dijeron el siguiente, no había nadie, una maquina me había hablo y en ella me atendieron. Otras solo vas al kiosco y allí te dan tus llaves y listo sales con el carro sin haber visto a ningún humano. Al principio esta idea me daba risa, pero hoy hasta en Wal-Mart tienen kioscos donde ya no tienes que recibir servicio de humanos para que pagues. Los hoteles cada día entran a este servicio donde los que tienes membrecías ya no tienen que registrarse en el mostrador, solo tienen usar una aplicación desde la compra hasta entrar a su cuarto sin ver a alguien. Que me dices de los taxis. Hoy día con una aplicación puedes hacer tus reservaciones, igual con tu compra de boletos de avión. Fábricas de carros en su mayoría ya usan robots para ensamblar. Los taxistas desaparecerán, implementarán carros sin chofer. La impresión de libros y muchas cosas digitales ya no usan personal para tener el producto termino todo es maquinas mucho más rápidas que humanos. Lo último que vi esta semana que estoy terminando detalles de este libro es que Amazon ya hizo las pruebas para entregar cosas, mercancías por medio de drones. Empresas enteras están implementando tecnología y eliminando humanos por dos simples razones es más económico y más rápido. Esto solo es una idea como están cambiando las cosas que aseguraban un empleo.

El empleo destructor de poder

No solo el empleo te esclaviza, sino que en ese estilo de vida te hecha a perder, te hunde en dudas de tu verdadero yo y aún más destruye tus potencialidades ya que te convence de que tu solo sirves para trabajar, recibir órdenes y un cheque, salario al fin de tu sometimiento y unas gracias y eso, si tienes uno y si hay alguien en el empleo que agradezca tu labor para lo que te contrataron.

En las mentorias que doy muchas personas que me contratan para resolver problemas, superar obstáculos e ir a otro nivel me encuentro con un sin número de casos y cosas. Por ejemplo, esta persona me contrato para ayudarle a ir a otro nivel de vida, deseaba salir de deudas y me pidió ayuda. Listo empezamos. Todo estaba de maravilla hasta que llegamos al empleo.

Si, ella quería salir del tipo de vida y deudas tenía que cambiar de empleo y activar otras fuentes de entradas. Cuando estamos en el proceso que creen que me dijo: "No puedo" le pregunte porque, me explicaba que no podía dejar el empleo porque allí había estado por muchos años, le pregunte qué tipo de empleo tenia me dijo: "trabajo en un restaurante", le pregunte eres el manejador, me contesto "no", entonces debes ser el dueño para no poder dejar ese empleo me dijo riéndose "no, como cree" entonces le dije en que trabajas, me contesto "haciendo hamburguesas". El colmo no era eso sino el potencial que poseía para tener su propio negocio y que le daría mucho, mucho más placer y dinero, pero gracias a este empleo y concepto estaba limitada.

Conozco a una persona que estudio para abogado, pero le gusta aconsejar, dar charlas, conferencias y esa línea de actuar. En una reunión que tuvimos también me preguntaba si podía ayudarlo para saber que hacer. Le di las herramientas y cuando llego la hora de hacer los cambios me dijo que le diera tiempo, le pregunte porque me dijo "tengo que pensarlo más." Le dije "pensarlo más", me dijo, "mira, estudie tantos años, el esfuerzo de mis padres y que va decir la gente si cambio de carrera. Necesito más tiempo".

Yo mismo tuve que reconocer lo limitante que es un empleo. Mucho antes yo había empezado a escribir mis libros y cuando quise publicarlos me dijeron que no podía de acuerdo a nuestro contrato y tenía que limitarme a sus capsulas de empresa. Si deseaba mantener el salario, y todo lo que la organización ofrecía tenía que matar mis sueños de escritor y muchas cosas más. Por mucho tiempo varios me aconsejaron que no fuera un tonto, que me olvidara de esos libros que en estos tiempos es muy difícil vivir de libros y conferencias, que yo no era un don nadie para tener éxitos en ellos. Uno y otro con buena intención me aconsejaron "no cometas el error de dejar este excelente empleo donde nada te hace falta."

NO hay mejor manera de destruir las capacidades, dones, talentos y aun conocimientos de muchos que, escondiéndote en un cuarto, ponerte detrás de una maquina o simplemente recibir órdenes de alguien que también solo está cuidando su salario – el jefe inmediato. En un empleo convencional La verdad es esta *tu no le importas, menos tu familia, su sueño o tu Libertad Financiera*.

Hoy te digo que equivocados estaban. Hoy don nadie ha escribo más de 10 libros y establecido sus propias empresas. Cuando despiertas te liberas y construyes tu propio mundo. Pero mientras sigas dormido en conciencia y no te encuentres en tu inconsciente estarás limitado en un empleo. Tu poder, talento, sueños será reprimido.

Economistas hablando de lo que no tienen

El mundo está loco, volteado, hombres con títulos, masters, economistas hablando de economía, dinero, inversiones, la bolsa de valores etc., pero solo en teoría porque la mayoría de ellos no tienen suficiente dinero para vivir libre, no son dueños ni de empresas o instituciones mucho menos disfrutar de verdad de Libertad Financiera.

No los escuches son mentirosos, falsos y son como las ratas donde va la mayoría cuando hay un movimiento en el mar ellos se mueven y promueven lo que conviene a los sistemas. Ser teóricos no sirve y solo hace más pobres. Siempre debes estar alerta a esta gente y hasta donde sea posible no los escuches, evítalos son enemigos de tu económica.

Especialmente en países tercermundista estos consejeros de finanzas algunos apenas tienen para tomar el bus, tren, taxi para ir dar su clase a la universidad. ¿Qué autoridad poseen para ser consejeros?

Religiosos hablando de lo que no poseen

Los religiosos CIEGOS más lejos de la realidad se han comprado esa idea que no necesitan de las cosas materiales porque ellas no llevan al cielo mientras aquí en la tierra un grupo de ellos viven vidas tan miserables que contradice al Gran Dios que es dueño de todo un universo, el en nada muestra una vida de pobreza todo lo contrario tiene, posee, pide, recibe, crea, contribuye y todo lo que hace prospera. ¡Dios es Riqueza, Abundancia, Prosperidad y Vida. Dios no es pobreza!

Los religiosos ERRADOS hablan de libertad, que en Cristo somos nuevas criaturas, recibimos vidas nuevas mientras viven totalmente esclavizados a un empleo, construyendo las empresas de otros, vendiendo los productos de otros y hablan solo en la parte espiritual que en Dios somos totalmente libres, pero viviendo vidas esclavizadas a conceptos errados de libertad y fieles a La Pobreza.

Es increíble, tu escucha a estos hombres y mujeres empatizar la importancia de La Libertad, La Nueva vida en Cristo mientras todo lo que SI cambia para ellos es llevar tus dineros a sus iglesias del que viven, pero cuidado tú no puedes ni debes buscar las cosas materiales, el dinero es un pecado bla bla bla.

Hay otro grupo entre los religiosos que se van al otro extremo estos viven abusando del pueblo y SOLO HABLAN DE DINERO estos la verdad es que son más peligrosos que los otros ya que estos roban a las masas. De ambos grupos debemos cuidarnos.

Escuelas y Universidades

Para el colmo donde la mayoría de la humanidad ha puesto toda su confianza para una buena y mejor vida La Educación convencional quien solo te enseña a depender de un título, de un master. Que si estudias tendrás mejor vida. Ganaras más dinero, tendrás más oportunidades y que aseguraras un empleo con esos títulos. Jajaja, Estudia, estudia, estudia para ser un esclavo.

Los portadores de estos conocimientos solo están creando, formando, educando esclavos. Si hay un sistema más peligroso y que en masa está encarcelando, esclavizando a nuestra gente es este tipo de educación. Depender de un título y un empleo en este tiempo ya NO ES rentable. La vida para este siglo no depende ni de la educación convencional o empleo.

La verdad es que hemos estado asociados, con amistades y oyendo a la gente equivocada en temas económicos. Un pobre diciendo que el dinero es malo, un ministro predicando que el dinero te hecha a perder y sin embargo del mismo pulpito te pide los diezmos y ofrendas. Un Economista en la universidad que solo sabe de libros, pero en el fondo no tiene para demostrar su conocimiento. Padres que nunca salieron de sus pobrezas y sin embargo son los que más aconsejan equivocadamente cuando se trata de finanzas.

TODO ESTE MUNDO CONTRADICE UNA VIDA DE LIBERTAD FINANCIERA. No podemos vivir más en ese mundo de psicología de pobreza y insuficiencia, tenemos que buscar otro paradigma donde podamos escoger nuestra visión, establecer nuestra meta y crear nuestro propio mundo de Libertad. Todo esto entonces requiere otro tipo personas, de ideas, conocimiento, creencias y educación.

Pasos para evitar estos enemigos de tu Libertad Financiera:
- Leer libros sobre Finanzas NO CONVENCIONAL.
- Escuchar audios sobre economía.
- Dejar esos amigos de mentalidad pobre.
- NO ESCUCHAR A GENTE POBRE SEA MAESTRO DE UNIVERSIDAD, UN PASTOR, TUS PADRES, ECONOMISTAS ETC.
- Asociarte a personas de éxito.
- Planificar para o dejar el empleo.
- Estudia biografías de RICOS EN EL MUNDO.
- Convertirte en un emprendedor.
- Practicar tus conocimientos sobre finanzas inmediatamente o CONSTANTEMENTE.
- Asistir a seminarios o charlas sobre finanzas.
- Unirte a algún club de millonarios, emprendedores, empresarios etc.

Resumen: "La verdad es que hemos estado asociados, con amistades y oyendo a la gente equivocada en temas económicos. Un pobre diciendo que el dinero es malo, un ministro predicando que el dinero te hecha a perder y sin embargo del mismo pulpito te pide los diezmos y ofrendas. Un Economista en la universidad que solo sabe de libros, pero en el fondo no tiene para demostrar su conocimiento. Padres que nunca salieron de sus pobrezas y sin embargo son los que más aconsejan equivocadamente cuando se trata de finanzas."

La Familia

"Gobierna tu casa y sabrás cuánto cuesta la leña y el arroz; cría a tus hijos, y sabrás cuánto debes a tus padres." - Proverbio oriental

MMEC cree en la familia y con ella empieza tu equipo de trabajo. No es posible realizar estas actividades de pasos a La Libertad Financiará de manera solitaria, aislada o incognito y si lo intentas será totalmente "difícil" tratar de darle un giro al rio que ha corrido hacia el sur a que valla ahora al norte. Lo puedes intentar pero te advierto te darás por vencido muy rápido. Muchos por vergüenza no reconocen su verdadera situación. Intentan solo salir de esta desgracia financiera. Repito no lo hagas se sabio. Involucra inmediatamente a tu familia y diles la verdad de tu situación.

"La peor verdad sólo cuesta un gran disgusto. La mejor mentira cuesta muchos disgustos pequeños y al final, un disgusto grande." - Jacinto Benavente.

Algo que he aprendido en este proceso de Educación Financiera Inteligente es que tienes que enfrentarte con La Verdad. La verdad de tu verdadera situación, aquí ya **no hay vergüenza**. Tienes que perder, dejar, sacar la vergüenza porque en parte es por ese sentimiento o pensamiento "del que dirán" los demás que hemos hecho cosas, comprado cosas, dicho cosas solo para no quedar mal con personas que ni nos mantienen, no nos dan entradas económicas ni les importa de dónde saldrá el próximo centavo para nuestra existencia.

Proponemos que tan pronto tengas en mente realizar un plan en tu economía tienes que buscar una junta oficial ***con tu familia cercana*** esto incluye si la tienes esposa/o, hijos. En algunos casos de los solteros incluye a tus padres y hermanos. En esta reunión o junta presenta La Verdad de tu condición y plan para salir adelante en tu economía. Sin atajos, ve al punto. Olvida la diplomacia en estos asuntos ve a la verdad le guste a quien le guste o no.

Te informo que al inicio se sorprenderán y no estarán tan dispuestos a llegar a esa junta. Les será totalmente raro y tú tienes que prepararte para ello y buscar la mejor forma de presentarles tu plan. En esto siempre recuerda la versión MMEC: "La astucia puede tener vestidos, pero a la verdad le gusta ir desnuda." - Thomas Fuller.

Cosas que debes agendar para esta junta incluye, pero no limitada ya que tú conoces tu situación y familia puedes agregarle o quitarle, acomódala a tu condición. Sistema MMEC es:

- Propuesta de Cambio
- La Verdad de situación económica presente
- Plan de Acción
- Responsabilidad de cada uno
- Un presupuesto
- Objetivo
- Consecuencias
- Próxima junta para revisión.

Propuesta de Cambio
Esto es lo que estas por hacer en tus finanzas inmediatamente.

La Verdad de situación presente
Exponer donde estas en las finanzas en este momento. Decir la verdad tal y como son las cosas.

Plan de Acción
Compartir el plan que implementaras para corregir, curar esta enfermedad, las pautas que se seguirán para salir de tal condición económica e ir a nivel tal.

Responsabilidad de cada uno
Aquí se asigna responsabilidades a todos. Escoger talvez algún secretario para reunión, un contador - la persona que llevara cuenta de todos los reportes y explicar lo que se espera de cada uno para que funcione este proyecto. De otra manera quien no está de acuerdo esta inmediatamente y oficialmente fuera de cualquier asunto que requiera tu dinero etc.

Un presupuesto
Esto no es otra cosa que la guía, pasos, organización, para la

distribución del dinero en tu hogar o familia. De todo esto es lo más importante. Esto para MMEC es el corazón del éxito para llegar a empezar y mantener libertad financiera.

Objetivo

Explicar tu porque lo estás haciendo. Compartir las razones de tal cambio y el a donde deseas llegar. Diles tus metas o objetivos privados si la situación lo amerita.

Consecuencias

Dejar bien claro las consecuencias para todos o a cada uno que no haga su parte, el que no cumpla con lo acordado. Explicar que no habrá misericordia ya que por eso se les llamo a esta junta para explicar la situación y acordar el plan a seguir juntos.

Próxima junta para revisión

Escoger el periodo y fecha para cada reunión próxima. Ya en la reunión siguiente simplemente se revisa el presupuesto o alguna otra área que no se esté cumpliendo.

Mi historia:

Cuando yo empecé este proceso llevaba más de 10 años sosteniendo a mi familia con todo lo que ganaba en Estados Unidos, también no estaba casado aun así que llame a una junta por teléfono a toda mi familia y les informe de mi Propuesta de Cambio. Tenían dos opciones si seguirían bajo mi registro tenían que sujetarse a los cambios de otra manera ya no sería yo más responsables de ellos.

En esta junta les explique con detalle mi situación presente – el cómo había entrado a tantas deudas y frustración financiera. Les presenté mi plan de acción a seguir. En el compartí como serían las cosas en los próximos meses.

Por mi amor a ellos les di un año para acomodarse a mi proyecto o retirarse de mi lista. En ese entonces ya que mis hermanos dependían totalmente de mi por asuntos de escuela extendí misericordia a un año lo que hoy creo fue un error de mi parte ya que debí actuar inmediatamente o mínimo un mes de anticipación.

Le di responsabilidades a cada uno y una de ellas era reportar exactamente sus gastos cada mes si no había reporte no había dinero. Recuerdo que más de alguno sugiero que todo era "raro", se preguntaban que me había pasado que "había cambiado" mucho. Ya en broma o en serio escuche que yo "estaba loco". Si, estaba muy loco y en esta locura salí del oyó de la mediocridad de la pobreza.

Hicimos un presupuesto, lo que no gusto mucho a nadie. Esto en el momento incluyo a mis padres y tuvieron que entrar al nuevo sistema ellos más que nadie también tenían que hacer un presupuesto de sus gastos desde lo más mínimo a lo más grande ya que ellos administraban el dinero a mi familia en ese entonces.

Exigí recibos, forma de comprobar cada gasto y aunque en el momento esto sonaba demasiado duro, difícil permitió encontrar exactamente los flujos peligrosos, esos goteaderos de gastos que no necesitábamos más. Corté esas tuberías rotas y las cerré de inmediato.

Amigos no había de otra conmigo o se hacia esto o seguir hundiéndome en deudas. En aquel entonces les presente mis razones, el objetivo del porque necesitaba realizar esos cambios. Establecimos así un par de juntas para revisar nuestro progreso y algún cambio necesario hasta que el plan estuviera totalmente en marcha. ¡Lo logre! Si no, no hubiera escrito este libro.

Como me ayudo este sistema MMEC a darle otro rumbo a mi economía. En mi caso este fue uno de los primeros intentos para poner mi vida económica en orden, aunque sin saberlo apenas empezaba y me faltaba muchísimo por recorrer y recorrido esta por eso con autoridad y experiencia en ambos lados te escribo y digo 'has el cambio ahora mismo.' Implementa este o cualquier sistema que te funcione. ¡No hay mañana lo hare!

Mi punto en este capítulo es que tienes que involucrar a tu familia cercana lo más pronto posible y exponer el plan que seguirás para poder salir o evitar más desgracias, rupturas del hogar ya que la economía es una de las razones de divorcios, separaciones y muchos pleitos en la vida.

En este proceso seamos Proactivos, Preventivos y no Reactivos. Evitemos ahora mismo inteligentemente para no lamentar mañana.

Si estás en serio, firma el siguiente contrato:

Contrato de sistema MMEC Para Familia

Fecha_____ Lugar_____

_____

Yo _____

Prometo que_____

Declaro que saldré de Toda deuda, problemas económicos, no más deudas, confusión etc. Escribe tu lista :

_____
_____
_____
_____
_____

_____

Mi plan con mi familia será:

_____
_____
_____
_____
_____
_____
_____
_____
_____
_____

Implementare sistema MMEC inmediatamente y nada me desviara de mi camino en los Pasos a MI Libertad Financiera.

_____

Firma

El Poder de Sustracción

"El dinero es mejor que la pobreza, aun cuando sólo sea por razones financieras." - *(Woody Allen)*

Para poder pasar a la condición psicológica correcta que permite La Riqueza es importante introducirnos al concepto de "sustracción". MMEC de esta forma te invita a acelerar, triplicar, incrementar tu educación financiera que no requiere nada de ciencia y fórmulas que no se pueda entender y practicar. MMEC cree en lo simple y práctico y que tú puedes, un niño o joven pueden realizar. La sustracción aquí está totalmente basada en lo "básico", pero por ser tan "básico" requiere de mucha voluntad el activarla y USARLA. ¿Listo? Escucho que gritas que sí. Súper Magnifico continuemos.

La sustracción es una verdad relativa y poderosa en resultados que "facilita" que nuestra vida se "vacié conscientemente," "limpie conscientemente", "saque conscientemente" toda la basura que hemos almacenado en nuestro **subconsciente** de manera inconsciente. Si, le llamo basura porque lo que no sirve ¿qué es?, basura que está ocupando un lugar que no le pertenece y obstaculiza la manifestación del poder que tenemos y la abundancia.

La verdad es que muchos han convertido su subconsciente en un basurero o garaje de cosas que no sirven, rancias, podridas. Tiene que limpiarse inmediatamente. Lo creas o no algunos aprendemos a vivir con los ratones de la vida. Sabes lo creas o no cuando estaba en modo de desgracia dormía en un lugar donde todo lo que hacía era llegar a dormir. Muchas veces sentí entre las cobijas que me picaban cosas. No sabía lo que era hasta que un día alguien dijo 'Miguel como puedes vivir aquí', conteste "aquí vivo". Continuamos la plática y me dijo "deja te ayuda a limpiar."

En el proceso de limpieza en mi cama había excremento de ratón, y debajo de la cama habían ratoncitos algunos recién nacidos y otros muertos. Hey. Claro que limpiamos. Por primera vez me di cuenta que estaba en problemas serios. Así ocurre con muchos de nosotros simplemente aprendemos a vivir con nuestras desgracias económicas hasta que llegamos a creer que todo está bien o que no hay otra forma de vivir, nos acomodamos con lo que hay. Siempre habrá alguien que el cielo use para despertar nuestra consciencia y ayudarnos a limpiar la basura en nuestra vida.

Realizando esta acción inteligente de sustracción logramos hacer que nuestro subconsciente se "purifique" y "sintonice" con el universo lleno de manifestación del bien, salud, abundancia al máximo desde nuestro interior llamado inconsciente, el centro que manifiesta la verdadera vida que todos tenemos o podríamos poseer.

En nuestro archivo interior al que nos referimos de manera consciente e inconsciente hemos acumulado información, Creencias, Opiniones, Experiencias, Cultura arraigadas y conectadas a las Emociones que influencia muy directamente nuestro comportamiento diario. Si, tu vida está dirigida de manera directa de tu subconsciente y muy poco del consciente.

Imagina que el subconsciente es tu oficina donde hay un montón de archivos y por tiempo y espacio solo mencionare los más importantes y básicos para MMEC. Allí en esta oficina tenemos:

- El Archivo de Información.
- El Archivo de Creencias.
- El Archivo de Opiniones.
- El Archivo de emociones.
- El Archivo de Culturas.
- El Archivo de las Experiencias.

Todos estos archivos se llama vida en el exterior y en el interior no es otra cosa que el inconsciente administrado por estos archivos.

Información

Esta es la cruda verdad. Hemos recibido mucha, mucha información incorrecta. Será difícil que lo creas, pero la verdad es que hay sistemas en la sociedad como la educación convencional que nos ha mal informado en muchas cosas y estas informaciones se ha guardado en nuestro subconsciente. En muchos casos esa educación es un gran obstáculo o factores que impiden prosperar en la vida de abundancia. En el archivo de Información a penetrado como:

Si no estudias no tendrás buen trabajo.

Tienes que ir a la escuela para ser rico.

Tienes que estudiar la universidad para prosperar.

La gente profesional vive bien.

Una carrera te asegura un empleo.

No es lo mismo tener un título al buscar trabajo que no poseerlo.

Esta información falsa tiene que sacarse si es que deseas de verdad empezar La Libertad Financiera tienes que sacar esos archivos del inconsciente lo más pronto posible. Haciendo esto entenderás que no necesitas lo que dicen que necesitan para tener éxito y dinero. Sacando mala información es como logras espacio para información correcta.

Creencias

En esta fase es la más arraigada en nuestro subconsciente ya que las creencias son reconocidas por uno mismo, aceptadas y de esta manera decidimos no solo guardarlas sino que conscientemente comportarnos basado en esas creencias. Considera los siguientes archivos de creencias que son limitantes y no permiten que salgas a disfrutar una vida de abundancia.

Que el dinero es malo.

Que Dios no aprueba el que seamos ricos.

Que es difícil ser emprendedores.

Que, para empezar un negocio, empresa se necesita dinero.

Los ricos NO entran en el cielo.

Que la biblia condena la riqueza.

Que yo no puedo.

Tengo que trabajar duro para tener riqueza.

Opiniones

Aquí en estos archivos de opiniones que hemos guardo y tanto, tanto mal nos han hecho están:

- Tienes que ir a la escuela para ser rico.

- Que el camino a la economía es vivir en un país desarrollado.
- El dinero es muy difícil de adquirirlo.
- La vida de rico es para gente política.
- Solos actores tienen dinero.
- No hay mucho dinero para los humanos en la tierra.
- Esta es nuestra suerte, la pobreza.

Cultura

Otros archivos que hemos acumulado y con mucho gusto insensato es y son esos de la cultura.

- Que los latinos les es muy difícil ser ricos.
- Que la pobreza es nuestro destino.
- Que tenemos que viajar a X país para poder mejorar de vida.
- Nosotros los latinos nacimos para trabajar, no para estudiar.
- Somos pobres y esa es nuestra suerte.
- Que por ser mujeres será todo difícil.
- Los jóvenes no pueden tener negocios son inexpertos.

Experiencias / Vivencias

También están esos archivos de las experiencias y estas no solo gobiernan nuestra vida, sino que nos marcan y difícilmente son detectadas como fuente de vidas limitantes. Consideremos con cuidado los:

- Accidentes
- Abusos
- Impactos
- Palabras negativas
- Ofensas
- Transacciones

Emociones

No podían faltar estos archivos, las emociones. Estos archivos no solo se acumulan, no solo nos marcan, sino que nos esclavizan a vivir vidas miserables, destruidas y casi siempre nos dan otra imagen que no es nuestra. Cuidado con las emociones negativas. Aquí están algunas:

- Miedos
- Enfado
- Culpa
- Ansiedad
- Envidia
- Celos
- Temor
- Deseos
- Falta de seguridad
- Baja autoestima
- Falta de amor
- Incapaz
- Inútil

Torpeza

Estos son archivos en información, creencias, opiniones, experiencias, emociones que hemos acumulado de manera inconsciente durante años, décadas, periodos de tiempo que, sin darnos cuenta, sin reconocerlo, sin poseer la mínima conciencia nos han hecho lo que hoy somos.

Tu interior, tu mente, tu consciente, tu subconsciente es como una cosa donde un niño desea empezar a caminar, pero un adulto le pone la mano y le dice, 'tú no puedes', 'te vas a caer', 'ten cuidado no lo intentes te vas a quebrar' etc. El adulto es todo lo que has dejado entrar inconscientemente, el niño son todos tus buenos deseos, poder, facultades, visión, metas, objetivos que quieren y podrían salir adelante y aprender a caminar si tan solo el adulto se quitara del camino.

Por lo tanto, si quieres transcender Aplica nuestro sistema simple y bien básico el de SUSTRACCION, sistema COENDIRE. Toma una escoba, tu poder de VOLUNTAD e intencionalmente barre lo que no te va ha servir y empieza una vida totalmente nueva. ESTE ES TU MOMENTO DE NACER OTRA VEZ. Saca lo que no sirve de tu oficina / subconsciente y activa tu poder para crear tu mundo. Tu fortuna no inicia con dinero empieza con tu capacidad de reconocer donde estas y lo que tienes dentro de ti. *Lo que tu eres en este instante es el simple reflejo exacto de lo que eres en el subconsciente.* Sin embargo, algunos que ya son conscientes de sus deseos, tienen metas, PERO ¿porque es que solo han podido despertar conciencia, pero no tienen lo que desean y visionan? ¿Por qué solo intentan? Ah la simple razón es porque necesitan encontrarse con su subconsciente, el YO interno, el verdadero autor de su comportamiento y posición actual.

Ejercicio SUSTRACCION MMEC para lograrlo:

Paso 1 Afirmación: "He encontrado en mi oficina de donde se dirige mi vida lo que me impide tener una vida abundante"

Paso 2 Declaración: "Saco fuera de mi SUBCONCIENTE todos los archivos que no me dejan lograr mi propia vida."

Paso 3 Se honesto y ESCRIBE todos los archivos que aceptas que tienes que limpiar de tu oficina subconsciente AHORA.

_____

_____

_____

_____

_____

_____

_____

_____

_____

_____

Resumen: "Por lo tanto, si quieres transcender Aplica nuestro sistema simple y bien básico el de SUSTRACCION, sistema COENDIRE. Toma una escoba, tu poder de VOLUNTAD e intencionalmente barre lo que no te va ha servir y empieza una vida totalmente nueva. ESTE ES TU MOMENTO DE NACER OTRA VEZ. Saca lo que no sirve de tu oficina / subconsciente y activa tu poder para crear tu mundo. Tu fortuna no inicia con dinero empieza con tu capacidad de reconocer donde estas y lo que tienes dentro de ti."

Anclas de Pobreza

"No siempre depende de nosotros ser pobres; pero siempre depende de nosotros hacer respetar nuestra pobreza."
– Voltaire.

Debido a la falta de **(CI)** *Conocimiento Inteligente* gran mayoría de los seres humanos han sido anclados en La Vida Pobre que le han vendido sus maestros, amigos, padres, pastores, sacerdotes, líderes socialistas, comunistas etc. Esa es una de las grandes verdades que pocos hablan y jamás tocaran por temor a no ofender.

"El que no se posee a sí mismo es extremadamente pobre."
- Ramón Llull

La línea entre consciente e inconsciente ya no se tiene, no se es consciente, no se palpa ni se conoce al 100% y por eso es que es fácil ser **amarrados, anclados, fundamos** en conceptos, cosas, ideas, comportamientos colaboradores y agentes de vida total, completamente pobre.

"Erradicar la pobreza no es un acto de caridad, es un acto de justicia." - Nelson Mandela

Has notado que cuando se nos habla, invita a algún a seminario, curso, o lectura de un libro sobre economía lo más fácil y que muchos hemos expresado es "no tengo tiempo". Esta frase común es una pared para reconocer exactamente EL PROBLEMA que se posee. Llego el tiempo de tumbarla o abrir una puerta para salir de nuestra actual condición.

"La pobreza consiste en sentirse pobre." – Emerson.

Esa frase "no tengo tiempo" es la forma más clara en como el subconsciente, nuestro líder interno nos está desviando, evitando un encuentro con otra vida, otro patrón, otro modelo, otro significado de la vida. Por lo tanto, en este capítulo deseo compartir una lista no limitada, pero para la lección usare un par de ellas que son claras anclas que dictan POBREZA HUMANA.

- CONCEPTOS.

- Deudas.
- Falta de educación financiera.
- Suplir gustos y no necesidades.
- Creencias.
- Mis Padres me dijeron.
- La mayoría de mis amigos son del barrio.
- Mi entorno es gente pobre.
- Desorganización.
- Falta de presupuesto.
- Falta de respeto al gobierno. Los Impuestos.
- La falta de dar, tips, ofrendar. Donar.
- Enseñanzas religiosas equivocadas.
- No estoy educado.

¿En cuál de ellas te encuentras anclado?

_____

_____

_____

_____

_____

_____

¿Por qué crees que estas allí?

_____

_____

_____

_____

_____

¿Cómo piensas salir de allí?

_____

_____

_____

_____

_____

Pasos para TU Libertad Financiera

¿Cuál será tu primer paso para liberarte de esas anclas?

_____

_____

_____

_____

_____

_____

Resumen:

"No es vergonzoso nacer pobre, lo es el llegar a serlo por acciones torpes." - Menandro

Agudeza Financiera

"La audacia en los negocios lo primero, lo segundo y lo tercero" - Thomas Fuller

A este punto del libro, ¡O vamos por todo o vamos por nada! Para el éxito en la vida financiera hay que ir con todo y para ello se requiere activar, usar y caminar con varias inteligencias que están en favor del ser humano entre estas esta la más ignorada entre los humanos, y totalmente lejos del mundo latino – La Agudeza Financiera. Esta inteligencia solo surge desde la formación consciente, **educación selectiva** en el área de la economía. Libertad Financiera no existe al azar. No es casualidad, no es suerte no es herencia no es milagro.

Como hemos dicho una y otra vez sin embargo, no puede manifestarse Agudeza Financiera a menos que la conciencia este bien despierta de otra manera se pierde *en el intento* que es lo que muchos logran al ir a la universidad o emprendedores al comenzar un negocio pero que jamás terminan, logran o tienen éxito ya que el fundamento o motivo es incorrecto. Empezaron a construir sobre algo arenoso, no sobre la roca del exito.

La Agudeza Financiera es para todos, es una plataforma creadora pero no todos la descubren o usan. Es el sendero, sistema, programa de *crear formas,* de dejar estar empleado inteligentemente para recibir entradas suficientes o mucho más para vivir realizado, feliz y exitoso con una prosperidad sostenible.

Agudeza Financiera para MMEC es USAR EL PODER que cada humano ya tiene de crear métodos que nos guiaran y dará la libertad financiera.

Aquí están los pasos MMEC para Activar y usar Agudeza Financiera:

1er paso en la Agudeza Financiera es **Educarse Selectivamente** para saber que te metió a la esclavitud moderna – el empleo, deudas, conceptos equivocados o problemas emocionales.

Pasos para TU Libertad Financiera

2do paso Agudeza Financiera **es entender** que si se desea tener Libertad Financiera el empleo no es el camino.

3re paso en la Agudeza Financiera es **Educarse para salir del empleo y deudas de manera Inteligente.**

4to paso en la Agudeza Financiera es **Aprender que antes de dejar un empleo debería tenerse de 7 a 12 meses de ahorros** para mantenerse si no tuviera que trabajar o no tuviera entradas económicas.

5to paso de Agudeza Financiera **aprender y emprender para empezar tu propio negocio.**

6to paso en la Agudeza Financiera es **crear Negocios** que provean entradas extras.

7mo paso en la Agudeza Financiera es **tener entradas extras** que provean más que lo que ganas en tu empleo actual. Entre, este paso y el 9 la diferencia radica en que uno tiene que estar presente y en el otro solo al principio al activarlo luego el negocio es auto sostenible.

8vo paso en la Agudeza Financiera **es activar un sistema de ahorro *del dinero extra (ganancias)*** después de cubrir todos los gastos de tu vida cotidiana u negocios.

9no paso de la Agudeza Financiera **es Establecer, aprender y hacer que tu dinero trabaje para ti y no tu por el dinero. Invertir en otros negocios** para incrementar el capital que te hará muy rico y libre.

10mo paso de la Agudeza Financiera es **crear sistemas que provean entradas pasivas** sin estar presente.

11mo paso a la Agudeza Financiera es **diversificar tus negocios e inversiones a nivel PRO.**

12mo paso en la Agudeza Financiera es lograr la **total INDEPENDENCIA** o sea dejar el empleo, dejar de depender de alguien o cosas **viviendo de los negocios o inversiones totalmente con estradas extras.**

Gratis

Lo extraordinario de esto es que esta parte de la experiencia (Agudeza Financiera) es totalmente GRATIS ya que la fuente de la posibilidad es La Agudeza que el individuo tiene para pensar, idear, solucionar problemas, crear negocios o el dónde involucrarse para activar sus entradas extras que lo llevaran a una vida libre de anclas, psicología equivocada, deudas y pobreza. ¿Cuál es tu excusa para no activarlo? No necesitas dinero, ni títulos, ni la aprobación de nadie tu puedes y debes usarla, esta allí en ti solo tienes que decidir usarla.

A muchos les pasa con este concepto lo que me sucedió, con vergüenza lo contare, pero sé que dejara la lección necesaria. Un día salimos con mi esposa a comer a un restaurante y una de nuestras reglas era no tomar nada en ciertos restaurantes por lo caros que son. Con este concepto entramos a este lugar. Ordenamos y cuando nos preguntaron si íbamos a tomar algo nos vimos a los ojos y contestamos que no. Además de que este lugar era totalmente orgánico yo miraba una y otra vez a la gente ir llenar su baso. Me decía a mi mismo "esa gente a de tener dinero para estar tomando una y otra vez esa bebida." Terminamos de comer, pasamos a pagar y en el mostrador el encargado nos pregunto que nos "había parecido la comida" y contestamos "excelente." Luego pregunta y "que opinan de la bebida verde, orgánica." Estamos por contestar cuando nos interrumpió y dijo "a mí me fascina esas bebidas, además está incluida en la comida y es totalmente gratis..." Agradecimos el servicio y luego en el carro con mi esposa no parrábamos de reírnos ya que por los conceptos que teníamos en esa ocasión pensamos haber ahorrado cuando en verdad habíamos perdido mucho. Desde ese día nunca mas nos lo perdimos. Aprendimos vergonzosamente que era totalmente GRATIS.

A mucha gente le pasa lo mismo que a mí, piensan que todo lo tienen que pagar o crear con dinero y no saben que este poder e inteligencia es totalmente GRATIS y no necesitan nada exterior a ellos. Analiza tu vida y si encuentras que te has perdido la "bebida verde/orgánica" pregunta que cuesta y encontraras que es GRATIS.

Materia

El material que se necesita para traerlo a la realidad es inerte al humano. Está en ti. Es el descubrir las capacidades con que se nace y se crece que hace posible vivirla. En otras palabras, descubres que tú eres la materia que se necesita para empezar este mundo fascinante de la vida económica. Repito todo lo que necesitas para empezar esta en ti y solo en ti.

Como me costó entender y aceptar esta verdad. Una verdad que ha hecho billonarios a pocos y libres a muchos. Aprendí que necesitaba dinero para empezar un negocio, que necesitaba la escuela, universidad para ser empresario, aun en lo religioso que tenía que meterme en un claustro ministerial por 5 o más años. ¿En serio?, tonterías y más que eso mentiras. Nada de eso necesitas para "ser" y "tener". lo que se necesita desesperadamente es despertar conciencia de nuestros capitales inertes a uno mismo y solo en uno mismo. Empieza allí y empezaras bien.

Proceso

Sabes que esto involucra un proceso que lo llevara a la realidad y debido a eso aprendes y desaprendes todo lo que entiendes es necesario o innecesario. Permites el proceso ya que es el único campo para vivir la vida que deseas vivir. Sin proceso no hay resultados.

He allí el método que me ha encaminado a crear formas de dejar de estar empleado, ser totalmente independiente y no depender de títulos o aprobación de personas para recibir entradas económicas para vivir. Entender esto me ha permitido activar oportunidades, negocios, sistemas, productos, servicios sin ser impaciente, superar la duda o el insomnio del porque las cosas no ocurren al instante.

En una frase Agudeza Financiera "Es el poder de uno mismo para **crear y tener** métodos que nos dará la libertad financiera." Al principio suena raro, no es aceptado y la mayoría se burla de ello. Pero una vez activado descubres porque estas donde estas económicamente.

Libera

Agudeza Financiera es el laboratorio que te permite estudiar como dejar de levantarte para ir a un trabajo todos los días o el cómo liberarte de cualquier esclavitud que requiere tu presencia para generar las entradas económicas que deseas.

La gente no lo entiende, aun la razón no se acostumbra a ello porque no han pensado así y concluyen 'oh esto es fácil yo quiero una formula científica etc.' Es que toda su inteligencia es anonada con el excremento de la TV, periódicos, chismes, pleitos estúpidos, libros insensatos, revistas porquería de farandola, programas de radios tontos que los ha vuelto tan indiferentes a sus propias inteligencias que en verdad ya no pueden pensar, ni razonar, su juicio esta desquiciado y todavía se preguntan porque solo viven en deudas, pobreza, confusión y desorganización en la vida. ¡Vamos o despiertas AHORA o seguirás igual!

Amigos es tiempo de reconocer que el excremento social no solo huele, sino que nos ha envuelto y hemos creído que no hay otra forma de vivir. Despierta a tus poderes latentes y úsalos allí están las minas de las RIQUEZAS. Metete a un baño PSICOLOGICO, cambia de ropa PSICOLOGICA y entremos JUNTOS al mundo que puedes tener si tan solo lo crees y empiezas ACTUAR AHORA.

Resumen: "La Agudeza Financiera es para todos, pero no todos la usan. Es el sendero, sistema, programa de crear formas de dejar de estar empleado inteligentemente para recibir entradas suficientes o más para vivir realizado, feliz y exitoso con una prosperidad sostenible. Agudeza Financiera para MMEC es USAR el poder que cada humano ya tiene de crear métodos que nos guiaran y dará la libertad financiera."

El Poder de La

Libertad Financiera

"Todos fuimos creados para ser salvaje, independiente y libre, nuestros corazones están llenos con la ferocidad apasionada por la vida" – Brendon Burchard

En este capítulo nuestro punto es señalar que Libertad Financiera en principio no es como muchos piensan y enseñan que es tener mucho dinero y vivir feliz presumiendo carros y casas, no. Sino que es un asunto total diferente que permite de manera inteligente y real poseer:

- Libertad,
- Tiempo,
- Espacio,
- oportunidad de,
- Hacer,
- Disfrutar,
- Vivir.
- Extendernos.

Preocupación

Uno de los grandes y poderosos beneficios de buscar y poseer Libertad Financiera es **que te desprende de la preocupación** constante de tener que tener un empleo asegurado, la competencia con otros empleados de caer bien, te libera de la pregunta persistente del que dicta ¿de dónde saldrá el dinero para pagar los gastos, recibos, gustos, deseos, etc.?

Te ayuda a superar esos momentos que te mantenían despierto, en rabia, enojo, confuso porque ya que has experimentado Agudeza Financiera ahora puedes experimentar totalmente Libertad Financiera.

Nadie que no pasea Agudeza Financiera puede o podrá

Libertad Financiera eso es imposible y si lo logra solo será por un momento porque es como querer tener un hijo sin engendrarlo y aun así esperar el milagro de los 9 meses de gestación.

Dependencia

Ya que La Libertad Financiera tiene como objetivo de verdad proveerte Libertad ella empieza a liberarte de la esclavitud moderna no dependiendo mas de lo que muchos **dependen de un empleo, un salario, dineros que todo empleo extra o de alguien que tenga el control de lo que permite tu dinero para cubrir tus gastos y gustos.**

Cuando logras libertad financiera ya no dependes de nadie, hasta el punto de que ya no dependes *ni de ti para poder generar tus entradas económicas.* Me refiero a que ya no tienes que ir a trabajar a cierta hora, estar vendiendo, promoviendo productos para tus entradas económicas, sino que has adquirido independencia total.

A este punto tú ya no gastas tiempo para generar dinero, sino ahora el dinero te empieza a generar más dinero o sea trabaja para ti y el te genera tiempo y libertad sin ninguna, ninguna presión.

Libertad Financiera no es otra cosa que estar libre totalmente libre sin preocupaciones y sin tener que usar tu tiempo para generar dinero ya que has inteligentemente activado tus sistemas, programas, negocios, empresas que te den entradas sin que estés presente. Eres felizmente independiente.

Escribe aquí 10 cosas en que te liberaras y las que te beneficiaras con TU Libertad Financiera:

_____

_____

_____

_____

_____

_____

_____

_____

_____

_____

_____

_____

Pasos para TU Libertad Financiera

Resumen: "Libertad Financiera no es otra cosa que estar libre totalmente libre sin preocupaciones y sin tener que usar tu tiempo para generar dinero ya que has inteligentemente activado tus sistemas, programas, negocios, empresas que te den entradas sin que estés presente. Eres felizmente independiente."

Reconocer Las Ratas

"Si compras cosas que no necesitas, pronto tendrás que vender las cosas que necesitas." – Warren Buffet

Querer ser libre financiera es genial y uno de los deseos más respetados. Visionarse ser independientemente libre económicamente es extraordinario y poderoso. Pero esto ya bien dicho ha sido expresado que no es ocurre del azar o aparece como milagro. Tenemos que saber que en el proceso hay obstáculos y más vale que los descubramos antes de que solo hallamos quedado en el grupo que solo pensó, deseo e intento de esos hay masas enteras.

El factor número uno que impide lograr, esos obstáculos grandes que se convierten en montanas ante libertad financiera es no saber que hay ratas en casa. Si ratas y muchas de ellas de colres y nombres, estilos etc. ¿Conoces tus ratas? Para MMEC ratas es representación de todo aquello que destruye tu vida abundante, aquello que impide tu libertad financiera. La primera y más grande rata es – LA DEUDA y tiene dientes de hierro, no respeta ni ama a nadie. Confirmado esta que una de tantas maneras que estas ratas nos destruyen es por falta de educación selectiva.

Las deudas son las ratas o cadenas dentro de la esclavitud moderna. Tan pronto lo sepas y aceptes así las matas. También tienes que saber que **hay sistemas para mantenerte esclavo** a ellas. Sistemas que usan los **capataces modernos astutos**, aquellos que enlazan a las personas en deudas de manera programada y no accidental o más inteligenmente ellos usan tu desgraciado comportamiento en tu economía. Esas son las peores ratas que puedes permitir en tu vida.

En este tipo de sistemas aparece el ansiado, mentado y usado crédito, prestamos, pague después en 6,12 meses, no interés bla bla bla. Gente sin escrúpulos son los que crean estos sistemas diabólicos que están hechos de tal manera que tu vivas por siempre endeudado y ellos incrementando sus lujos. Quien no despierte a esto está destinado a ser entrampado y esclavizado de por vida.

Uno de los pasos más importantes para poder empezar una Libertad Financiera esta en simplemente estar alertas y reconocer que las deudas absolutamente no te permitirán la libertad. Es como tratar de apagar el fuego dentro de una fuente llena de petróleo, es totalmente imposible.

Quien no reconoce el poder esclavizador que tienen las deudas, los creditos no sabrá porque está hundido en una crisis económica eterna. Por lo tanto el camino jamás se despejara si no hacemos conciencia de las mismas y su poder destructivo y limitante, considera algunas como:

- Todas las deudas en:
- Casa que no puedes pagar.
- Carros que no puedes pagar.
- TarjetaS de crédito que no necesitas.
- Préstamos de instituciones que no necesitas.
- Prestamos de Personas que no necesitas.

Quien no reconozca el poder destructivo de las deudas y la forma en que esclaviza está condenado a nunca vivir libertad financiera, a nunca tener paz, vivirá en pleitos, total estrés y vivir mendigando a otros. Es el camino a desastres en la vida. Esto aún puede costarte tu hogar, matrimonio, grandes amistades, profesión y visión. Estar allí con ratas de este tamaño es una existencia totalmente mezquina, y nadie puede decirme que no es cierto, yo la vivía día con día por años además, conozco a miles que viven de esa manera cada día.

Sin embargo, ¿y si no estás endeudado entonces porque no tienes libertad financiera? Amigo tienes que encontrar tu problema y enfrentarlo ahora mismo o terminaras infectado por diferentes ratas de tu vida y morirás en el intento de Libertad Financiara. ¿Qué opinas, cierto o falso? ¿Cuál es tu rata? ¿Dónde están tus ratas?

Uno de los hombres más acaudalados del mundo dijo: "Regla número 1: nunca pierdas dinero. Regla número 2: nunca olvides la regla número 1." – Warren Buffet

Yo personalmente sin notarlo me endeude por más de una década. Entre al mundo de la fantasía propuesto por el crédito. Me sumergi al sueño de los mediocres en norte américa. Me equipe para destruir mi vida financiera con más de 7 tarjetas de crédito a las que por años llegue a pagar del 15% hasta el 29% de interés sin tomar en cuenta los miles y miles de dólares en principal. Ya no trabajaba para mi y gustos sino para los intereses. ¿Entienden de dónde vengo?

Recuerdo muy bien cuando un amigo llamo Mercelin, me dijo "Miguel no lo hagas, no adquieras una tarjeta de crédito, es la destrucción de tu vida", avergonzado confieso que lo considere envidioso, celoso por mi "progreso" en la gran economía de norte americana. Pero este hombre, ¡Tenía razón y reconocerlo me llevo más de 10 años!

Te cuento que llegue al punto donde todas mis ganancias, entradas económicas eran solo para cubrir los intereses de las tarjetas, en algunas termine en colección, vergonzosamente usando dinero de tarjetas para terminar el mes, comer, pagar gustos, viajes, gas, ropa, etc. Estaba totalmente esclavizado, encadenado, encarcelado en un círculo vicioso que me controlaba totalmente. Cuando desperté, cuando hice consciencia activé mi voluntad y rastreé este comportamiento lo creas o no lo encontré en la manera en que fui influenciado, educado con ejemplos en mi pasado que había grabado en mi subconsciente. Yo no lo sabía ni siquiera había sospechado. No eran las tarjetas de crédito el problema, ni la falta de dinero. No. El 1000 X ciento de mi problema radicaba en el cómo me eduque en el pasado sobre economía.

Cuando llegue a despertar cubría todo, todo con tarjetas de crédito. Todo estaba pagado con tarjeta a quienes llegue a deber miles y miles y miles de dólares. Me llamaban el "cliente preferido". En los tiempos más difíciles o en esos días en que no podía pagar en ocasiones ni los intereses me extendían un mes de "gracia" o me bajaban 1% del porcentaje de interés que les debía para aliviar mi situación lo que era decirle a un drogadicto "todo lo que tienes que hacer es bajar de dosis, pero úsalo para recuperarte"

En el peor de los casos por alguna razón misteriosa aparecían otras ofertas de tarjetas de crédito con opciones milagrosas de "transfiera sus cuentas" con "o de interés por los próximos 6 meses". Wow decía yo "Dios escucho mi oración", "como hay gente buena", "claro, con esto puedo salir de mi problema". Ese era mi mundo por muchos, muchos años.

En todas estas deudas yo quería vivir bien, tener lujos, supuesta libertad financiera claro y cada vez que lo intenta solo se complicaba más. Quería un milagro, oraba y oraba y volvía a orar y parecía como que Dios me daba la espalda. Claro que jamás lo hizo sin embargo como muchos en lugar de revisar porque se están hundiendo en este calabozo de ratas muertas me inclinaba a echarle la culpa a la pobreza, a la vida, Dios, pero no era así. Yo era la culpa.

El único culpable de todo este desastre era yo. Ah, pero como cuesta, a qué precio llega uno darse cuenta de que uno mismo es el verdadero culpable de todos sus desastres y atrofias. Me volví sin saberlo un creador de ratas en mi propia vida y culpaba a todos de mi desgracia.

Mi mensaje es este 'revisa tu vida, hogar, todo lo relacionado a ti y mira si hay o tienes ratas alli." Vamos que se hace tarde para llegar a tu Libertad Financiera. ¡Encuentra las ratas!

Escribe honestamente después de revisar tu vida actual cuáles son tus ratas a las que en los próximos días vas a fumigar y asesinar sacando de tu vida:

_____

_____

_____

_____

_____

_____

_____

_____

_____

_____

Resumen: "Para **MMEC** ratas es representación de todo aquello que destruye tu vida abundante, aquello que impide tu libertad financiera. La primera y más grande rata es – LA DEUDA."

Compromiso

"El compromiso es un acto, no una palabra." -Jean-Paul Sartre.

Te lo digo claro y sin pelos en la boca. A la mayoría no le gusta el tema de finanzas porque requiere RESPONSABILIDAD

Y COMPROMISO. Lo último asusta a muchos. Sin embargo, estoy claro que si no hacemos compromiso con Los Pasos a NUESTRA Libertad Financiera jamás llegaremos a la meta. Hemos hablado ya de los modificaciones en la mente, específicamente en el subconsciente pero ahora tenemos que COMPREOMETERNOS en la vida real. ¿Estás listo?

Contesta: del número 5 abajo significa mal. Del 5 hacia el 10 bueno o excelente.

¿Cuál ha sido Tu compromiso en la abundancia del 0-10? 1,2,3,4,5,6,7,8,9,10.

¿Cuál es tu compromiso en las finanzas del 0-10? 1,2,3,4,5,6,7,8,9,10.

¿Cuál será Tu compromiso en tus finanzas de ahora en adelante del 0-10? 1,2,3,4,5,6,7,8,9,10.

El punto amigos es que si no nos comprometemos de nada sirve este o cualquier libro, audio libro, curso, seminario, clase sobre finanzas etc. Ya que solo el factor responsabilidad y compromiso pueden literalmente llevarnos del valle a la cumbre del Everest Financiero o sea tu Libertad Financiera por eso el aclamado Antony Robbins dice "No hay éxito duradero sin compromiso."

¿Que quiero decir con compromiso? Comparemos esto al matrimonio o al noviazgo. Cuanto darías por algo importante o por alguien que amas del 1-100% cuanto darías o harías? ¿Claro el 115% cierto? Pero imagínate un día llegar a tu esposa/o, comprometida/o novia/o y decirle cariño quiero contarte algo te he sido fiel solo el 75%. Pregunta amigos ¿Lo aceptara? Claro que no. La persona quiere todo. Eso es responsabilidad y compromiso. Lo mismo ocurre con las finanzas sino estas comprometido/a al 1000 NO QUIERE NADA CONTIGO. Tienes que ir al 1001%.

"La libertad no es la ausencia de compromisos, sino la habilidad de elegir, y comprometerme yo mismo, con lo que es mejor para mi." -Paulo Coelho.

Te pregunto y por favor contesta: ¿Entonces porque unos se conforman con un 5%, 10%, 20%, 30% 40% 60% 70% en lo que son sus finanzas?

_____

_____

_____
_____
_____
_____
_____
_____
_____
_____
_____

Por lo tanto, si deseas tener éxito en tus finanzas y deseas que tu economía se organice, sea estable y te produzca tienes que agregar Responsabilidad y COMPROMISO. NO HAY OTRO CAMINO.

Recuerdo el día que estaba de las manitos de una novia sentado sobre la pila (lugar para lavar ropa y cosas) y de repente me dijo "miguel quiero que conozcas a mis papas y les hables de nuestro noviazgo" jajaja amigos brinque de la pila y le dije "no estoy listo" y disimuladamente cambie de conversación. El punto es que nunca conocí, ni fui a buscar a sus padres. No quise compromiso. Como le fascina hablar a la gente de que podrían ser ricos, prósperos, millonarios y más pero cuando se habla de ser responsables y comprometerse con los deberes, cambios, reformas para llegar allá dicen "adiós". ¡Sin compromiso no hay dinero y punto!

Pero compromiso involucra los siguiente PASOS para su realización:

- ¿Qué quiero?
- ¿Porque lo quiero?
- ¿Que relevancia tiene esto para mi existencia?
- Elección de objetivo
- Meta
- Enfoque
- Dedicación
- TRABAJO
- Esfuerzo
- Sacrificio

Constante evaluación

"Una vez que tienes compromiso, es necesario la disciplina y el trabajo duro para llegar hasta allí." -Haile Gebrselassie.

Cuando tome responsabilidad o sea enfrente mi situación miserable, me di cuenta que no era responsable, que no contaba con la mentalidad, educación necesaria fue hasta entonces que decidí comprometerme con mis finanzas 'inmediatamente deje de comprar a lo tonto, deje de usar las tarjetas de crédito, deje de estar adquiriendo lo que no me pertenecía ya que no me había portado bien con mis dineros.' Fue en esta plataforma que enumere mis malos hábitos como el comprar sin dinero en mano, conceptos que me habían hundido en este estilo de vida corriente como el seguir pensando que "yo era pobre", "destino" falso que me había creado.

Te pregunto y ayúdame honestamente a contestar. ¿Si no te comprometes y exiges un 1001%. ¿Que tendrás como resultado? Favor contesta:

_____
_____
_____
_____

"El logro de tu meta está asegurada el momento en que te comprometes con ella." - Mack R. Douglas.

Resumen: "Nuestra Libertad Financiera depende de nosotros y no de nadie más. Por eso es crucial que decidamos aplicar compromiso y responsabilidad."

Sistema Cálculos

Ya bien comprometidos con la finanzas otro de los pasos a tu Libertad Financiera recomiendo como hobby o habito es bueno que practiques *hacer cálculos* con todo lo que involucre tus finanzas. Esto te ayudara siempre a saber dónde estás o podrías estar. Esta práctica permite ver lo que los gastos y compras sin estar bien alerta podría afectar tu presente y futuro económico.

Así entonces MMEC te recomienda simplemente computar todo lo que tenga que ver con dinero en tu vida. Nada es falto de un lugar y todo tiene nombre. Calcular es organización que masas enteres no practican.

Al inicio si te cuesta mucho acomodarte a este nuevo sistema empieza te propongo a verlo como un juego, empieza a jugar para llegar a poder ver tu dinero en números seriamente como lo que son.

Cosas necesarias aquí es hacer la costumbre de pedir, reunir y tener recibo, registro, comprobante de todo, repito de todo lo haces con tu dinero. Más adelante explico esto con más detalle. El mismo principio de reunir talones de cheques, salarios, pagos o recibos de pagos de carro, luz, agua, teléfono, aseguranza de salud, casa etc. Todos los recibos de gastos, pagos mantenlos en un solo lugar especial o intenta tenerlos listos para este ejercicio.

Gastos habituales diarios

Aquí entra todo como un jugo, un chicle, comprar una película, comer con amigos en la calle etc. Simplemente ponte a CALCULAR ESOS GASTOS y toma nota exacta del total. Las pequeñas compras hacen grandes sumas y muchas veces son flujos peligrosos o como le llamamos en MMEC ratas, polillas que destruyen en grande tus finanzas. así es lo pequeño en gastos son tus peores enemigos. así construyes las cadenas que te tendrán en la pobreza.

Gastos mensuales

De igual forma colectar todos tus gastos principales de casa, negocios, familia, ropa y lo relacionado. Calcularlos despertara en ti consciencia de todo lo que haces en tus compras o compromisos de manera mensual. Escribe los totales bien claros y pregúntate ¿esto estas compras o totales están agregan a mi economía o me están hundiendo más?

Gastos anuales

Recoges todos tus gastos mensuales y los juntas y CALCULA lo que gastas o pagas cada año. Esto es excelente para darte una idea de lo que haces con tu dinero anualmente. También puede ayudarte a pronosticar, planificar, presupuestar hacia los años siguientes. También este sistema de calcular te permite tener una mejor visión de tu presente y como ayuda hacia el futuro financiero.

Gastos de carro

¿Solo por jugar sabes cuánto gasta tu carro cada mes? ¿Sabes la diferencia de lo que gasta un Ford a un Honda por mes en gas? ¿Te importa saber cuánto gasta en gas un pickup a un carro de otra marca? Bueno regresando a tu carro sabes ¿cuánto gastas en gas cada semana, mes, trimestral, semestral y anual? ¿Te importa de verdad te importa tus finanzas? La gente inteligente no usa un carro por tener un carro. También considera los gastos ya que ellos ayudan u obstruyen tu futuro financiero.

Calcula el viaje al parque

Si, calcular lo que conlleva a ir al parque es ahora necesario para saber lo que cuesta esa vuelta. Alguna vez has CALCULADO lo que gastas simplemente yendo al parque, a una fiesta, a una tienda. Has tus cálculos y te prometo que si de verdad deseas libertad financiera ya no tomaras nada por casualidad en tu vida económica. Cada acción conlleva una reacción y ellas son las que comen o acumulan nuestro dinero.

Esto que te estoy enseñando aquí con el **asunto del parque** es un principio que se aplica a todo lo que involucra dinero. Has cuentas. Has cálculos. Mira por ti mismo lo que quita o suma a tus finanzas. Esto es estar comprometido, lo demás se llama indiferencia y estupidez.

Calcula cuanto ganas

¿Sabes cuánto ganas o haces anualmente? Muchos dicen que quieren ser financieramente libres, millonarios, ricos, pero no saben ni lo que ganan mensual, trimensual, semestral ni mucho menos anual. Jajaja no saben lo que cuestan ellos en 5 años de trabajo, 10 años y aun así ofenden a la riqueza diciendo que serán financieramente libres algún día. Como me disgustan esos que hablan de ser millonarios y cada fin de semana en lugar de revisar sus cuentas se van a los bares, restaurantes, fiestas, bailes, pero no pueden saber dónde están verdaderamente sus finanzas. No les importa ni lo más mínimo lo que gastan tomando café, un jugo o soda como les va importar seriamente ser ricos. ¿Cómo? Si no sabes lo que te cuesta masticar un chicle no estás listo para entender la energía y abundancia de la riqueza.

Me pregunto cómo llegaran a ser ricos, millonarios, empresarios, libres financieramente **si no saben cuánto tienen en el banco en este mismo momento incluyendo CENTAVOS.** Por lo tanto, Calcula lo que ganas y establece si quieres seguir igual o pronosticar una mejoría. Solo así podrás determinar si sigues con la vida económica que tienes o quieres otra.

Calcula todo

Si quieres tomar en serio tu economía y tener un buen fundamento por favor empieza CALCULANDO TODOS TUS GASTOS. Te sorprenderás los resultados, **los totales** de todo lo que involucra tus gastos, compras, salarios, entradas económicas y cualquier cosas es de relevancia para construir tu libertad financiera.

Recuerda estableciendo esto como juego y se convertirá en habito y este habito en un sistema que te ayudará como un termóstato de tus finanzas. Simple y al punto. Hacer este sencillo juego haremos que tu conciencia despierte al valor del dinero e instruiremos forzosamente al subconsciente a una forma nueva de dictar nuestros comportamientos en nuestra economía. ¿LO harás? ¿Cuándo empezaras, ahora o ahora?

Reto: Calcular en este momento cualquiera de estos asuntos o el que tu escojas, lo haremos solo por el gusto de ver los resultados. ¡Vamos a jugar! Si haces esto estarás muy dispuesto en hacer muchas otras cosas para lograr y caminar seriamente Los Pasos para Tu Libertad Financiera.

Resumen: "En tu Libertad Financiera recomiendo como hobby o habito es bueno que practiques hacer cálculos con todo lo que involucre tus finanzas. Esto te ayudara siempre a saber dónde estás o podrías estar. Esta práctica permite ver lo que los gastos y compras sin estar bien alerta podría afectar tu presente y futuro económico."

El Poder de un Presupuesto

*"El conocimiento no atraerá el dinero, **a menos que esté organizado e inteligentemente dirigido mediante planes prácticos de acción,** para el objetivo preciso de acumulación de riqueza". - Napoleon Hill*

Muchos solo quieren dinero y lo buscan en todo menos en casa. El éxito económico radica en que la persona sea SMART. Por lo tanto, la persona quien no entiende la importancia de un presupuesto no comprenderá la gran medicina para evitar el desorden del dinero, despilfarro y las deudas.

Así es hablamos de un presupuesto, indudablemente ayudara a saber INTELIGENTEMENTE a dónde va tu dinero. Si quieres llegar a vivir la Libertad Financiera tienes que entender y aplicar un presupuesto en tu casa, negocio, empresa. Todo tiene que estar escrito TODO, allí empieza el presupuesto. Si no tienes el concepto y la razón bien clara no entenderás ni practicas las curas de las desgracias económicas. Amigos nuestros problemas no es el dinero, ni no tener dinero. Todos tienen dinero, pero lo que todos no tienen es organización y por eso son pobres.

Lamentablemente mucha gente SOLO PIENSA que necesita más dinero o PEOR AUN OTRO EMPLEO para salir de sus deudas, o desgraciadamente buscan dinero prestado para pagar dinero prestado y pagar cuando salgan de la racha y así se pasó a paso a la esclavitud en lugar de tener más dinero y vivir mejor. MMEC te dice a gritos que eso es totalmente absurdo, NO. Esa no es la solución. Pensar de esa manera es creer una mentira y es camino a seguir esclavizado y hundido.

Las personas económicamente sin fondos, endeudadas, quebradas, estresadas por la situación económica en que están no necesitan más dinero en este momento lo que necesitan es un simple y claro presupuesto, tomar de los cuernos al dinero y darle dirección. Es estableciendo un presupuesto lo que te llevara a la salida de las deudas y encaminara a la libertad financiera y lo más interesante es que EN ESTE MUNDO QUE

TE ESTAMOS INTRODUCIENO se empieza con lo que hay, con lo que TIENES no con lo que crees que necesitas. Entonces preguntamos ¿Qué hace un presupuesto? Un presupuesto:

- Es la oficina donde se sabe lo que pasa con tu dinero.
- Te dice de donde vienen el dinero.
- Te dice dónde está el dinero.
- Te explica a dónde va el dinero.
- Es el dueño que le da dirección a tu dinero.
- Es el ajustador de cuentas.
- Es el manejador de tus entradas y salidas.
- Es el único que te puede decir si puedes o no darte un gusto o lujo.
- Es el único que te dirá la verdad sobre tu dinero.
- Es el que te dará un recordatorio de lo que tienes en el banco.
- Es el buscador de ratas.
- Es el detective que investigara lo que te está destruyendo o podría afectar.
- Un presupuesto es el amigo de los que desean encaminarse inteligentemente a una vida libre de:
- Deudas
- Estrés
- Insomnio
- Confusión
- Despilfarro
- Desorganización

Por lo tanto, **MMEC** te dice que si tan solo *implementaras un presupuesto solucionaría la mitad de tus problemas* más agrégale lo demás que estas aprendiendo aquí en este libro no hay razón del porque no lograr más en tu vida financiera.

Recuerdo el día que tuve que enfrentar al presupuesto. Para mí fue un concepto nuevo. Toco a la puerta de mi casa cuando más desgraciado estaba con mis finanzas. Inmediatamente después de casarme entramos al tema de las finanzas y mi esposa deseaba saber dónde estábamos. Acordamos una reunión solo para hablar del tema y fue muy interesante. Con mucha vergüenza tuve que enfrentar mi problema de las deudas, la desorganización en mis cuentas y mi falta de plan para pagar lo mínimo en las tarjetas.

Nos dimos cuenta inmediatamente que la única manera para salir de mis deudas y empezar nuestra vida de libertad financiera en gran parte dependía del presupuesto así que esa misma tarde no nos levantamos de la mesa hasta tenerlo y aplicarlo.

Desde ese día acordamos revisar nuestro presupuesto cada mes por el siguiente año lo que fielmente hicimos. Los resultados fueron extraordinariamente grandes y jamás me arrepiento haber enfrentado mi problema ese día. Hasta este día que escribo este libro seguimos con un presupuesto en casa. Tan fiel a él como el primer día.

La falta de un presupuesto en la vida, en los hogares, en los negocios, empresas y más son la causa de desorganización económica, confusión y muchas cosas como pleitos, disgustos, celos, envidia, derroches etc. Como familia hasta hoy día seguimos **usando un presupuesto** y somos de verdad felices en esa área.

La lección más grande que aprendí y que muchos no comprenden es que UN presupuesto es totalmente fácil de realizar y lo más hermoso es que es GRATIS no necesitas a ningún licenciado para realizarlo. No tienes que estar contratando a nadie para que te diga que eres un desastre y que tienes que educarte, organizarte y salir de vergonzosa situación. En MMEC creemos que lo único que necesitas es:

* Despertar Conciencia al dinero
* Educarse selectivamente en las finanzas
* Encontrar tu problema
* Decidir salir del problema
* Reconocer la importancia de un presupuesto
* Escribir un presupuesto
* Establecer un presupuesto
* Activar un presupuesto

Pasos para TU Libertad Financiera

- Ser fiel a un presupuesto
- Revisar constantemente un presupuesto

Ejemplo de Presupuesto MMEC

Nombre: _____

Fecha: _____

Entradas de dinero

Trabajo 1 _____

Trabajo 2 _____

Otros _____

Total: _____

Pagos

Diezmos: _____ Esto si eres religioso.

Ofrendas: _____ Esto si eres religioso.

Pago de Casa o alquilar: _____

Luz: _____

Agua: _____

Gas: _____

Aseguranza de Carro _____

Cellular / Tel_____

Comida: _____

Total_____

Deudas

Deuda 1 _____

Deuda 2 _____

Deuda 3 _____

Deuda 4 _____

Total_____

Ahorros

En Banco _____

En Casa _____

Total _____

Inversión / Negocio

Empresa _____

Socio_____

Total_____

Resultados

Ganancias _____

Ahorros_____

Total_____

Dinero de Gustos / Lujos

Cuenta _____

Cuenta_____

Cuenta_____

Total _____

Notas importantes del Presupuesto

"El hombre es lo que debe ser, mediante la educación, mediante la disciplina." - Georg Wilhelm Friedrich Hegel

Tu puedes agregarle o quitarle, acomodar tu propia versión. El punto es tener una idea de un presupuesto. Con este simple papel que ves en el presupuesto me organizo y me saco de mil y una de desgracias económicas. ¡Amigos si eso pudo conmigo tú también puedes! No es asunto sofisticado.

Es lamentable pero cierto solo 1 de 100 personas tiene un presupuesto. Los demás viven al azar. Son fieles a sus ratas en casa. Y lo más interesante es que nunca encuentran su problema no porque no puedan si no que no quieren, no pagan el precio, responsabilidad, compromiso y educación financiera.

No hagas lo que descubrí en varias encuestas que hice cuando estaba aprendiendo sobre la importancia del presupuesto. Se me dio por preguntarles a **los expertos en finanzas** que yo conocía tanto en lo secular como en la iglesia. los busque y mira lo que descubrí. Mi pregunta era simple para ellos. ¿Qué es un presupuesto? Y me explicaban y explicaban y explicaban. Etc. Luego les preguntaba usted cree en un presupuesto la respuesta era. SI. Mi siguiente pregunta era ¿Tiene usted un presupuesto? Y la respuesta fue interesante y muchos buscaron diferentes formas de contestarme pero en general fue. NO. Varios que me dieron risa en sus respuestas a la pregunta. Les preguntaba, ¿dónde tiene su presupuesto? me señalaban con su dedo a la cabeza. Jajaja. Y yo les contestaba "Allí no sirve de Nada". Estos expertos son como muchos predicadores que hablan lo que no practican. Por favor no seas uno de ellos.

Amigos un presupuesto no sirve de nada sino está literalmente ESCRITO EN PAPEL o cualquier forma digital que uses, pero la regla es simple y practica TIENE QUE ESTAR ESCRITO.

Reto MMEC. Si deseas de verdad ir a Tu Libertad Financiera y que el universo, Dios conspire a tu favor deja de libro a un lado *y escribe tu prepuesto AHORA MISMO.* AHORA AMIGO, NO HAY MAS EXCUSAS. AHORA MISMO. No siguas leyendo hasta que este tu prepuesto listo.

Amo el presupuesto, vivo con un presupuesto y mi economía a súper mejorado gracias a él.

Resumen: "La falta de un presupuesto en la vida, en los hogares, en los negocios, empresas y más son la causa de desorganización económica, confusión y muchas cosas como pleitos, disgustos, celos, envidia, derroches etc. Como familia hasta hoy día seguimos usando un presupuesto y somos de verdad felices en esa área."

12 Principios MMEC Para Encontrar Dinero

"Tenemos que ser conscientes y responsables por nuestras creencias y comportamientos si alguna vez hemos de ser libres." – Brendon Burchard

Si quieres recoger dinero te presento estos principios que he acumulado al versarme por experiencia en la búsqueda de mi dinero. Son cosas que he hecho.

En lo personal deje de buscar en otros y seriamente me puse a crear mi propio sistema del como coleccionar dinero.

Empecé y lo encontré, encontré mucho dinero. Se prometo que estos principios puestos en práctica realizan milagro, recogen, atraen o acumulan dinero a tu favor. ¿Listo? Aquí está tu oportunidad.

No debes gastar más de lo que ganas.

Si tú estás gastando más de lo que ganas tienes inmediatamente que **cortar, reducir las** cosas que estás pagando innecesariamente. Ejemplos como cable, teléfonos dobles en casa, celular, etc. Tú debes comprobar la lista de alimentos y debes comprar sólo lo que tú necesitas y no lo que comes por placer. No comer en los restaurantes. Evita hacer viajes para ir a la tienda u otros lugares varias veces para reducir en gasto en esta varias veces. Organízate a tí mismo para hacer las cosas en un solo viaje como al ir a la tienda, correo, gas todo junto etc.

Ser estricto en el uso de la electricidad, apagar luces, cargadores y todo lo que no necesitas tener en conexión a la electricidad. ACTIVA TU inteligencia en el uso de agua.

149

Has una lista de tus deudas desde las más pequeñas hasta las más grandes y pagar desde la más pequeña a la cantidad mayor.

Al Pagar tus deudas **devuelve todo lo que tú puedes físicamente**, cosas que no necesitas, electrónicos y mas a cualquier tienda.

Vende todo lo que tienes en tu garaje, muebles, coche extra, ropa, dispositivos.

Que el dinero que se junte sea para pagar las deudas.

Es muy importante que **pagues tus deudas primero** que tratar de ayudar otro necesitado, incluyendo familiares.

El hombre o mujer sabio primero **paga sus deudas y luego ahorran o invierten**.

Tu debes pagar lo que estás pagando en interés primero y luego cualquier deuda que esta sin intereses. Si tú no paga tus deudas primero te estas mintiendo así mismo, porque tú estás ahorrando dinero que no tienes. En el momento en que tu pagas todas tus deudas entonces el dinero será solo tuyo. Mientras debas no tienes dinero.

Entonces el **dinero que te sobra o queda va a cuenta AHORRO** a partir de ahí porque ahora si es tu dinero, ya sea para ahorrar **o INVERTIR**.

Recuerde siempre son las pequeñas cosas, fuga en centavos que nos ponen en problemas y también las que hacen la gran diferencia en nuestra economía.

"A veces sentimos que lo que hacemos es tan solo una gota en el mar, pero el mar sería menos si le faltara una gota." - Madre Teresa de Calcuta

Resumen: "El dinero lo creo el humano por lo tanto el humano lo puede encontrar y poseer." – Miguel Martin

AHORAR y PAGAR menos por cosas buenas y lujos

"La disciplina es la parte más importante del éxito." - *Truman Capote*

Para vivir a gusto, lujos, comodidad no tienes que ser un millonario o político o alta clase si te gustan las clasificaciones de la sociedad. Nada de eso. Para vivir complacido, gustos, lujos y cosas muy buenas lo que necesita es inteligencia y un poco de sutileza. La mescla de estas dos cosas te permitirá una extraordinaria vida, la vida de ricos.

Te cuento lo que resaltare aquí en este capítulo lo aprendí de fuentes, ejemplos de gente de dinero y que viven demasiado bien, como ricos, millonarios, felices y realizados. Estas personas son de Asia, Europa, centro y norte américa.

Comestible:

En comida - Comprar fruta y verdura de TEMPORADA siempre es más barato y sobre todo nutricional. Si te es posible compra a los que viven localmente y muchos casos es más económico y orgánico.

Este es un amigo asiático con mucho, mucho dinero un día visitándolos su esposa me invito a salir y fuimos de compras. Me llevo a donde compraban sus abastecimiento para casa y me sorprendió porque me dijo no te asustes pero esta es una de las razones porque el dinero nos abunda. No me llevo a la tienda mas cara de la ciudad. Me llevo al mercado común de la gente. Totalmente sorprendido. Me dio una clase de nutrición y afirmo que se ahorraban mucho dinero comprando cosas buenas para su nutrición en este lugar. Me dijo Miguel "cuida tu economía, no seas de los brutos que gastan sin pensar y más para llamar la atención."

Vestimenta y eléctricos:

Ropa, electrónicos etc. Regla nunca comprar lo que está a la moda siempre será más caro. Comprar ropa en tiempo fuera de moda y en extremos de temporadas del año. Al principio te sentirás raro pero una vez lo logres será un hermoso juego.

No soy fan de cosas de marca y si quieres saber porque es porque lo aprendí de Warren Buffet. Su primer carro, su primera casa y casi nunca usaba saco, traje hasta que lo necesito. Y todo eso nunca fue de marca ni mucho menos por lujo.

Pero si estas enfermo con las marcas entonces considera tiendas que venden cosas, ropa, zapatos, electrónicos que ya no venden o tiene un pequeño defecto que nadie, nadie notara y de esas tiendas hay varias en el país.

Esta familia con quien vive por un año en california aprendí muchas cosas de ellos, una de esas cosas fue que ellos no compraban su ropa en tiendas de marca pero compraban cosas de marca en tiendas que vendían cosas buenas y de marca fuera de temporada, en especiales y tiendas que colectaban lo que tiendas de marca no vendían durante la moda o temporada.

El poder de lo mucho:

Compra en mayoreo esos granos, cereales, pastas, azúcar, sal y cosas enlatadas que no se echan a perder fácilmente y cualquier otra cosa que al comprarlo suelto o individual cuesta mucho mas que en más cantidad. Tan simple habito, pero poderoso en sus resultados. Ejemplo de cosas:

- Pasta de dientes.
- Cepillos de dientes.
- Rasuradoras o una maquina en especial.
- Jabón para lavar ropa etc.
- Agua embotellada
- Etc.

Otra de las cosas que vi que hacían esta familia en california era que no iban a la tienda cada día, o semana. Nada de eso iban una o dos veces por mes y compraban solo en mayoreo ¿porque? Porque es más económico y abundante. Nunca los vi ni he visto faltos de dinero y siempre comían demasiado bien. Y al contrario, siempre contribuyendo al necesitado y proveyendo a organizaciones benéficas.

Compra con antelación:

Comprar por adelantado servicios o reservaciones para vacaciones, hoteles, vuelos de avión de lujo o ejecutivo y cualquier otro servicio o sistema de beneficio personal, familiar o negocios.

Estos amigos centroamericanos nunca viajan sin planificar. Todo lo tienen agendado y lo que con ellos aprendí es que todo comprado con anticipación meses y hasta con un año de anticipación con el resultado de ahorrar el 50% o más en todo.

También aprendí el poder de una membrecía de clubes al viajar, vacacionar y otros. Comprar una membrecía lo puede hacer cualquiera, la clave aquí está en "usar" la membrecía y sacarle todo el provecho. Algunos de ellos le alquilan la membrecía a otros amigos o familiares o más inteligente aun viajan juntos y reparten gastos. Los mismos gustos, lugares, lujos, pero más y más económico. Créeme que la pasan súper bien.

Muchas cosas GRATIS:

No todo se paga. Hay cosas mucho más barato o gratis si sabes observar, buscar o recibir. Esta mujer millonaria del este de Europa. Un día fue al restaurante y le preguntaron si deseaba tomar algo y ella contesto "agua por favor". El mesero le pregunto "con limón o sin limón." Ella volvió a preguntar "tiene algún costo" y el mesero contesto. "un euro", ella le contesto "sin limón por favor". Lección, que nunca te de vergüenza preguntar y ahorrar, o simplemente no pagar por lo que tu no quieres o debes. Esta disciplina en esta mujer le había permitido acumular millones de dólares. Desde ese día yo siempre pregunto ¿que cuesta el limón? Y las respuestas casi siempre es "gratis", "nada".

En la misma línea de pensamiento pensé que esta señora estaba loca hasta que conocí a otro millonario. Un día fiamos a comer e hicieron la misma pregunta ¿Qué desean tomar? Y yo pedí una limonada y el pidió agua. Pero lo que siguió me dejo con la boca abierta. Tomo el agua y allí había limón así que tomo el limón, lo exprimió en su agua, llamo al mesero y le pregunto si podía traerle "azúcar," se lo trajo e hizo su limonada. Al final del día él se hizo dos limonadas y no pago nada, pero yo pague mi limonada como 5.00 dólares. Me dijo "Miguel nunca pagues por lo que es gratis" y agrego lo que me destrozo interiormente. "tu estas como estas económicamente porque no cuidas tu dinero y así está toda esta gente norte americana".

Aprende y aplica sin pagar:

Hay ocasiones en que no tienes que ir a un seminario, pagarle a alguien para aprender, o leer libros como este para desaprender malos hábitos o descubrir los malos conceptos todo lo que hay que hacer es analizar a los ricos, a los que tienen libertad financiera y aprender observando su forma de comportarse y el cómo usan su dinero.

Resultados:

Lo increíble de esto es cuando haces cuentas y totales son geniales. En este habito logras tres cosas **ahorrar, pagar menos y el mundo de lo gratis.** Escribe aquí los nombres o familias que observaras en los siguientes días para aprender y aplicar:

_____

_____

_____

_____

_____

_____

_____

_____

_____

_____

Resumen: "Las Cosas Buenas, lujos y gratis si buscas siempre se pueden adquirir."

Secretos prácticos e Importantes en tus Finanzas

"No es lo que tú tienes, sino como usas lo que tienes lo que marca la diferencia." –Zig Ziglar

Cash:

Compra al Contado. No pidas crédito. NO COMPRES EN CREDITO. Cash o débito. Como me costó hacer esto, pero lo he logrado. Yo estaba sobre endeudado y por más de una década llegue a pagar solo con tarjeta de crédito todo incluyendo comida. Jamás mi pregunta era ¿tengo dinero para esto? Si no ¿Qué tarjeta uso o que nueva tarjeta puedo adquirir? Nadie me lo ha dicho pero creo que me volví adicto al crédito en tarjetas. Jejeje hoy día tengo mi colección de ellas como recuerdo de donde estaba.

Sea lo que sea en mi hogar hoy día lo compramos con dinero en mano, la cuenta asignada para ello y aun he aprendido a generar ganancias de cada compra de manera inteligente y sistemática. Las finanzas son fantásticas cuando aprendes que en lugar se sacar siempre te dan entradas, ganancias, ganancias en dinero.

Regla: *"Primero decide si necesitas algo.... Luego pruébalo y talvez y solo talvez compras si tienes dinero a mano."* – Miguel Martin

Auto envíos:

NO te metas en pagos de auto envió si no eres inteligente y sabio esos son sistemas que te esclavizaran a menos que tu objetivo sea más grande que el solo haber entrado en ello. Hay excepciones y necesidades, pero en lo que incumbe vivir Pasos a tu Libertad Financiera no hay excepción hasta que estés libre.

Como caí en esto una y otra vez en membrecías de productos y servicios hasta que dije basta. Me convencían "usted necesita esto y aquello", "usted no puede vivir sin estos servicios de doctor, vacaciones, programas, cursos libros, audios" en mi tiempo me enrole en auto envíos de "libros y audio libros." Recuerdo bien el dia que una persona me contrato para ir a limpiarle el garaje. Un casi la mitad de es lugar tuve que sacar productos naturales enbotellados. Le pregunte que si lo iba a tirar todo eso me dijo que si muy enojado. Despues entendí que ese había sido su aparente progreso en X empresa. El mismo se quedaba con produco que no vendia. La razón porque estaba limpiando el garaje era porque se había caído en banca rota y la casa se había perdido. Tenia que salirse. Me impacto pero no lo comprendi hasta que yo iba en el mismo camino.

En mi experiencia entendí que "no lo necesito" y desactive todos. Hoy somos prácticos en casa. Lo que necesitamos y si tenemos dinero designado para ello lo compramos. Claro que creo en el auto envió o membrecías, pero no en un estado de deudas. Son excelentes una vez tengas tu libertad financiera dominado.

Necesario:

Reflexiona cuáles son los gastos de familias que pasan sin ser considerados como innecesarios. Toma esto muy en serio y coleccionaras dinero que estas tirando en tonterías.

En mi hogar por ejemplo encontré que no necesitaba muebles caros y la casa llena de cuadros, lámparas para lucir mis deudas. Así que les dijimos chao a esa tontería desde muy temprano en mi rumbo a libertad financiera.

Tengo la historia de primera mano. Esta familia con una familia grande 7 en total incluyendo a los padres no tenían para terminar el mes. Fueron a alquilar lo que no podían mantener todo por el ego de estar en el "club de los faltos de educación financiera". Además como no tenían los muebles de su gusto en lugar de buscar algunos usados que siempre están a buen precio o en ocasiones los regalan especial en aquí en EE.UU solo entras en craiglist y buscas las cosas que están regalando pero bueno ellos no.

Ellos querían sus propios y caros muebles así que un día que no tenía que hacer en la TV vieron un comercial de eso que condenamos aquí, "venga y adquiera los muebles que quiera, o interés por los siguientes 12 meses y solo paga 60 dólares al mes y usted sale de aquí con todos sus muebles." Esta familia ahora tenía dos problemas. No podía terminar el mes, y encima los 60 dólares vino a ser un problema porque solo pudieron pagarlos por unos meses. Cuando dejaron de pagar llegaron a su casa y se llevaron todos los muebles frente a sus hijos y visitas. Vergüenza, pobreza sobre tonterías. Sé que no todos viven esto pero lejos no están de esta realidad.

El punto es que solo compra si lo necesitan y tienes el dinero. La mayoría de cosas que hay comprar son necesidades impuestas algunos de verdad no las necesitas. Activa tu inteligencia y comprenderás esta verdad.

Pro y con en vivienda:

Impuestos al año de vivienda. Perdóname, pero en Los Pasos a Tu Libertad Financiera creemos en la inteligencia más que en el dinero. Así que piensa de verdad piensa que es mejor Comprar casa o rentar casa. Considera las ventajas y desventajas. NO es lo mismo tener casa y pagar el mortgage o pago de casa que pagar alquiler sin ningún otro compromiso, pero igual no es lo mismo pagar 800 – 1,500 o hasta 2,000 de renta en un apartamento o casa a pagar un mortgage, pago de casa de 300-600 dólares especialmente aquí en Texas. Has tus cuentas y números y ve por lo que te permite suplir una necesidad y ayuda a lograr tu libertad financiera.

Es increíble lo que logras cuando te educas para comprar. Nuestras propiedades no son la excepción. O compramos al contado o de manera tal que lo que paguemos este muy debajo de lo que paga la mayoría, me refiero debajo del 50% y nos deje ganancias al final de cada pago. O sea que en nada puedes perder solo ganar incluyendo en cualquier en pagos de cosas que posees. Esto es posible si te organizas y estudias los pros y cons en las compras de tu casa o propiedades.

En mi caso inicialmente tenía dos opciones 1 - pagar una casa al contado 2 - esperar un par de años para generar otra vez dinero ahorrado para activar algunos negocios o encontrar una casa a mi gusto que supliera mi necesidad con pagados **exageradamente bajos** que aparece al final como un pago de servicio dentro de los negocios que dan libertad financiera. Tu dinero, necesidades y gustos son relativos y si sabes enfrentarlos los guías de tal manera que estén de acuerdo y te beneficien solo y únicamente a ti.

Tengo las 3 cosas en UNO. Casa, dinero invertido en negocios y libertad financiera sabiamente administrado. ¿Y tú?

Regla: Cuando compres o alquiles la vivienda Nunca, Nunca, Nunca pagues más del 25-30% de tus entradas. O simplemente paga al contado.

Costo de hijos:

Si también considerar los gastos que involucra tener hijos. Si latinos. Cuando se trata de hijos perdemos la cabeza y la cuenta. Los porcentajes en gastos por tener hijos en EE.UU es grande. Para comprobar considera la economía de un anglosajón mucho mejor que la del latino. Ellos menos hijos más dinero. Latinos más hijos menos dinero.

Si llegue tarde y ya tienes tu docena de hijos hazme un favor pon a todos a trabajar y que paguen su parte de gastos en casa. Hazlos responsable y tu empieza a vivir libertad financiera. No mantenga a gente no productora otra y grande razón porque nuestra gente no genera dinero.

Recuerdo bien cuando alguien de la familia quiso vivir en casa como siempre con la excusa que solo necesitan 3 días o una semana y luego se van. A petición de mi esposa dije bien "ayudemos". Una semana se convirtió en un mes. Me dije "y ahora que paso con esta persona." Lo llame a una reunión y le dije "veo que tu agenda a cambiado y no veo planes de irte de casa, así que no hay problema solo que tendrás que pagar alquiler y compartir gastos de casa, comida, lavandería y gasolina para cada movimiento con nuestros automóviles" increíble pero cierto me dijo "deja pensarlo" y esa misma semana se fue y nunca, nunca, nunca más volvió a molestarnos.

Y no voy a entrar en esa fiebre de "cuidar nietos" o "hijas e hijos de ellas" usando tu casa como hotel porque al final esas muchachitas que terminaron embarazadas y se fueron con el novio o esposo pero que luego se pelearon y regresaron a casa – son un tremendo gasto innecesario para ti. Pero como se que gana más las emociones y no la razón y la inteligencia financiera allí te lo dejo para reflexión.

Has a tus hijos, familiares, amigos responsables y tu serás felizmente libre de sus compromisos y responsabilidades con una firme libertad financiera.

El automóvil:

Considera que tipo de auto de verdad necesitas y NUNCA COMPRES SOLO POR DAR GUSTO A ALGUIEN O POR QUE VISTES UNA BUENA PROMOCION. Siempre ten en mente todos los gastos que acarrean. No es lo mismo arreglar un Toyota que un Mercedes. Un Ford a un Honda. Se practicó e inteligente en TUS PASOS A TU LIBERTAD FINANCIERA. **Ya no se trata de lo que piensa la gente sino tu misión de lograr libertad financiera.**

En mi caso para encontrarme con mi libertad financiera decimos desde muy temprano con mi esposa que no íbamos a comprar carros a crédito ni caros. Siempre cuestan el doble o más. Uno de nuestros primeros carros fue un Hyundai. ¿Nos da vergüenza? para nada. La gran diferencia entre nuestro carro Hyundai es que yo no tengo dolor de cabeza con pagos, insomnio por los pagos. Nosotros tenemos un Hyundai que es nuestro y no un Mercedes, Audi, Lincoln etc., que la mayoría debe. Nosotros no compramos carro para lucir sino por necesidad. Pero esta práctica como nos ha dado dinero para invertir en otros negocios. Así que mientras unos están luciendo sus deudas en autos yo estoy creando mi fortuna cada día con un Hyundai totalmente económico.

También hemos aprendido que sale más barato y con suficiente lujo si estás loco por tener algo mas que un Hyundai alquilar un carro según la necesidad que tener uno a pagos. Yo he llegado a alquilar carros de hasta 7 dólares, aunque la mayoría está entre 35 a 125 por día y con demasiado lujos y comodidades. Como disfrutamos nuestra vida de libertad financiera y los lujos que creativamente buscamos y usamos. Conozco millonarios que recomiendan alquilar y no comprar sale al final más barato si sabes organizarte. Tampoco vas a alquilar algo para tenerlo estacionado frente a tu casa esa sería una estupidez.

Fiel:

Mantente totalmente dentro de tus entradas, ganancias... EL PRESUPUESTO. Esto en ocasiones significa comer frijoles y arroz. Pues si eres fiel a tu presupuesto aceleraras tu libertad financiera. Niégate unos meses o talvez 2 a 4 años para poder gozar toda una vida. Gasta dentro y cada menos de lo que recibes. No caigas en el ciclo del ratón, 'más dinero más gastos tontos.'

Mantente fiel a tus metas económicas. No te desvíes. No le hagas caso a gente que no busca tus objetivos. Se fiel, fiel es el lema de que busca libertad financiera. Para construir mis finanzas en su tiempo he comido frijoles y arroz solamente, dormido en mi automóvil cuando he estado de viaje por una simple razón no tenia fondos para nada mas en mi presupuesto.

Hoy en día los que me conocen saben que duermo en hoteles de lujo, vacaciono en resorts con mi familia, como en restaurantes carros cuando quiero y en casa me re sobra comida pero eso no vino de gratis o al azar tubo su razón y fue fidelidad a lo escrito en el presupuesto.

Cuestiona:

Con todos los que he estado involucrado para negocios y empresarios exitoso he notado de manera marcada que son aquellos que no tienen miedo de preguntar, cuestionar y sé que no les importa enojar a quien tengan que enojar. Ellos preguntan ¿Lo necesitamos? ¿Por qué lo necesitamos? ¿Qué otras opciones tenemos? Ellos dicen: 'Déjalo en mi oficina ven en 3 días y hablamos de esto.' 'Llámame después'. 'Busca otras opciones' etc. Resultados ahorro y dinero en mano.

Resumen: "Siempre pregunta porque compraras algo, eso siempre te dará la inteligencia para saber si necesitas hacerlo."

Visiona y Ejercítate para tu Futuro en Finanzas

"En definitiva, lo importante es empezar. No importa cómo, luego habrá tiempo para pensar en los detalles." – Alain

Hace muchos años yo vivía en California y me fascina ir a correr, escalar o simplemente caminar sus montañas. Lo hermoso de este ejercicio era que cuando llegaba a la cima de una de esas montañas de Los Ángeles, San Bernardino, Loma Linda, Peris, Riverside, Big Bear etc., podía ver más montañas y valles. Era mi suntuario del futuro.

Eso lo practique por mucho tiempo. Era un cuadro increíble. Me ponía a soñar y hoy día tengo mucho de lo que en esos días visionaba. Miraba el horizonte y me imaginaba una familia, libros, negocios, viajes, DINERO, tener mi propia empresa, oficinas, cosas materiales. También trabaje mi espiritualidad, liderazgo, influencia, capacidad, talento, meditacion y una y otra vez subía y baja de esas montañas en el sur de california EMPODERADO.

En ese sagrado lugar, sentado viendo amanecer, durante el día calor, frio o en el atardecer en ocasiones en la noche le dije al universo lo que quería con lágrimas, con sonrisas, con gritos, con el corazón platicaba con Dios FUI CLARO CON MI VISION y hoy día veo como si me escucho y abrió puertas el universo.

En esta vida no podras escalar el progreso y prosperidad si no te conquistas y convences tu primero en tu mente en junta con el universo.

Entonces ubícate y visiona:

Usa tus ojos:

Mira tus cuentas cada día …. ¿Por qué? Porque debes Pensar en grande y ver las cuentas… algún día tendrás entradas todos los días como hoy tienes salidas y gastos. Sé un visionario alerta. Ejercita tus ojos porque vienen días que veras grandes cantidades de dinero.

Te recomiendo **agregarle escuchar música motivadora**, alegre al ver esas cuentas, al escribir tus metas del dinero. No solo visionaras sino que anclaras lo que quieres y vendrá, te lo prometo vendrá.

Reintegra:

Devuelve todo lo que no es tuyo. Regresa libros, CDS, DVDs, paga todo lo que debes, regresa cualquier cosa que no es tuyo esto ACTIVARA tus entradas de una manera increíble. No me preguntes porque solo hazlo y veras como atraerás las buenas cosas y mucho dinero.

Toma responsabilidad:

Deudas a amigos familiares llámales o escríbeles y diles esta simple y poderosa frase: "Reconozco que no he sido responsable, te debo y este es mi plan para pagarte" Confirmarlo, se responsable y paga. Al universo le agrada ver esta actitud y apalanca la gente responsable.

Activa:

Haciendo los pasos aquí expuestos tu activas al universo y la mano de Dios a tu favor. El poder de todos estas principios, ejercicios y visión del futuro en tus finanzas practicados hacen que el universo vea en ti DESPERTAMIENTO, RESPONSABILIDAD Y RESPETO por lo que tienes y haces que dice:

"Le ayudaremos a que vida y tenga todo lo suyo."

Amigos el verdadero ¡COMPROMISO ... CONLLEVA A UNA ACCION EN CUALQUIER TIEMPO!

Escoge un lugar donde puedas meditar, reflexionar y luego has una lista de las cosas que deseas, visiónalas y luego escribe:

_____
_____
_____
_____
_____
_____
_____
_____
_____
_____

Resumen: "Mira tus cuentas cada día .... ¿Por qué? Porque debes Pensar en grande y ver las cuentas... algún día tendrás entradas todos los días como hoy tienes salidas y gastos. Sé un visionario alerta. Ejercita tus ojos porque vienen días que veras grandes cantidades de dinero."

El Principio del Ahorro

Llevando cada camino un grano, abastece la hormiga su granero para todo el año. *(Proverbio)*

"La hormiga hace provisión para las estaciones futuras; pero muchos seres dotados de facultades de raciocinio no se preparan para la vida futura inmortal". - Consejos a los maestros pg. 182.

Una de las grandes lecciones de la hormiga establece la ley del ahorro para días malos así dice la escritura: "y *allega en el tiempo de la siega su mantenimiento*". Pro. 6:8. La hormiga *sabe que viene* el invierno y para ello hace preparativos. Sabe lo que es tener almacenado para el tiempo de necesidad, lo que aquí llamamos *ahorro*. Este es Principio Hormiga, allí va.

El poder que tiene la ley del ahorro controla a todo humano inteligente y futuro empresario y nadie logra ganancias sino los usa inteligentemente lo que muchos no son inteligentes pero si cansados, atareados empleados y endeudados. Pon mucha atención a este punto ya que en el encontrarás la oportunidad de crear grandes fortunas.

Para MMEC existen varios tipos de ahorros como el conocimiento, sabiduría, económico, emocional, espiritual, material etc. Todos estos son acumulados y guardados de antemano para un momento de crisis. Mientras vivamos en esta tierra siempre abran momentos difíciles, críticos que requerirán una ayuda extra al momento y circunstancia que se está viviendo. Quienes saben esto de verdad hacen preparativos para ello. No son sorprendidos, están listos. Viven y aplican el principio del ahorro.

Ahorro de conocimiento:

Este ahorro es el conocimiento correcto almacenado en mente para el momento de necesidad. Quien se educa a tiempo y fuera de tiempo sabiendo y sin saber ha ahorrado para el tiempo no solo de necesidad sino de la oportunidad. Este tipo de ahorro se logra por la escuela o los libros por voluntad propia.

Conocimiento adquirido y guardado para el tiempo oportuno, conocimiento aplicado en su tiempo es simbólicamente oro, salvación, ayuda, sostén, fundamento y columnas en la vida, en el negocio, en los planes, en la agenda en la misión y el deseo de algo mejor. Ninguno que sea como la hormiga en el ahorro de cocimiento puede realizarse de verdad en la vida, nadie que quiera escalar alto puede llegar sin el conocimiento adecuado.

Por eso sepamos que: "El conocimiento está al alcance de todos los que lo desean. Dios quiere que la mente llegue a ser fuerte, que piense en forma más profunda, plena y clara. Camine con Dios como lo hizo Enoc; haga de Dios su Consejero y no podrán hacer más que progresos". Mente Carácter y Personalidad tomo 1 pg. 108.

Aconsejamos la educación verdadera, perdurable y productiva. Quien sabe lo que quiere sabe lo que estudia y busca en su educación. Estas personas no tienen edad para la educación viven, respiran educación y practican educación. Jamás van a la escuela, colegio o universidad por casualidad. Sabe lo que quieren y buscan con tenaz persistencia. Tienen un amor por los libros, comenzando con la biblia. Aprecian y asisten a la escuela, colegio o universidad por elección propia. Nada deja para el mañana, hoy es su día de educación. Hoy ahorran conocimiento.

En mi caso decidí un día dedicarme a acumular conocimiento como trabajaba 7am a 5pm esta fue mi rutina por un año para activarme en ese ahorro. Me levantaba a las 5am para alistarme y salir al trabajo ya que llevaba una hora exacta para llegar en mi bicicleta. Regresaba a las 6pm. Comía, me duchaba y exactamente a las 8pm me ponía a estudiar, leer hasta las 3am. Por un año exacto. De forma active mi banco de conocimiento. Después de eso cualquier tiempo, lugar o ocasión libre siempre la he dedicado a la acumulación de conocimiento.

Ahorro en sabiduría:

Esta también el ahorro de sabiduría, esta se adquiere en los hechos de la vida, en los accidentes, en los incidentes comunes, en los dichos, en los libros, en la naturaleza, en los animales, en las aves, en los insectos, en todo lo que se mueve o no se mueve. Quien es sabio adquiere su sabiduría de los días buenos y los días malos para poder ejecutarla en sus días de invierno de la vida, familia, negocio etc. Son el resultado de la experiencia.

Tan pronto entendí esto deje de quejarme por lo que me pasaba o dejar pasar alguna vivencia como insignificante. Todo era una lección y de cada una de ella acumula sabiduría. Este concepto es podereso y transformacional.

Nada impide este tipo de ahorro en personas sabias, sabias porque así lo desean, sabias porque así se forman, *sabias porque aprenden de todo*. Esta sabiduría es buscada, es adquirida según el libro de Proverbios 4:5, es el resultado de una actitud de humildad constante. Quien no es proactivo en la enseñanza, en educación no es productivo en ella y esto solo lo permite la verdadera sabiduría.

Ahorro financiero:

El ahorro económico es otro de los logros prácticos que aprenden los que observan a la hormiga. Ellos no gastan lo que no tienen. Saben pagar gastos. Tienen un presupuesto para todo. Aprecian los centavos reconociéndolos, ahorrándolos y usándolos. El clímax de esta verdad es que aprenden no solo a ahorrar sino a invertir para multiplicar sus ahorros.

Los que aprenden de la sabia hormiga a ahorrar jamás compran lo que no pueden pagar. Compran a menos que les vaya a proveer, beneficios y ganancias. Ellos como las hormigas no juntan solo para el día, no solo para el presente, sino que ahorran para el día 'lluvioso" para el "invierno", "malo" "difícil" para esos momentos críticos de la vida, especialmente la vejez donde es mejor un dólar en mano que 100 tarjetas de crédito.

Quienes aprenden a vivir dentro de sus límites económicos ahorran pero también huyen de toda deuda. Historia repetida si hasta que se grave. Llegan al punto donde ellos saben que si no tienen el dinero es muestra y señal que no pueden adquirir cualquier cosa o satisfacer gustos. El camino más seguro es apreciar las entradas económicas, regalos, herencias, tener una cuenta y sobre todo, un presupuesto semanal, mensual, anual y muy importante una cuenta de ahorro para emergencias de salud, casa, carro y familia etc. Mencióname las cuentas de ahorros que tienes y sabre quien eres, dime que no tienes ninguna y te dire quien eres – un pobre.

Me salgan como una amiga que dice que tiene su cuenta de ahorros en tienen unos cuantos dineros pero debe en varias tarjeta de crédito. Pero no importa como se lo explicamos piensa que tienen dinero cuando en verdad no solo esta mintiéndose, robando y haciendo mas gran del hoyo donde caerá cuando de verdad sea obligada a pagar sus cuentas. En otras palabras tener dinero ahorrado debiendo a todo mundo es un engaño fatal. No tienes dinero, no es tuyo para empezar y eres endeudado con dinero ahorrado que no es tuyo.

En mi caso mis ahorros empezaron implementando el presupuesto. Yo era de la creencia de que necesitaba un capital para empezar un negocio. El problema era que no lo poseía. Pero a este punto ya había aprendido el salir de la deudas asi que me jure no usar el dinero de otro para iniciar un negocio propio. los ahorros anteriores me ayudaron a encontrar un negocio "orgánico" donde no usara el dinero de otro. Forme un sistema el que explico aquí para juntar, ahorrar mi propio capital y que fácil fue realizarlo. No importa que haga ahora no se realiza si no sale del ahorro destinado para ello.

Económicamente aunque no todos lo practican, ni están obligados MMEC recomienda El ahorro más productivo y bendecido por el cielo es llamado diezmos y ofrendas que bien se puede dar a una institución religiosa, iglesia que enseñe la verdad, el evangelio o dar ofrendas, donaciones a centro de caridad, etc. Quienes lo hacen establecen una fuente de ahorro que da creces en el espíritu, en la vida, en los esfuerzos y el trabajo. Con razón está escrito de que Dios promete al que regresa sus diezmos y ofrendas "Derramare bendición hasta que sobre abunde" - Malaquías 3:10.

Ahorro Emocional:

Este tipo de ahorro no es muy conocido, pero grandemente necesario. Partiendo desde que nadie es perfecto y en que hay momentos en que fallamos en nuestro trato con los que nos rodean es importante entender el valor del ahorro emocional.

Todo esto trabaja bajo la regla de oro. "Trata a los demás como quieres que te traten". Mientras en el momento pareciera pérdida de tiempo el tratar bien a los demás, ser tolerantes y perdonadores no solo provee crecimiento espiritual, crecimiento del alma y en el ser emocional es una inversión a futuro en nuestras relaciones. Si quieres ser perdonado, ser entendido y ser tolerado hazlo tu hoy.

165

Todo aquel que trata bien a los demás, perdona sus faltas y por voluntad propia es comprensivo hace una inversión que cuando él o ella fallan la ley dicta que será tratado igual. En este sentido el ahorro que hizo en las otras personas al tratarlas bien salen a su auxilio cuando el comete errores o faltas. Oskar Schindler es un vivo ejemplo de cómo funciona esto. Un hombre de prestigio y parte de los nazis que cuido, perdono y salvo miles de vida de judíos. Una vez pasada la guerra y derrota de los nazis Schinder se va Suiza, luego a argentina, regresa a Alemania pero fracaso una y otra vez en negocios, empresas y se declaró en bancarrota en 1963. ¿Pero cómo sobrevivió sus últimos años? Gracias a su ahorro emocional en judíos. La benevolencia de judíos que agradecieron lo que el hizo por ellos le dio abastecimiento el resto de su vida por medio de la fundación " Judíos de Schindler" muriendo el 9 de octubre de 1974 . Nunca sabes donde y cuando necesitaras este banco de ahorro así que has tu trabajo proactivamente en este ahorro que todos en algún momento lo necesitamos.

Este tipo de ahorro salva matrimonios, relaciones importantes, familias, empresas, negocios, socios, naciones, iglesias. Debemos voluntariamente sumergirnos en este tipo de ahorro con los demás al tratarlos bien, perdonando y comprendiendo que tarde o temprano necesitaremos de nuestro ahorro emocional.

Ahorro Espiritual:

Es increíble como este ahorro es tan poderoso e importante que aun funciona o toca el corazón de Dios. La biblia dice que si uno perdona las faltas de los demás Dios nos perdonara las nuestras. Esto solo confirma que al extender nuestro perdón a las personas cuando no se lo merecen estamos ahorrando en el cielo que al fallar nosotros al gran Dios somos automáticamente perdonados. Este trueque divino es extraordinario, ¿Quién en la vida no necesita el perdón, tolerancia y comprensión de Dios?

Estas verdades del ahorro espiritual se ven a las claras en las siguientes historias bíblicas como en la vida de Adán al perdonar a su hijo quien mató a su hermano Abel. Lo vemos en la vida de David con Saúl y su hijo Amnón quien abusó de su hermana y Absalón quien mató a su hermano, ¿cuál fue la actitud de David con él y lo más importante, cómo fue la actitud de Dios hacia él en el momento crítico de su experiencia? El ahorro Espiritual da resultados en la vida presente y aún más eterna.

Perdonar, comprender y tolerar hoy a los demás nos aventaja un gran ahorro para nosotros en el momento de fallas a los otros y a Dios. Sin ignorar el ahorro económico nos abre grandes puertas para las emergencias y permite tener la plataforma al inicio de grandes negocios sin endeudarse. El ahorro económico es uno de los recursos que todos los que como la hormiga practican no solo para vivir libres de un empleo sino para activar negocios, empresas, oportunidades que multiplicarán su dinero.

Vemos en todo este capítulo que una persona exitosa y sabia tiene un ahorro en todo y los resultados son claros y balanceados en todo, vive en paz, feliz, en unión y con dinero suyo he invertido para vivir una vida de libertad financiera. Exactamente el sabio ahorro guía a una vida de libertad financiera y esa es la vida que proponemos en todo este.

¿Qué opinas de la importancia del ahorro?

_____

_____

_____

_____

_____

_____

¿Crees en el ahorro de conocimiento?

_____

_____

_____

_____

_____

_____

¿Qué tan importante es tener un ahorro económico?

_____

_____

_____

_____

¿Comparte y comenta cuanto ahorro espiritual tienes?

_____
_____
_____
_____
_____
_____

Cuenta alguna experiencia sobre el ahorro emocional:

_____
_____
_____
_____
_____

¿Has una lista de los negocios que podrías activar si tuvieras el dinero ahorrado?

_____
_____
_____
_____
_____

Resumen: "El poder que tiene la ley del ahorro controla a todo humano inteligente y futuro empresario y nadie logra ganancias sino los usa inteligentemente lo que muchos no son inteligentes pero si cansados, atareados empleados y endeudados. Pon mucha atención a este punto ya que en el encontrarás la oportunidad de crear grandes fortunas."

No Hay Excusa

"No deberías enfocarte en por qué no puedes hacer algo, que es lo que la mayoría de la gente hace. Sino en por qué no puedes hacerlo y ser una de las excepciones" - Steve Case, cofundador de AOL.

El universo tiene una pregunta para todos los que han fracasado, para todos aquellos conformistas. La escritura dice: "Perezoso, ¿hasta cuándo has de dormir?" Pro. 6:9 esta pregunta está en la historia sobre las hormigas en el libro de Proverbios. No hay excusas para ser algo bueno y extraordinario en la vida ***para nadie que tiene mente, oportunidad y vida.*** Sin embargo hay muchos que ni siquiera están conscientes que viven dando lo excusas en lugar de reconocer lo que si pueden realizar.

Las excusas mueren cuando todos podemos aprender si no sabemos algo, o como proceder o adquirir aquello que no tenemos. Aun el perezoso, el cobarde, el fracasado, el mediocre puede cambiar. Carácter, personalidad, profesión, talento, don, capacidad o enfoque, visión y misión se puede adquirir si se desea cuidar y mejorar lo que ya se tiene. Los humanos inteligentes jamás, jamás toleran las excusas.

Mucha gente que trabaja ***es perezosa*** en su mente, en su espíritu, en sus metas. Quieren cosas diferentes, desean una vida mejor, lamentablemente saben que podrían tener mejor situación, pero no pagan el precio, ***es demasiado*** para ellos o dicen "mañana", ese mañana no llega, ese "después" no se aparece y de esta manera destruyen todas sus posibilidades.

Así se la pasan de empleo en empleo hasta que sus fuerzas, vidas, talentos desaparecen en 8 horas o más de trabajo, jamás vivieron su razón de existencia. Sabiendo de toda su posibilidad y no hacer un cambio y actuar en favor de ello es otra destructiva forma de ser perezoso. ¿Eres perezoso?

Como el cambio requiere educación, preparación y peor aún en vez de aprender mucho y desaprender para empezar una mejor vida, un mejor empleo propio talvez, una empresa, lograr un objetivo o meta. No hay excusas para nadie y tiempo es que nos lo digan y superemos lo que impide ese crecimiento y logro en la vida.

Lo que si te digo y confirmo es que si no amas lo que haces en tu empleo te pregunto ¿por qué seguir sufriendo? Ya sé que necesitas el dinero del trabajo, pero mira esta regla. *"Si puedes trabajar, pensar y producir para cierta empresa y lo has hecho por años entonces puedes pensar, crear tu propio negocio y empresa con el mismo tiempo invertido en ese trabajo, con las mismas energías que le dedicas y con la misma mente con que trabajas."* Pierde el miedo y piensa en las oportunidades y tiempo que tendrías libre si activaras tu propio negocio. Vamos SOLO PIENSALO.

Muchos sufren el mal de la pereza en general, TODO les inspira pereza. La pereza física no les gusta trabajar, la pereza espiritual no les gusta ejercitarse en las cosas internas, divinas, unión al universo, al Espíritu Santo, aquellas cosas del espíritu son acalladas. Pereza Psicológica no usan su mente, sus facultades, les cansa leer, ver videos de crecimiento, odian la educación. No participan de conferencias, seminarios, charlas de auto superación y motivación personal.

Es increíble la cantidad de personas que pudiendo ser alguien realizado, una persona de logros en carácter o cosas materiales son pordioseros en la vida. Esta condición no es necesaria, no es tolerable pero es voluntaria de parte del individuo pues todos en algún momento escogemos el tipo de vida que vivimos. Nunca olvides terminó la era de "culpar", "excusas" tú y yo somos responsables de nuestra presente vida nadie más.

"Las hormigas...pueden manejar un solo granito a la vez, pero por la diligencia y la perseverancia realizan maravillas".
- *Consejos a los maestros pg. 181.*

Dice el proverbio: ¿Cuándo te levantarás de tu sueño? – Pro. 6:9. Es una pregunta al perezoso que muestra varias cosas:

Primero, que *si se puede* despertar a una oportunidad. No todo lo que esta negativo o simbólicamente durmiendo necesariamente permanece así. En realidad, el estar despiertos a la bendición, oportunidad y privilegios de la vida depende de uno no de nadie, dinero, títulos o más. Para triunfar hay que estar despiertos y dispuestos siempre. ¿Estas despierto a tus posibilidades, a tus poderes, a tus facultades, a tu fuente de creación? Y ¿Estás dispuesto a tus posibilidades, a tus poderes, a tus facultades, a tu fuente de creación?

Segundo, esta pregunta nos muestra que de uno depende romper esa pereza, uno tiene el poder de decir ¡basta! Aquí termina esa esclavitud. Una vez nuestra conciencia despierte es posible hacer cambios radicales de adentro a fuera y enfocarse a un nuevo estilo de vida y sobre todo productivo, real no imaginario.

Las excusas no deben ser aceptadas en nuestra mente, nuestro vocabulario y vida en general. Grita ¡Adiós pereza, Adiós Condición mediocre, Adiós deudas, ¡Adiós conformidad, Adiós empleo! Grita – bienvenida Creatividad, Creación, Creencias, Cambio y nueva vida. Vida abundante, Vida realizada.

Tercero, las oportunidades están allí para todos, *si oportunidades es lo que más existen para ti, para mí, para todos,* pero todos deben despertar a esa simple realidad y despertarlas a su favor. La pereza está robando grandes cosas a seres humanos. Tú y yo debemos revelarnos a esa pereza destructiva.

Nadie que viene al mundo vino a fracasar, nadie. *El fracaso es una elección no un destino.* Cada momento, hora, día, semana, año es una oportunidad de la vida para ser o hacer lo que nos propongamos hacer o ser. Contrario a la pereza es actividad. Debemos volvernos personas activas pero activas inteligentemente, con resultados u objetivos bien fijos. Mucha actividad sin logros y resultados es igual a pereza selectiva.

Cuarto, si se quiere y se cambia de comportamiento mental y físico es posible adquirir lo pensado, deseado y propuesto. El gran Anthony Robbins nos dice que nuestra condición física afecta nuestra condición mental y por lo tanto ambas si no se ayudan destruyen y traen mucho dolor a la experiencia. Tenemos que alinearlas y usarlas a su máximo de otra manera ambas van en direcciones contrarias.

Los límites los ponemos nosotros como los horizontes. Recordemos que la vida nos da lo que le pedimos. Pero porqué muchos piden y no reciben, no lo encuentran, no lo logran por la simple razón que nunca lo quisieron de verdad.

Cuando algo se quiere de verdad se logra, así en la vida espiritual, así en la vida material, de igual manera en lo físico.

Quinto, en esta enseñanza de la hormiga encontramos el mensaje de no hay excusa para la pereza, la pobreza y mal carácter. No hay excusa para la esclavitud en que estamos porque podemos ser liberados.

No hay obstáculo para todo ser humano que en realidad aprecia su existencia. Quien tenga conciencia de la vida la aprovechará, la usará al máximo de su potencial y sobre todo será un proveedor de bendiciones, no un consumir de lo que no tiene.

En otras palabras ellos se "levantan" y "Actúan" "Creando" sus posibilidades y Realidades.

Sexto, Observa a las hormigas jamás, jamás, jamás las vez dormidas, sentadas o paradas. No es que no descansen pero por razones divinas cuando están a la vista del humano siempre están moviéndose.

Las hormigas siempre están activas. Siempre están haciendo algo, que lección para los humanos inteligentes, para todo humano que tiene vida, talentos, dones, educación, capacidades y cualidades para una vida productiva simplemente necesitas ACTIVIDAD.

Séptimo, quien sabe todo lo expuesto en este libro SOBRE MENTALIDAD, LIBERTAD, POSIBILIDAD y no produce, no hace y no tiene ya ES UNA EXCUSA INTOLERABLE.

Mis excusas que me tenían esclavizado por mucho tiempo e impidian mi triunfo fueron:

- Soy pobre.
- No tengo dinero.
- Soy chaparrito.

- No tengo títulos.
- No hablo inglés.
- Vivo en Guatemala.
- No soy blanco o ojos verdes.
- No se hablar bien el español.
- No se hablar en público.
- No soy escritor.
- No tengo familia famosa.
- No es la voluntad de Dios.
- Dios quiere que sea pobre.
- Yo solo se cortar pastor, recoger excremento de perros.
- No soy inteligente.
- No tengo experiencia.
- El empleo es mi única solución.
- Etcétera.

Pero un día desperté, me di cuenta que todo solo eran excusas de mi ignorancia, temores, falta de emprendimiento y visión de la vida. No me había encontrado conmigo mismo. En ese excremento de excusas nació el Miguel Martin de hoy día. Si yo pude salir de allí tú también puedes crear a tu camino a libertad financiera.

Dile a adiós a la mediocridad, dile adiós al conformismo, dile adiós al empleo que te enferma, dile adiós al miedo, dile adiós a la pereza, dile adiós a la ignorancia, dile adiós a ese jefe amargado, dile adiós a esa empresa que te está explotando, dile adiós a esa gente intoxicada, dile ADIOS A LAS EXCUSAS.

Los humanos inteligentes, la gente que despierta a sus poderes, a su razón de existencia no toleran la pereza ni las excusas de ninguna clase porque ellos saben que: "Dios ha dado al hombre el intelecto, y lo dotó con capacidades para cultivar. Entonces, aférrense firmemente de Dios, pongan a un lado la frivolidad, los entretenimientos y toda impureza. Venzan todo los defectos de carácter". - Mente Carácter y Personalidad tomo 1 pg. 108.

¿Qué es excusa para ti?

_____

_____

_____

¿Cuánto te ha afectado las excusas a ti en tu vida?

¿Cuáles son las excusas que quitarás de tu mente?

¿Cuáles son las excusas que te tienen atrapado?

¿Cuáles son las excusas que hoy día le dirás adiós?

De los siete puntos cual te impactó más:

Qué punto de los siete recomendarías meditar más:

_____
_____
_____
_____
_____
_____
_____

Además de los siete puntos mencionados cual añadirías:

_____
_____
_____
_____
_____
_____

¿Cuál es la pereza que te ha tenido atrapado?

_____
_____
_____
_____

¿A qué pereza te vas a revelar hoy? escríbela en grande:

_____
_____
_____

Resumen: "Las excusas mueren cuando todos podemos aprender si no sabemos algo, o como proceder o adquirir aquello que no tenemos. Aun el perezoso, el cobarde, el fracasado, el mediocre puede cambiar. Carácter, personalidad, profesión, talento, don, capacidad o enfoque, visión y misión se puede adquirir si se desea cuidar y mejorar lo que ya se tiene. Los humanos inteligentes jamás, jamás toleran las excusas."

Lo Poco Quita o Añade

"Decían también: "¿Qué es ese poco? No entendemos lo que habla". Juan 16:18.

"Un poco de sueño, *un poco* de dormitar, y *un poco* de cruzar las manos para reposar"* Pro. 6:10 En esta frase del sabio Salomón aprendemos la importancia que tienen *un poco de esto o aquello.* "Lo poco tiene el poder de añadir o quitar." – Miguel Martin

Muchos son los que no le dan importancia a las cosas pequeñas, a los detalles simples, a esas cosas comunes y pasajeras aquello se le llama poco. Quien no da importancia a lo poco está destinado a tropezar, fracasar como humano, de esta manera está perdiendo vida y grandes oportunidades esto es claro a todo humano inteligente.

Elena de White escribió: "La importancia de las cosas pequeñas no es menor porque son pequeñas; en cambio su influencia para el bien o el mal es enorme. Ayudan a disciplinar para la vida. Son parte de la preparación del alma en la santificación de todos los talentos que Dios nos ha confiado." - A Fin de Conocerle pg. 333.

Tan ignorantes son las masas sobre esta verdad de lo que da o quita en la vida las cosas simples, pequeñas e insignificantes. Escasos son los que realmente están conscientes de la belleza de la vida y de lo que multiplica nuestras bendiciones. Multitudes ignoran el potencial en y de lo poco ya sea para añadir o quitar y sin culpar a nadie declaro que somos individualmente culpables de lo que somos, tenemos o no poseemos.

Por eso aquellos que teniendo un empleo no usan lo poco que les queda de tiempo se lamentarán. Aquellos empleados que no le dan importancia a lo poco que les queda del dinero recibido después de gastos viven miserablemente buscando más y dependiendo de otros.

Lo *poco* - Pro. 6:10, funciona así, si no cuidas y lavas los dientes de poco en poco los hechas a perder y jamás los recuperas a menos que vuelvas a nacer. De igual forma ocurre con el sistema inmunológico, el cuerpo aguanta pero esos desvelos de una hora, no comer a tiempo, descuidar esos detalles de nutrición son el camino a la enfermedad en grande. El descuido en la salud lleva a una gran enfermedad. Una pequeña palabra mal dicha, en el tiempo incorrecto tiene consecuencias trascendentales que nos han llevado a guerras. Un gesto manifestado tiene grandes implicaciones. Despreciar los centavos te endeuda y mantiene en la pobreza como podría enriquecerte si sabes usarlos, guardarlos e invertirlos.

En el caso de las hormigas todas cuidan lo poco y logran lo mucho. Ellas saben por naturaleza que lo poco añade o quita y ellas son buenas en cuidar lo poco es así como comen y guardan para el invierno. Lección poderosa la de lo poco es de extraordinario resultado para bien o mal en esta vida y aquellos que nos siguen, hijos, nietos.

"Es el motivo lo que da carácter a nuestros actos, marcándolos con ignominia o con alto valor moral. No son las cosas grandes que todo ojo ve y que toda lengua alaba lo que Dios tiene por más precioso. Los pequeños deberes cumplidos alegremente, los pequeños donativos dados sin ostentación, y que a los ojos humanos pueden parecer sin valor, se destacan con frecuencia más altamente a su vista." – Deseado de todas las gentes pg. 356,357. (1898).

Lo poco correcto añade siempre en el ser humano. *Un poco* de amor en el momento adecuado hace que alguien se enamore de ti. *Un poco* de ahorros te da creces si sabes invertirlo. Una simple palabra bien dicha puede evitar toda una terrible relación. Una lectura de la biblia o algún libro inspirado en espera del almuerzo, en espera de una junta, antes de dormir o salir el día siguiente a las actividades diarias tienen grandes resultados. Una pequeña meditación diaria tiene como consecuencia paz de espíritu y enfoque en el día, una pequeña oración te conecta al cielo y da poder para avanzar, sabiduría para saber que hacer o que no hacer, etc. Escrito esta: "Mejor es lo poco con el respeto al Eterno, que el gran tesoro donde hay turbación". Pro. 15:16.

Hay poder en lo *poco* Pro. 6:10. Si juntamos lo poco de la lectura sana, educativa, el amor manifestado de poquito en poquito te mantiene enamorado ya sea a Dios, a una persona, etc., lo poco en las palabras bien dicho da ánimo, inspira y motiva, en el dinero si se cuidan los centavos créeme te sacan de deudas, te provee la oportunidad de ahorrar o invertir multiplicando lo poco bien adquirido y cuidado, en la salud un poco de ejercicio consistentemente da salud y son creces lo que cosecharemos en el ámbito espiritual, emocional y físico ni hablar. Sin embargo esto funciona si somos conscientes del potencial únicamente pues hay personas que tienen mucho y en lugar de crecer están murmurando de la vida. La ley del universo es clara: "El que es fiel en lo muy poco, también en lo más será fiel; y el que en lo muy poco es injusto, también en lo más será injusto". Lucas. 16:10.

En los días de Israel cuando Dios les daba de comer vemos el poder de lo poco aunque todos recibían unos más y otros menos la biblia dice: "Y los israelitas lo hicieron así. Y juntaron unos más y otros menos. Y cuando lo medían por omer, no sobraba al que había juntado mucho, *ni faltaba al que había juntado poco*. Cada uno juntó lo que podía comer". Éxodo 16:17,18. El poder de lo poco demuestra que bien usado hace que no falte nada. "Mejor es lo poco con justicia, que el mucho fruto sin derecho". Pro. 16:8.

Lo poco construye o destruye todo dependerá del como usemos lo simple, común o poco para otros, allí está la clave del como hay triunfadores y fracasados económicamente. Hay una historia bíblica que demuestra cómo lo poco mal usado te puede matar. "Salió Jael a recibir a Sísara, y le dijo: "¡Ven, señor mío! Ven a mí. No tengas temor". Y él fue a su tienda, y ella lo cubrió con una manta. Él le dijo: «Te ruego que me des un poco de agua, que tengo sed». Ella abrió un odre de leche, le dio de beber, y lo volvió a cubrir. Y él le dijo: "Quédate a la entrada de la tienda; si alguno viene y te pregunta si hay alguien aquí, responderás que no". Y Jael, esposa de Heber tomó una estaca de la tienda y un mazo. Vino calladamente cuando él estaba exhausto y cargado de sueño; le hincó la estaca en la sien y lo clavó en tierra. Y así murió". Josué 4:18-21.

Este rey quien estaba huyendo necesitaba un poco de protección y cuando debía estar escondiéndose y ser disimulado se dejó dominar por su necesidad temporal que era "sed" pidió "un poco de agua". Este incidente permitió a Jael sentirse fuerte y no solo le dio más que agua sino la muerte. Lo poco en un tiempo de crisis puede ser para bien o mal, todo depende como lo uses.

Seamos personas exitosas y empecemos con apreciar el potencial de lo poco creciendo, multiplicando y prosperando con lo que ya tenemos. Si das una mirada a tu alrededor y analizas a los grandes empresarios, maestros, ministros, esposos, hijos, negocios que sobre salen son aquellos que apreciaron lo poco, los billonarios de igual forma cuidan los centavos, LO POCO.

Escribe una historia donde puedas expresar la importancia de lo poco en tu vida:

_____
_____
_____
_____
_____
_____

¿Si leyeras un poco cada día cuantos libros terminarías al año?

_____
_____
_____
_____
_____

¿Qué tan importante es un poco de tiempo para la salud y familia bien dadas?

_____
_____
_____
_____
_____

¿Si ahorraras un poco de tu dinero cuanto tendrías en este momento en un periodo de 5 años?

_____
_____

_____
_____
_____

¿Si dedicaras un poco de tiempo cada día para tu educación de que estarías graduado hoy?

_____
_____
_____
_____
_____
_____

¿Si dedicaras un poco de tiempo a investigar diario ese tiempo que te sobra después del trabajo y compromisos con la familia que negocios o empresas podrías activar?

_____
_____
_____
_____
_____
_____

¿Si dedicaras poco tiempo a educarte, ahorrar e investigar en cuantos años podrías inteligentemente activar tu negocio o empresa?

_____
_____
_____
_____
_____
_____

¿Si haces un poco de todo lo que has aprendido o estas aprendiendo en este libro que tan pronto pronosticas que llegaras a tu Libertad Financiera?

_____
_____

Resumen: "Lo poco construye o destruye todo dependerá del como usemos lo simple, común o poco para otros, allí está la clave del como hay triunfadores y fracasados económicamente."

Limpia Deudas

"Crea un plan definitivo para lograr tus deseos y comienza inmediatamente ya sea que estés listo o no, pon el plan en acción". - Napoleón Hill

Una vez uno establezca un presupuesto es importante dar el paso de ARRANCAR LAS DEUDAS INTELIGENTEMENTE. Cancelar o no endeudarse más por gustos y si aunque fuese necesario debieras buscar otra solución pero no recurrir a fondos que no son propios y que solo te encadenan más.

Lo que propongo es que se haga una lista de todo lo que debes para saber dónde estas y empezar a liquidar inteligentemente:

- Casa
- Carro
- Tarjeta de crédito 1
- Tarjeta de crédito 2
- Tarjeta de crédito 3
- Tarjeta de crédito 4
- Tarjeta de crédito 5
- Tarjeta de crédito 6
- Tarjeta de crédito 7
- TV
- Cell
- Computadoras
- Lavadora
- Secadora
- Negocios
- Personas
- Bancos
- Cooperativas
- Zapatos

- Trajes
- Vestidos
- Muebles
- Utensilios de cocina etc.

Como regla ya establecida **todo** lo que encuentres en esta lista que no necesitas para RESPIRAR y VIVIR debes regresar a la tienda y punto. No caigas en la fantasía que al regresar cosas que aun debes perderás todo lo que ya pagaste. **Mentira** lo único que estás haciendo es liberándote de deudas.

Todo lo que encuentras en esa lista **que solo son gustos** y **no lo necesitas** debes regresar inmediatamente a la tienda.

Hoy día prefiero recibirte en mi casa sin muebles y comer en el piso como los Japoneses o sin tenedores como en Guatemala en mi casa hace décadas pero sin deberle a nadie y muy felices. El punto es que tienes que hacer lo que tengas que hacer para no deberle a nadie y si, eso requiere regresar lo que tienes pero aun debes en este momento hazlo.

Todos los créditos QUE NO NECESITAS debes LLAMAR A SU PROVEEDOR Y CANCELAR INMEDIATAMENTE. Cierra los ojos y LOS OIDOS cuando hables a cancelar ya que trataran de buscarte una solución para que continúes con ellos y endeudarte más. Cuando terminen de hablar solo pregunta ¿esta cancelado esa tarjeta, crédito? Escucha la respuesta mágica que dice "Si", pide una confirmación y cuelga esa llamada.

Yo lo hice. Con dolor de cabeza, el engaño fatal estaba tratando de detenerme, el miedo como quiso agarrarme, literalmente sentí que me estaba desnudando y quedando en la calle pero aun si ese día me arme de valor y llame a cada agencia de tarjeta una por una y pague una tras otra en el periodo acordado.

Todo dinero que vino a mi mano lo dedique a pagar. Me llevo 3 años salir de mis deudas de los créditos adquiridos. En ese tiempo el presupuesto fue mi fundamento para todo movimiento. Acordamos con mi esposa seguir un plan y lo seguimos demasiado fiel. En ese tiempo ella tuvo que salir del país por asuntos de migración y estuvo fuera por un año y encima de todos los obstáculos pudimos cubrir los gastos casa, de migración que fueron miles de dólares, pagamos todos las tarjetas sin buscar otro empleo, o buscar otros créditos sin ninguna otra fuente que mi salario.

Luego sigue en Los Pasos para Tu Libertad Financiera y punto.

Limpia tu Casa y Activa el Dinero

"Es mejor acostarse sin cenar que levantarse con deudas."
— Benjamín Franklin

En esta fase te enseñaremos hacer **dos cosas simples y prácticas** para **encontrar dinero sin IR BANCOS o buscar más empleos EXTRAS.** ¿Listo? Empecemos. Hoy día de limpieza y encontrarnos con dinero que ha estado esperando por alguien inteligente y que respete el dinero como tu. En este camino te recomiendo algo que tan insignificante pero poderoso como el "no tener miedo de pensar y actuar diferente, allí están grande cosas para ti".

Acción 1 - Hay que limpiar tu casa, tu closet, tu garaje. Y luego que, bueno con esto obtendrás limpiar y créeme encontraras fondos, dinero y más para pagar tus deudas. **Acción 2** En este momento detén la lectura y **escoge físicamente cualquier lugar** que no necesites y que cuentes con el espacio para juntar muchas cosas que te sorprenderán tenías en casa ocupando espacio. ¿Ya lo hiciste? No sigas leyendo si no lo has hecho? Solo funcionara si haces el ejercicio.

Bien a este punto tengo fe que estas ansioso por seguir el proceso que encamina a la Libertad Financiera. Vamos que los pasos que vienen son transformacionales y te llevaran a donde tu te mereces. Ahora tienes que ir a tus closets, los tuyos propios, tus hijos y esposo o esposa y sacar todo aquello que tu no usas, que jamás vas a usar. Simple. **Lo sacas afuera.** Te sorprenderás cuantas cosas tienen que no necesitan.

Luego vas a cada cajón del baño y sacas todo lo que tienes allí amontonado, extras, en exceso y lo llevas a afuera o lugar de almacenamiento. ¿Qué difícil es esto? ¿Listo? Súper.

Hecho esto ahora te vas a la cocina y observa, analiza, busca todo aquello que solo está tomando espacio, que no necesitas o que ya no te sirve y **lo sacas AFUERA.** Esto incluye platos, cucharas, vasos, vajillas, ollas, sartenes etc. Todo lo que NO usas o no sirve más en cocina. ¡AFUERA!

De igual forma ahora entramos a tu librería si tienes una y todo, todo lo que no uses o no leas para afuera. **No importa lo que sea, AFUERA.**

Llegamos al garaje, mi lugar favorito aquí has de tener de todo pues, súper, genial LA REGLA ES simplemente si está allí, llego a ese lugar con la idea "usarlo algún DIA", "este es un buen recuerdo", "a como me gusta esto lo guardare". Etc. **Cierra los ojos, bueno no los cierres pero saca todo eso.**

Créeme y hazme un simple favor si está en el garaje te lo digo despacio, susurrado, en voz normal, en alta voz, te lo grito, te escribo "NO LO NECESITAS Y PUEDES VIVIR SIN ELLO POR ESO ESTA EN EL GARAGE." Sácalo, todo afuera.

A este punto has logrado dos cosas:

- Limpieza en Casa.
- Cosas Para vender.

Cuando yo hice esto por primera vez me sonó raro pero lo hice. Saque todo lo que no me servía o que no utilizaba. Llene todo el garaje y todavía tuve que poner cosas afuera. También como perdí tiempo queriendo rescatar cosas de cosas que no usaba. Terrible la psicología que uno tiene ni usa pero quiere seguir guardando. Esto es como muchos en sus vidas emocionales. Ya terminaron una relación de noviazgo de años pero todavía guardan fotos y cartas y detalles que nunca ayudan en la vida emocional. Y si estas personas ya tienen nuevas vidas o sea están casadas o tienen otra relación de noviazgo cuando tienen problemas o discuten les fascina ir a su lugarcito de recuerdos para motivarse y consolarse con el pasado. Claro aunque ya no exista. Luego regresan a la realidad. Tontería de tonterías. Saca lo que no usas, no sirve, no necesitas. Esto de limpiar la casa y encontrar cosas que no necesitas lo practico 1 o 2 veces al años. Puedes hacerlo cuantas veces quieras pero hazlo. Empieza ahora.

Bravo vamos bien. Se persistente y acción. Vamos a nuestra Libertad Financiera.

Obtener Dinero que No tienes

"Sólo hay dos medios de pagar las deudas: por el trabajo y por el ahorro." - THOMAS CARLYLE

Listo ahora que has limpiado tu casa empieza, tienes cosas reunidas la limpieza de deudas. Llego el día del GARAGE, YARD SALE. AHORA A vender todo lo que tengas AFUERA EN ESE LUGAR DONDE ACOMODASTES LAS COSAS QUE SACATES EN EL CAPITULO ANTERIOR. AMIGOS aquí nace la magia, al vender todo esto surge dinero que no tienes y mucho dinero.

El dinero colectado va a pagar tus deudas. Créeme que funciona porque funciona. Dinero. Dinero. Dinero que no tenías aparece.

Seamos más claros y drásticos. Esa moto o bicicleta que tienes allí sin usar, tienes que regresarlo a la tienda si aún lo debes o venderlo si no usas y ese dinero colectado no es para vacaciones e ir a comprar cosas nuevas. No. Este dinero es destinado solo a pagar deudas o van directamente en cuenta de ahorros.

Herramientas grandes, máquinas de cortar sácate, cualquier fierro que tengas allí en el garaje o detrás de la casa si aún debes regresarlo o véndelo. Los dineros coleccionados van solo a pagar deudas o cuenta de ahorros. Así de simple y practico.

Votes, lanchas, esquíes la misma regla venderlos y dinero adquirido solo a pagar deudas o cuenta de ahorros.

YO mismo regrese cosas a las tiendas, electrónicos y cuanto no era mío a las personas incluyendo alguna playera o gorra, CDS,, libro que tuviera de algún amigo. llame y tome responsabilidad de cualquier responsabilidad que estuviera evadiendo. Mi vida cambio. Atraje riqueza con todo este proceso.

Televisores, equipo de sonidos y cuantas cosas relacionados a ellos también tienes que sacar y vender. Te explico, no solo NO lo necesitas, solo es un lujo que te hace cada vez menos capaz para pensar INTELIGENTEMENTE. La TV roba todo tu tiempo extra que necesitas para educarte en tu nueva vida para

Libertad Financiera. No excusas si estas pobre y endeudado saca la TV, juegos, equipos etc. AFUERA si no puedes hacer esto simplemente demuestra que el proceso te llevara más tiempo y que no has entendido lo drástico que hay que ser para hacer un CAMBIO de verdad.

Carros que tienes cual no necesitas, si esos carros o carro y cual solo tienes de lujo, tomando espacio en realidad solo tienes trayendo más dolor de cabeza, estrés, deudas. Vamos amigos a regresarlo a la agencia o si ya lo tienes pagado pues a venderlo y con eso dinero a pagar deudas grandes o cuenta de ahorros. ¡Que no puedo! ¿cómo que no puedes? ¡Claro que puedes, VENDELO! Sea lo que sea si no lo necesitas o no estas usando véndelo y todo dinero reunido va a deudas o cuenta de ahorros.

Resultado de todas estas ventas – dinero y más dinero y más dinero para pagar tus deudas o cuenta de ahorros. Solo como inspiración y motivación te digo que grandes hombres y mujeres que hoy son personas prosperas, ricas, felices, millonarios y billonarios hoy día hicieron esto que te estoy enseñando o evitaron como a un cáncer las deudas tontas ya que hay deudas inteligentes que más tarde hablaremos. ¿Lo harás o seguirás con las excusas tontas que no se puede cambiar y que no hay dinero? Dinero hay pero solo para los inteligentes. Los indiferentes, haraganes y cobardes seguirán pobres.

Conozco personas que siguiendo este sistema han juntado desde 1,000, 5,000, 10,000, 20,000 – 60,000 mil dólares y más y así han pagado todas sus deudas o mínimo comenzado a realizarlo o guardarlo en cuenta de ahorros.

Estoy totalmente emocionado de este habito de éxito y prosperidad paso importante en tu camino hacia *LIBERTAD FINANCIERA*. Es tan fácil y tan practico que cualquiera puede realizarlo si quiere. Yo personalmente LO HE HECHO y al vender lo que no usaba y que solo estaba ocupando espacio en mi casa he juntado 5,000, 10,000 y 15,000 dólares que tenía escondido pero que estaba perdiendo y ignorando. Que genial es entender que dinero esta donde uno menos lo sospecha, encontrarlo y poder usarlo *inteligentemente*.

Ejercicio de prosperidad:

En seguida has una lista de lo que limpiaras y juntaras en tu casa:

_____
_____
_____
_____
_____
_____
_____
_____
_____
_____
_____
_____
_____
_____
_____
_____
_____
_____
_____

Escribe Fecha de venta "Garaje Sale", día de la venta: _____
_____
_____

Escribe que cuentas pagaras o a que cuenta de ahorro ira el dinero recaudado:
_____
_____

Si estas ya avanzado en este proceso entonces escribe donde vas a invertir este dinero siempre se claro y especifico. Si no sabes que hacer.
_____
_____
_____
_____

Resumen: "Sea lo que sea si no lo necesitas o no estas usando véndelo y todo dinero reunido va a deudas o cuenta de ahorros."

Las Polillas

El siguiente paso en las finanzas es entender que existen Las Polillas que están carcomiendo nuestros dineros y en algunos casos ya nos acostumbramos ya que no le damos importancia y nos hemos acostumbrado a la pobreza. Abre lo ojos y toma notas. El punto a continuación, he visto entre las personas, notado en mis charlas y seminarios por los comentarios y preguntas de la audiencia que, aunque simple y básico es una de las más descuidadas COMO poderosa el concepto de Las Polillas en nuestra vida diaria.

Aquí deseo enseñarte lo importante que es cuidar esos pequeños flujos de gastos - polillas que estoy seguro no te habías dado cuenta o has querido reconocer que están carcomiendo tu situación económica, tus dineros y que si sigues con ello seguirás incrementando tus deudas, gastos insensatos y problemas económicos.

¿Estás listo para que aprendas simples pasos a seguir e implementes para que permitas tu libertad financiera más rápida? ¿Si? Si, Bien eso creí. ¿Listo? AHORA hagamos una lista de las cosas que permiten estos flujos peligrosos para tu economía. Además de que si no te habías dado cuenta a esto se le llama "desorganización económica", pero bueno aquí está la lista MMEC.:

- Internet
- Teléfonos
- Servicios de cables
- Luz
- Restaurantes
- Aseguranza de carro
- Aseguranza de casa
- Aseguranza de salud
- Tarjetas de crédito
- Deudas a conocidos
- Correo

- Tiendas
- Petición de ayudas
- Negocios imprudentes
- Regalos
- Regalos motivados por emociones
- Regalos motivados por un anuncio
- Compras abruptas
- Iglesia
- Familiares pobres
- Familiares desgraciados
- Familiares abusadores
- Familiares enfermos
- Viajes
- Agua
- Cortes de pelo
- Masajes
- Fiestas de casa
- Fiestas familiares
- Fiestas de amigos
- Fiestas de desconocidos
- Invitaciones abruptas
- Golosinas
- Casas
- Arreglos de casa
- Jardinería y más etc...

Para revisar si estos gastos son válidos o necesarios todos tienen que ser filtrados bajo un par de preguntas en sistema MMEC que siempre te llevaran a la verdad y el que hacer con ellos.

Siempre tienes que hacer esta pregunta ¿cuándo? Siempre.

¿Es necesario esto?

Necesario incluye aquello con lo que **no puedes vivir**. Si dejas de tenerlo impide que respires, pienses, muevas las manos, camines, **si impide tu existencia entonces es necesario.**

Preguntas MMEC que siempre te tienes que hacer antes de comprar, requerir o mantener un gasto:

- ¿Tengo esto porque es una necesidad o un lujo?
- ¿Es esto necesario o un gusto?
- ¿y si esto es necesario es el único proveedor que existe en la ciudad, nación, mundo o puedo encontrar algo más económico?
- ¿De dónde saldrá el gasto para asistir a tal fiesta?
- ¿Cómo puedo reducir el consumo de los servicios básicos de casa?
- ¿Algún otro proveedor para los servicios básicos con mejores precios?
- ¿De dónde saldrá el pago para comer en un restaurante?
- ¿Esta este deseo o gusto incluido en el presupuesto?
- ¿Qué prefiero seguir endeudándome y llevarle un regalo a tales personas en la fiesta o salir de mis deudas?
- ¿Qué obtengo en términos de educación, familia, beneficios asistir a tal fiesta?
- ¿Es para mí este negocio, de verdad es para mí para invertir?
- ¿Tengo el capital para tal negocio?

Les explico mi experiencia no solo simple y practico sino con resultados extraordinarios.

Logre encontrar mis polillas,

tapar hoyos de flujos peligrosos,

colectar sobras económicas,

pagar deudas con ellas,

Ahorrar dinero,

y luego reunir para invertir en negocios inteligentes.

Frase MMEC: ¡Si YO pude tu puedes!

Aquí te van la lista MMEC que permiten polillas en la vida económica.

Internet

Este servicio se necesita dependiendo de tus necesidades si tu trabajo depende de ello entonces lo necesitas pero aun así en el mercado hay varios proveedores y allí está la clave, buscar el más económico. Siempre podrás reducir inteligentemente este gasto.

Por ejemplo yo he llegado a pagar hasta 5 dólares por mes en internet de casa. Como, bueno en mi caso viajo bastante y cuando estoy fuera de casa por más de un mes he cancelado el servicio y por mantener mi cuenta abierta solo me cobran 5 dólares por mes con la opción de reactivarlo tan pronto lo necesito. He logrado pagas de servicios del mejor internet de 70, 125 dólares hasta 15 dólares por el servicio mensual. ¿Como? Simplemente preguntando o viendo promociones y siempre leyendo cada nota y mensaje que ellos mismos le envían a uno.

He ahorrado cientos de dólares haciendo esto. Además, si ya tienes un celular inteligente todos los proveedores proveen internet mínimo por lo tanto si estas programándote para crear tu Libertad Financiera tienes que cuidar cada flujo peligroso y este es un uno de ellos el pagar internet en casa sin necesitarlo cuando lo tienes en tu celular.

Aun si necesitaras internet y no tienes en casa no hay problema hay varias opciones:

Puedes abrir torre de tu mismo celular a tu computadora o tableta.

Puedes usar Un Mackdonals, CON SERVICIO GRATIS.

En cada comunidad hay una librería que provee el servicio GRATIS. Yo tengo una a 5 minutos de mi casa caminando en carro llego en 2 minutos.

En última instancia si tu vecino tiene INTERNET como en muchos casos habla con él o ella y compartan los gastos. Que en algunos casos te sorprenderás que te lo dejara usar GRATIS.

Teléfonos de casa

ESPECIALMENTE los teléfonos de casa hoy día ya no son una necesidad sino un gusto o lujo. MMEC cree que si tienes un celular no necesitas un teléfono en casa. Es solo un gasto que NO NECESITAS. Pero si tanto quieres un teléfono en casa pues hoy día puedes usar teléfonos con conexiones por internet y allí esta un ahorro y feliz con tu teléfono de casa.

Celulares

En los celulares te pregunto quieres gustos, lujos o un celular para comunicarte. Una vez tengas la respuesta encontraras que realmente puedes ahorrar en grande al escoger tu celular. NUNCA COMPRES UN CELULAR DE MODA, RECIEN SALIDO pagaras hasta el 100% mas solo por tener la moda en la mano como tonto igual que todos aquellos que no tienen Libertad Financiera. Yo conozco gente que tienes el mejor celular pero el techo de la casa se les está cayendo.

Yo viví esta experiencia como rata buscando queso equivocado por muchos años. Jamás compro un celular de moda. JAMAS. Lo peor es comprar uno que requiera la inteligencia para usar como le ocurrió a un amigo se compró el celular que le dijeron que necesitaba. Por una semana el celular era tan inteligente que no lo podía usar así que lo regreso y siguió usando el viejito que tenía. ¿Por qué lo compro en primer lugar? Porque sus amigos le habían dicho que tenía que comprar uno más moderno.

Regla practica

- primero compra un celular simplemente para comunicarte y punto.

- Dos hoy día el celular más simple trae las cosas que necesitas para estar a la moda. ¡Cómo se ahorra si se sabes comprar!

-Tres es importante escoger tu proveedor y notaras que los precios varían. Todos los proveedores tienen problemas de señal así que no sea eso tu razón de comprar con u el otro.

-Cuatro esta la opción Prepago esa no tiene contrato, y pagas conforme tengas dinero y punto. Ahora ve que es la mejor opción para TI, ahorra.

Servicios de cables

En esto seré radical NO LO NECESITAS. Es un lujo que no puedes darte si no tienes una economía estable y libertad financiera. Simplemente corta ese servicio. Si necesitas noticas te las pasan de una y otra manera GRATIS. Que al final no necesitas. Suficiente tienes en tu propia casa. Quieres ver algún show, película o novela en algunos casos usa el internet y punto. ¿Sabes cuánto te ahorrarías cada mes, cada año o década de este gasto totalmente tonto? MUCHO.

194

Si fuese 35 por mes X 12 meses son 420 dólares anuales. 2,300 por 5 años. 4,600 por una década. Cuando nosotros en casa hicimos este corte no usábamos cable por obvias razones pero si usábamos Netflix. ¿Sabes lo que hicimos? Lo cancelamos. Quien se murió, nadie. Jajaja y sigo viendo lo que me daba Netflix y totalmente GRATIS.

Todo y más lo encontré en Internet y totalmente GRATIS. Otra cosa que descubrí Y SE DESCUBRIO es que amigos me ofrecieron su cuenta de Netflix y llegue al punto de aburrirme con eso pues no tenía tiempo para ello así que nunca más use la cuenta de mis amigos. Hasta hoy que escribo esto ya no pagamos ningún servicio de cable o Netflix. NO LO NECESITAMOS.

Lo más ridículo que descubrí es a personas que no tienen para terminar el mes, no les alcanza para comer y andan rasgando aquí y allá, pero con su PLASMA Y CABLE, NETFLIX en casa. Totalmente tonto y estúpido, pero así está la sociedad. ¿Alguien despertara a esta verdad?

Electricidad

En esta área hay mucho derroche. Aquí empezamos con que hay que APRENDER A APAGAR LA LUZ que no se esté utilizando así de simple. Qué difícil es entender eso. No es difícil pero sí que cuesta disciplina.

Como regla MMEC solo tener luz donde se necesita y punto. Que la sala, el baño, la cocina, el closet ¿caramba tienes miedo o qué? LOS FANTASMAS NO PAGAN LA ELETRECIDAD, LAS CUENTAS no se espantan con ellos. Apaga la luz donde no la necesitas.

Otros de los hábitos que MMEC recomienda es todos los cables que no estés usando DESCONECTALOS son exagerados flujos peligrosos de dinero. Solo ten conectado lo que necesitas como el refrigerador y punto todo lo demás debe estar desconectado. Incluyendo las lámparas que solo están en algunos hogares de lujo y muestra. Estúpida práctica. Si ofendo a alguien no disculpo solo ruego que despiertes conciencia. Deja de sentirte por todo lo que es verdad y madura para que vueles a tu libertad.

Créeme si estas quebrado económicamente NO LOS NECESITAS CONTECTADOS. Cuando entendí este habito y disciplina pagaba en casa casi 300 dólares por mes. Una vez aplique lo que aquí estoy enseñando lo baje a 200, luego a 150, luego a 100 luego a 75 luego a 50 y lo más barato que he pagado de luz por mes ha sido 30 dlrs. Y nos hemos mantenido y esto exagerando entre 50 – 100 dlrs por mes. Recuerdo que una vez por no usar nada de luz me cobraron 17 dólares. Me dijeron "si no usa luz le vamos a cobrar por los servicios." Les pegunte cuanto era y les dije "cóbrenme" me sale más barato eso que pagar luz que no estoy usando.

Consejo simple y practico en el día no necesitas Luz que pagas. Abre las ventadas y listo es LUZ GRATIS.

3 básicos consejos:

1 -Apaga la luz que no necesitas. La única que debe estar prendida es donde estas sentado, parado o acostado si la necesitas etc.

2 - Cambia del tipo de bombillos, lámparas, focos. Al inicio son más caros los focos que ayudan a ahorrar, pero a largo plazo son los mejores para darte ahorros magníficos en tu economía.

3 - Desconecta todo lo que no estas usando, ESPECIALMENTE LOS CARGADORES DE LO QUE SEA.

Te confieso estos cambios me llevo un año implementarlo en mi casa a la perfección. Empecé a perseguir a mi esposa hasta que me decía. "ya se, apaga la luz", "desconecta lo que no necesitas tener conectado."

Hoy día es tan natural hacerlo que nuestra hija a los dos años solita apagaba la luz, en su cuarto ella prende y pagaba la luz. Se enoja si la luz del cuarto o baño no esta apagado después de que ella lo usa o nosotros sus padres nos ha llamado la atención varias veces a que la luz no está apagada.

EN esto fui radical informe de esto a mis visitas sobre las luces y cargadores. No le gusto a todos, pero es mi casa y yo soy el que pago las cuentas. PUNTO SOY CRUEL CUANDO SE TRATA DE MI DINERO.

Restaurantes

¡A como se derrocha dinero en esto! La regla es simple si estas endeudado restaurantes para ti están cancelados. La única manera de ir a un restaurante es porque tienes los fondos asignados para ello.

Sin embargo MMEC CREE Y PRACTICA como lo dijo un escritor "Cuando vayas a un restaurante si no tienes dinero solo tienes que preguntar ¿Quién va a pagar y si no eres tu ve con gusto?" En otras palabras, busca formas para pagar esos gustos de otra manera están CANCELADOS hasta nuevo aviso. Hasta que estés verdaderamente libre puedes ir a los restaurantes, si no lo haces así no estas siguiendo los pasos importantes para cuidar esas polillas que te están limitando y atrasando.

AFRENDE A AHORAR Y COMER SALUDABLE EN CASA.

Aseguranza de carro

Como todo lo demás hay varias opciones en el mercado **y debes comprar no por marca o famosa sino una que cubra tus necesidades de ley.** Si deseas estar en cobertura necesaria busca y encontraras la aseguranza para ti con el costo correcto. Hazme un favor evita las marcas famosas con ellas solo pagas por el nombre y no por el servicio. YO HE AHORRADO SOLO POR CAMBIARME DE UNA ASEGURANZA FAMOSA A UNA REGULAR CON MAS SERVICIOS CORTANDO UN 40-50% DEL PAGO CADA MES.

Aseguranza de casa

Con la aseguranza de casa tienes que aprender a leer los beneficios y en su mayoría los agentes agregan cosas que tu ni necesitas y ni entiendes. Nunca tengas vergüenza de preguntar y cuantas veces quieras sobre lo que te beneficia o no. En esto tienes que ir al mercado e investigar y lograras buenos precios que cubra lo que tú necesitas no lo que ellos te sugieran.

Como me he llevado sorpresas con estas aseguranzas. De pagar 1300 anual por mi casa e iba subiendo. Decide investigar por usar la simple "herramienta de las preguntas" llegue a pagar 550 dólares anual y todavía me llamaron para decirme que calificaba para un descuento en mi póliza porque descubrieron de que TENIA UN EXCELENTE CREDITO. Y me lo bajaron a 450 dólares **anuales.** ¿Vez los derroches? Debido a lo cuidado que hay que ser la gente prefiere callar, pagar y seguir en su miserable condición económica. Les cuesta preguntar, investigar, hacer una llamada, escribir una carta, hacer reclamos, increíble, pero les gusta que los frieguen y los dejen pobres.

Aseguranza de salud

No me gusta para nada esto pero por ley hay que cumplir. Así que la regla es la misma busca la que conviene y hacer un montón de preguntas de otra manera te darán la que beneficie al gobierno, empresa etc. Pregunta, y pregunta y pregunta. Al final si no sabes nada creeme tendras mejores opciones que solo decir SI.

Esto también depende de tu condición física, alguna enfermedad etc. En lo personal odio los hospitales, no los visito y es raro que valla allá. Tiene que ser una emergencia de otra manera hospitales no son mis negocios.

Hay algo misterioso al escoger esos planes entre más los escojas para que te cubran esto y aquello es como decirle al universo quiero enfermarme, deseo tener accidentes y agrégame problema de salud a la vida... etc.

Al escoger una póliza de salud vete siempre a lo básico. En lo personal lo veo así. Si podía vivir sin ella antes de 'Obama care' porque ahora tengo que vivir con ella. No la necesitas por lo tanto solo escoge lo básico. Mejor activa tu cuenta de emergencias (dinero personal). Lo que explicare más adelante.

Tarjetas de crédito

Si tienes tarjetas de crédito lo primero que tienes que considerar son los intereses que son los flujos exageradamente más peligrosos. Busca inmediatamente rebajarlos. Llama al acreedor y pídeles que te den una con interés más bajo, créeme que lo harán y dependerá de tu astucia y persistencia en pedirles.

Mi historia en esto es terrible yo solo podía pagar los intereses ya eran demasiados altos para mi, pagaba desde el 15 – 29%. Pero de acuerdo a este sistema al comenzar con mi guerra contra las deudas pude bajar inmediatamente intereses en las tarjetas y así empecé el camino a mi liberación de ellas.

Una vez hecho eso aquí está el proceso para salir de las tarjetas de Crédito:

Tienes que enumerarlas y ponerlas en orden cronológico de la cuenta que debes más a la que debes menos.

Llamar inmediatamente a cada una y preguntar los balances e intereses.

Escribe o mira los balances en tus notas de banco.

En esa misma llamada preguntar que pueden hacer por ti, alguna aplicación de algún programa para un descuento de la deuda y pagar más rápido. Diles que necesitas que te bajen el interés.

Si estas endeudado como sospecho: DEJAR DE USARLAS INMEDIATAMENTE. Nadie morirá te lo aseguro. Ni tampoco te van a meter a la cárcel.

Someterte a un presupuesto para pagar tus deudas.

Al dejar de usarlas AHORA empieza inmediatamente a pagarlas en orden cronológico comenzando de la que debes menos a la que debes más.

Cuando pagas de la cantidad más pequeña a la más grande hay una sensación de progreso y notas que es posible. De esta manera vas quitando una por una. Sin embargo esto no es regla paga como quieras y convenga pero PAGA.

Prepárate que este proceso llevara meses y talvez años pero saldrás de ello.

Lo más importante aquí es cuidar esos flujos peligrosos, ratas, polillas en casa.

Casa

En primer lugar, aprende que no puedes vivir donde no puedes pagar el precio. En otras palabras de acuerdo a tu condición económica es como se busca dónde vivir y no VIVIR donde no se puede pagar. En esto es medio complejo pero fácil a la vez.

Si en la casa donde estas es demasiado el pago mensual tienes que vender, o dejar esa casa e ir en busca de una que este dentro de tus posibilidades.

Si vives en un apartamento, casa movible y pagas pagos altos es recomendable comprar una casa donde pagaras mucho más barato que el apartamento o casa movible.

Si el pago de la casa es demasiado alto y los gastos son como tener una segunda casa entonces es recomendable buscar un apartamento que incluye todos los gastos, luz, agua y créeme que no tendrás preocupaciones de la jardinería y más roturas en una casa.

Jardinería

Considéralo un ejercicio cortar el pasto o busca los precios más económicos siempre hay alguien que desea hacerlo por menos dinero o dale la oportunidad a jóvenes que hacen buen trabajo por una pequeña cantidad. Te ahorras dinero y motivas el emprendimiento.

Arreglos de casa

Plomería, carpintería, pintura, etc, te recomiendo que aprendas algo de eso y hacerlo por ti mismo. Si esto no te funciona busca amigos, familiares que te cobrarían más barato que una empresa en especial. La regla es la misma nunca irse por las marcas o nombres famosos solo cobran por el nombre y el trabajo es el mismo.

Bolsas de basura de casa

Simplemente usando las bolsas que te dan en las tiendas puedes ahorrar dinero en bolsas de basura que casi todos compran semana tras semana. Haciendo esto ayudas al ecosistema. Menos plástico en la calle y tu ahorras dinero, mucho dinero. Nunca en mi vida he comprado bolsas de basura.

Deudas a conocidos

Si le debes a alguien conocido platica con el o ella y busca salidas a esas deudas evita pagar intereses que allí está el problema para seguir hundido en las deudas.

Correo

Hoy día no necesitas ir al correo gastar gasolina y el envió. Busca mandar un email o una llamada con cartas y muchas otras cosas que puedes ordenar desde tu casa y pedir que lo envíen a tal dirección. Ahorras tiempo y dinero. Esto pareciera tan lógico pero créeme hay que saber esto es como nueva luz.

También recientemente descubrí que no es lo mismo mandar cosas delicadas, o cualquier cosa a diferencia de un libro o libros. Simplemente por no saber o preguntar estaba pagando por todo un año más del 50% en envíos. Pero ya lo descubrí gracias a un amigo.

Alarmas de casa

Como te recomiendo no caer en la trampa de las alarmas de casa. Mira si te van a robar te robaran con o sin alarma. Tener un alarma es un lujo que los que están endeudados no pueden darse.

Mi experiencia es que accidentalmente nos registramos en una que no necesitabamos, no leímos las letras pequeñas y cuando quisimos desconectarla no pudimos y descubrimos que estabamos bajo contrato por 3 años. Los pagos eran por alrededor 100 dólares al mes.

Usando mi propio sistema hicimos que nos bajaran hasta 69 dólares por mes. Al llamarles una y otra vez descubrí que tenían programas para ayudar a la gente que no podía pagar así que ¿qué crees? Me dio vergüenza, ja ja ja vergüenza para el robo, robo el de ellos. Yo había sido entrampado en la rueda de la rata loca de estas alarmas. Use su programa lo más que pude y reduje los cobros hasta donde pude. ¿Qué logre? Logre meses gratis etc.

Y luego para el colmo me di cuenta que tenían un sistema que alargaba el contrato automáticamente después de los 3 años si uno no estaba atento al día exacto para cancelarlo. En otras palabras, aunque yo quise cancelarlo unos meses después de firmar no podía sino hasta 3 años después. Y aun así no podía cancelarlo en cualquier día ni en el último mes del contrato sino hasta al día exacto. Estos agentes me dieron 3 versiones. Pero bueno los perseguí hasta que hice que me cancelaran después de 3 años en el día exacto. Como explico en otros de mis libros la Agenda es crucial en estos asuntos para tus notas y días importantes solo así salí de esta trampa de alarma de casa.

Dejo claro que hay personas que creen que no pueden vivir sin un alarma. Bueno si ese es tu caso no hay problema si no estas endeudado y tienes dinero para derrochar. El punto es no caer en un sistema que están hechos para robar y no cuidarte. Pero eso será la elección de cada uno. Yo solo estoy proponiendo donde cuidar esos flujos peligrosos - un ladrón en tu propia casa. Cuando toque que te roben lo harán con alarma o sin ella. Ya lo veras. ¡Y si tanto quieres derrochar dinero págale a nuestra empresa y seremos un alarma mensual de que no debes enrolarte en estos sistemas!

Tiendas

Cuando vayas a comprar a las tiendas Regla MMEC:

no vallas esporádicamente, o cada día sino primero has una lista de las cosas que necesitas. Sin lista no salgas. Disciplina y lo lograras.

No vayas a comprar cuando tengas hambre, mal habito que solo te hace comprar lo que no necesitas.

Ten un día de compras para ir a todas las tiendas que tengas que comprar para ahorrar en el gas.

RECUERDA QUE DADA SALIDA EN CARRO ES GASTO DE GASOLINA mal habito y derroche de dinero.

Petición de ayudas

Cuando estas sin Libertad Financiera aun no puedes darte el lujo de estar supliendo peticiones de ayuda así de simple. No dejes que la conciencia te engañe en esto. Tu consciencia tiene

que ser educada a que en este caso primero tienes que salir de
tu condición, necesitas ayudarte a ti mismo PRIMERO y luego
viene la ayuda a los demás y punto. Muchos no van a entender
esto y no necesitan entenderlo pero tú sí. No pierdas el tiempo
en estar preocupado con el que dirán.

Golosinas

Como se pierde dinero en esto y mucha salud. No solo no son
saludables, sino que están hechas con ingredientes malos para
la salud. Toma en cuanto dinero gastas por semana comprando
estas cosas. APRENDE A COMER SALUDABLE Y EN CASA. Lo
orgánico siempre es recomendable.

Bebidas y agua

Las gaseosas, café, y agua comprando en la calle siempre
van a costar el 300% más de lo que te cuesta si lo compras por
mayoreo, café, té hecho en casa o agua ya sea en botella. Hoy
día MMEC te recomienda comprarte un filtro para tener agua
para tomar desde casa. Máquinas para gaseosas de casa existen
y reducen el gasto más del 50%. Siempre considera los totales
de estos gastos de flujos peligrosos.

Negocios imprudentes

Muchos en las desgracias económicas son propensos
a considerar varios negocios y allí van a endeudarse más.
Amigos, familiares son buenos para involucrarlo a uno en
ellos. Regla MMEC es negocio que requiera una inversión
QUE NO CUENTAS, dinero que no tienes el negocio no es para
ti. SIMPLEMENTE PORQUE no estás listo de otra manera
tuvieras el dinero.

**Nota que el subtítulo no es Negocio o Negocios
Inteligentes sino Negocios Imprudentes.** Claro que
estamos por los negocios inteligentes y estos o no necesitan
inversión y puedes empezar a ganar dinero al compartirlo o
necesita una inversión que la razón, lógica y resultados en
otros demuestran que vale la pena entrar en ellos aun en una
condición de deuda ya que te ayudara a salir de tu mala condición
económica. Pero tiene que ser un NEGOCIO INTELIGENTE del

que hablaremos más adelante o léete nuestros libros "Dile Adiós a tu Empleo. Empieza tu Propio Negocio." Y "El Emprendedor Inteligente. Empieza tu Propia Empresa." www.miguelmartin. info

Regalos

Si estas saliendo de tu condición económica mediocre tienes que entender que no estas para satisfacer gustos de otros. Por lo tanto, cualquier tipo de ocasión los regalos están cancelados.

Regalos motivados por emociones

Otros porque es la ocasión, 14 de febrero, día del padre, navidad, cumpleaños ETC, ETC. La regla MMEC es nada de esto hasta que estés libre, gozando de Libertad Financiera. A, como se tira dinero en estas cosas y lo peor es que la mayoría de personas es con el dinero que no poseen.

Regalos motivados por un anuncio

Estos regalos son aquellos que la gente regala simplemente porque vio un anuncio en TV, escucho en la radio, vio en el periódico o anuncio en la calle. Que "es la gran oferta," que "si no compras ahora se te va la vida." "Ahora es el mejor momento cómpralo, cómpralo...", bla bla bla. No compres y punto solo hace esfumarse a tu dinero.

Compras abruptas

Estas compras son aquellas que cuando vas a un mall solo a caminar y de repente estas comprando esto y aquello, recibes o vez una revista que llego en correo o que viste algo anunciando en redes sociales, esas compras casi siempre son provocadas y hacen que pienses que lo necesitas y si no el mundo se te va a terminar. No compres, punto.

Por no tener nada que hacer fuiste a una tienda y allí estas comprando ropa, zapatos, herramientas, muebles, cosas de cocina. Todas estas cosas no las necesitas simplemente porque no tenías nada de esto en un presupuesto o en una lista de cosas para que funcione tu vida u hogar. No salgas sin una lista de cosas que necesitas, no salgas a perder el tiempo, no salgas con hambre, no hagas lo que la gente pobre hace, enredarse en compras tontas, tontas.

Iglesia

Listo, aquí con la iglesia ahora. Lamentablemente las religiones se han comercializado tanto que no es ayudar a la gente sino cuanto pueden colectar. En esto hay que ser muy Inteligentes, sensatos y prudentes. No dejes que te malipulen.

Este es un lugar que le chupa el dinero a la gente, especialmente a los pobres esos son mejores clientes. Si no estas consciente de tus responsabilidades con Dios que son los Diezmos y Ofrendas te convertirán en una maquinita ATM religiosa para los gustos y antojos de algunos líderes en las religiones. Siempre están con proyectos, cambios, petición de ayuda para esto, aquello, para tales personas etc. Regla MMEC:

Tienes que estar bien consciente a quien das,

de que dar

y cuando dar.

NUNCA DES LO QUE NO ESTA EN TU PRESUPUESTO.

Mi punto es que no te engañes pensando que por que es religioso o de la iglesia es simplemente correcto dar o ayudar.

Otra cosa es que aprende a dar siempre a lo que está de acuerdo con tus convicciones, creencias y votos de vida de otra manera es otro gran flujo peligroso. Polillas religiosas.

Familiares pobres

Duro de aceptar, pero cierto hay familiares que no cambiaran su situación y por lo tanto ellos no deberían ser tu responsabilidad. No son tu responsabilidad. Lo que MMEC cree y practica es que en lugar de darle dinero a ellos debemos enseñarles a cómo mejorar sus vidas y salir de la pobreza. Si son personas que aprenden y aplican cambiarán de situación de otra manera, aunque les des dinero seguirán igual.

Familiares abusadores

En cada familia hay familiares abusadores. Se aprovechan de todos y siempre están pidiendo y haciéndose victimas de esto y aquello. Esta bien y es correcto ayudar de vez en cuando porque todos tenemos emergencias y necesidades inesperadas pero cuando ya es una rutina no debe tolerarse y debe uno alejarse de tal familiar porque se chupara hasta lo que no tienes.

Familiares enfermos

Hay familiares que están enfermos y piden ayuda. Creo que se deben ayudar pero es responsabilidad de los familiares mas cercanos y no de los que ellos creen que deberían ayudar, especialmente cuídate buscan a los que han trabajado para tener dinero. El punto es hacer responsable a cada uno.

Viajes

Algo que me costo APRENDER es que si no se tiene dinero para tal viaje NO SE DEBE REALIZAR. Punto. Esto incluye salidas al parque, campamentos, reuniones, fiestas, partidos de futbol, vacaciones. NO, NO, NO, NO. Y NO. Regla no dinero no viaje.

Agua

Igual que como la luz debe haber un control al usarse. Usa lo que necesitas y no bañarse por mucho tiempo. Cuidar en la forma en que los hijos usan el agua. Es terrible lavar los trastes como que si el agua fuese una fuente inagotable. No lavar la ropa cuando quieran sino establecer un día de lavar ropa de esta manera se junta la ropa para lavarla en un mismo día. Créeme que si cuidas esta área podrás rebajar los pagos mensuales. Tendrás agua y más dinero.

Cortes de pelo

En esto tienes varias opciones buscar alguien que cobre menos. En esto he descubierto que si buscas cortarte el pelo durante fines de semana cuesta mas y casi siempre son mas caro sin embargo si buscas inteligentemente cortarte el pelo un martes o miércoles puedes encontrar precios demasiado baratos o cupones de descuento. Y si eres más inteligente buscaras a algún amigo o familiar que sepa cortar el pelo y te ahorras el precio del corte e invítalo a tomarse un jugo contigo en casa.

Masajes u otra cosa similar

Si no tienes el dinero un masaje es un lujo que no puedes darte a menos que sea gratis.

Fiestas de casa

Como se derrocha dinero en las fiestas en casa. Cuando se entra en el camino de Libertad Financiera las fiestas están canceladas y más si los gastos van a tu cuenta. Quieres hacer una fiesta en casa. No hay problema que sea de "traje". Todos llevan algo y así todos felices y la economía se cuida. No hay dinero y si no hay "traje algo" no hay fiesta.

Fiestas familiares

Si tienes que pagar algo o llevar algo que cueste dinero que no tienes de igual manera esta cancelado. Ya no se trata de tener vergüenza y preocuparse con el qué dirán sino vivir tu nuevo proyecto Libertad Financiera. Lo más triste es ver como familias gastan dinero que no tienen o se endeudan con tal de darle gusto a gente/familiares que con todo respeto no les importa tu economía.

Fiestas de amigos

Canceladas bajo el mismo principio. Analiza para ir necesitas tiempo y dinero en el gas que no tienes ya que estas en una misión nueva y es darle dirección al dinero inteligentemente y cada vuelta o salida en carro RECUERDA ES UN GASTO QUE NO PUEDES PERMITIRTE.

Fiestas de desconocidos

TOTALMENTE SIN SENTIDO PARA TU ECONOMIA Y CANCELADOS PARA TI.

Invitaciones abruptas

EVITALAS como un cáncer ya que siempre incurrirán en gastos y tiempo, TODO LO QUE HAGAS A ULTIMA HORA CUESTA MAS.

Nota: Yo asisto a fiestas y reuniones pero con un objetivo jamás a gastar dinero o simplemente a perder tiempo.

Paseos

La mayoría de ocasiones planeamos salir de paseo sabiendo que no tenemos dinero designado para ello y sin tomar en cuenta el gasto incurrido en él. Por ejemplo, yo puedo "pero cual es el problema solo será ir a tal lago". Un par de cositas que ocurre en ese simple paseíto, distancia, gas y depreciación de vehículo. Para los que están persiguiendo su Libertad Financiera NO toman paseos sin contar los gastos.

Mi punto aquí es que uno tiene que estar demasiado consciente de que no es solo ir al lago y que gastaras solo 10 dólares sino que tu tiempo para ir allá si fuese pago y se te paga 15 dólares la hora y son dos horas ida y vuelta, más 45 dólares de depredación del vehículo, más los gustos que se darán en el camino que sean otros 20 dólares nos daría un total de 90 dólares. Este es un simple ejemplo de cómo se nos va el dinero. Es tiempo que tomemos control de nuestra economía si de verdad pensamos incrementarla.

Etcétera.

El punto en todo es lo siguiente:

Detectar, Vigilar, Evitar estas POLILLAS QUE ESTAN EN CASI TODA CASA, los FLUJOS PELIGROSOS de dinero.

Ejercicio MMEC:

1 - EN UN PAPEL pon la misma lista AQUÍ MENCIONADA puedes si gustas poner o quitar a tu lista. Pero has tu lista de cosas en las que estas ahorrando.

2 - Colecta FISICAMENTE/NUMEROS cada centavo, dólares, cienes de dólares de cada AHORRO en la lista mencionada si estas practicando lo dicho.

3 – Escribir el TOTAL en grande.

4– El dinero colectado darle uso INTELIGENTE.

5 – Con todo este dinero AHORRAR.

6 – Con todo este dinero PAGAR DEUDAS.

7 - Con todo este dinero BUSCAR DONDE INVERTIR.

8 - Con todo este dinero ACTIVAR NEGOCIOS.

9 - Realizar este ejercicio cada mes.

10 - Hacer este ejercicio mínimo por un año.

Resultados, ¡Libertad Financiera!

MMEC te dice: Te sorprenderás de lo que recaudaras con estos simples, pequeños cambios. El principio es "Lo Poco Añade".

Como vez se terminaron **las excusas de no tener DINERO EXTRA** para pagar tus deudas, poder empezar negocios o realizar Inversiones. Si hay dinero y mucho y esta en tu propia casa. Ni siquiera tienes que cambiar de empleo o buscar otro. No. Todo esta en que hagas estos pasos.

¿Encontrastes tus polillas?

Resumen: "Necesario incluye aquello con lo que no puedes vivir. Si dejas de tenerlo impide que respires, pienses, muevas las manos, camines, si impide tu existencia entonces es necesario. De otra manera NO LO NECESITAS Y ES UN GASTO INECESARIO"

El Poder de Un Centavo

"Un centavo ahorrado es un centavo ganado" – Benjamín
Franklin

Un día ya muy enojado con mi situación económica le
volví a preguntar a Dios "porque no poseía dinero" y me
callé. El dinero se iba de mi vida consistentemente. No puedo
confirmar si fue una visión, sueño, voz, inspiración, intuición, el
universo, el medio que allá sido, lo que si se es que me contesto
enfáticamente: "Miguel como quieres que te de dólares si no
sabes apreciar los centavos. **Cuando aprendas a cuidar
y apreciar los centavos te daré dólares y así miles.**"
Hubo un gran silencio y fue tan grande el impacto que no podía
dejar de pensar - "cuidar y apreciar los centavos...". Comprendí
que mi problema era mi atención, respeto y administración a
los centavos.

Desde esa madrugada creí en el **sistema del Centavo
MMEC** para crear fortuna y ya no en:

- los aumentos de salarios,
- más empleos,
- mas tarjetas de crédito,
- buena suerte
- ya no más en todas esas cosas que la gente desubicada en
economía **busca.**

Créeme el centavo tiene poder y en el sistema de MMEC es
la llave para abrir puertas de la fortuna que está allí para todos
pero las tantas cosas que a las que no deberías poner atención
nos alejan de ella.

Ese mismo momento deje de pensar y empecé a implementar
el sistema. Literalmente me puse a buscar los centavos que ya
tenía pero que descuidaba en mi propia casa, en el carro. ¡Como
encontré en el garaje! Desde ese día empecé a colectarlos en un
simple plástico (galón) de agua. Plástico, que mantengo
en mi oficina como recordatorio de mi visión e importancia
sobre el dinero con el concepto "centavo."

El Poder de Un Centavo

Felizmente más tarde mi esposa se unió a mi nuevo proyecto. Tan pronto mi hija empezó a caminar le enseñe el mismo principio que inmediatamente se puso a recoger centavos. El milagro fue que los centavos se convirtieron en decimos, los décimos en monedas de 25, las monedas de 25 *en dólares, los dólares en 10,30,60,100 dólares* y de allí continuo mi proceso a Libertad Financiera. Desde que respeté y le di valor al centavo con administración y mucha disciplina ocurrió mi milagro:

- el dinero empezó a seguirme,
- mis deudas empezaron a desaparecer,
- las cuentas de banco empezaron a estar en positivo,
- dinero surgió para ahorrar,
- nacieron oportunidades para invertir,
- y el centavo sigue escribiendo historia de miles de dólares en mi vida.

Este sistema llevo a mi hija a respetar y atraer el dinero a su vida de una manera increíble. Hoy día ella es como un imán a los centavos en donde sea. En cierta ocasión en una casa que es casi la misma situación con los hispanos se puso a jugar y de repente me trajo montones de monedas de centavos, 10, 25 etc. Mi sorpresa fue que lo volvió hacer más de 3 veces, recogiendo el dinero de la gente pobre en su propia casa.

En un viaje al este del pais en una estación de gasolina empezó a recoger con mi supervisión centavos, esos se convirtieron en un dólar, los dólares en 3, así 5 y de esa manera 7 dólares en menos de 5 minutos. Lo sorprendente de esto es que yo no le dije que se pusiera a buscar centavos simplemente mientras la bajaba para ir al baño ella se dio cuenta que había muchas monedas en el suelo y estaba apasionada recogiendo.

Hoy día vamos al parque y recoge monedas y lo increíble es que he notado que los centavos se han vuelto monedas de 10 y de 25 centavos. Nuestro dinero solo incrementa.

Cuenta de banco Génesis

Este hermoso habito nos llevó a abrirle una cuenta de ahorro a nuestra hija en donde recién nacida ya tenía una cuenta de banco. Gracias a este sistema ella en sus primeros meses de vida pago sus pañales con su propio dinero colectado de todas partes como también regalos de gente **conocida y desconocida.**

A sus 8 meses pago su propio pasaporte como ciudadano de Estados Unidos, ayudo con el pasaje a centro américa en uno de nuestros viajes de vacaciones. Hoy día tiene invertido en nuestro negocio parte de su dinero y tiene en positivo su cuenta de banco a los 3 años de vida. Consistentemente va con nosotros al banco a realizar sus depósitos y fielmente seguimos con el **sistema del galón de plástico,** en su caso ella tiene un cochinito que le regalo su abuelita donde deposita todo centavo, moneda y ahora billetes que encuentra.

Para que aprendiera a recogerlos inicialmente yo le puse centavos y monedas en ciertas áreas de la casa y así empezó su historia. Hoy es tan natural para ella *encontrarlos, levantarlos y ahorrarlos.* Lo último que ocurrió es que estaba hablando con mi esposa sobre nuestro presupuesto y para la compra de un carro. Notamos que nos hacía falta dinero para tal compra y de repente Génesis dijo "mami yo te presto de mi dinero para que te compres el carro."

Aparecieron los dólares

En mi caso este simple sistema MMEC de darle importancia a los centavos y ponerlos en un galón de plástico me llevo no solo a buscar y juntar centavos, sino que por primera vez empecé a contar dólar por dólar, esto me llevo a *saber exactamente cuánto dinero poseía* en mi bolsa de pantalón, en mi cartera, en casa y en el banco.

Principio MMEC: Quien no sabe "exactamente" cuánto dinero posee es un perdedor y fracasado en las finanzas. Amigos para mí todo empieza con los centavos."

Gracias a este principio en la historia del dinero los dólares empezaron a juntarse y atraerse uno con otro. Los cienes han hecho miles y los miles cuarto de millón, medio millón, millón. Wow todo tiene un comienzo. Es el mismo camino para los billones.

Lecciones son estas: Respetar los centavos invita dinero a tu vida. Contar los centavos permite el habito de contar y saber exactamente cuándo dinero posees. No es otra cosa que organización. Quien no sabe exactamente cuánto dinero tiene no recibirá más dinero ni está listo para vivir la vida de Libertad Financiera. Esa es una de las razones del porqué, aunque le llegue dinero a la gente se les va como el agua entre las manos.

Ejercicio MMEC

Busca y Utiliza un Galón de Plástico de Agua (podría ser cualquier otro contenedor para ti)

e inmediatamente busca los centavos donde quiera los encuentres cartera, casa, carro, garaje, calle, etc., el Galón de Plástico ponlo en donde lo puedas ver todos los días. Ese dinero colectado Sácalos y Mételos a su recipiente una vez al día o una vez por semana. Este ejercicio simplemente hazlo cambiara tu psicología sobre el dinero.

El punto es activar e implementar este habito de abundancia, manifestar aprecio, respeto y darle su lugar a lo que si ya tenemos - DINERO. AQUÍ la clave está en hacer el ejercicio de otra manera no funciona y alejamos el dinero de nosotros. Créeme que funciona, HAZLO AHORA, atrae tu dinero y recógelo.

Para los mas avanzados, aquellos que ya tienen cuentas de banco, tarjetas de crédito y un par de deudas o sin ellas realicen el siguiente ejercicio.

Ver SUS cuentas en este instante. SI, ABRE TU CUENTA DE BANCO EN LINEA.

En una tarjeta de *color verde 3X5* escribir el total *de cada cuenta por separado.*

Buscar una cajita plástica o cartón y escribir en la caja MI FORTUNA.

Cada tarjeta de color verde de cuentas colocar en caja de MI FORTUNA

VERLO UNA VEZ POR DIA.

Renovar cantidades 1 vez por semana Y VOLVER A PONER TARGETAS EN CAJA.

Objetivo es hacerte consciente de lo que SI tienes Y TOCARLO, no buscamos cantidades grandes o pequeñas sino apreciar lo que, si poseemos, ¿Por qué escribir y TOCAR los totales? Porque le estamos diciendo al subconsciente que tenemos dinero y lo apreciamos. La razón de la caja es para enseñarnos que nosotros sabemos cuánto dinero poseemos y que le damos dirección. Todo este proceso hace al dinero más vivencial y al realizarlo estamos declarando que es bienvenido a nuestra vida.

Entre hacer el ejercicio y no hacerlo ocurre que el que lo hace esta el 80% avanzado en lograr su libertad financiera que el que no lo hace y solo lee o escucha el 20%. AVANZA ESTE DIA EL 80% A TU LIBERTAD FINANCIERA.

Contrato de Respeto al Dinero

Fecha_____ Lugar_____

_____

Y O _
Prometo   de   este   día   en   adelante   Respetar   el

_____

Recogiendo, cuidando los_____

_____

De ahora en adelante prometo saber siempre cuanto _____ Tengo EXACTAMENTE en mis cuentas de banco, casa, cartera etc.

_____
____

Firma

Resumen: "Miguel como quieres que te de dólares si no sabes apreciar los centavos. Cuando aprendas a cuidar y apreciar los centavos te daré dólares y así miles." – Dios.

El Poder de Distribuir el Dinero

"Es mejor el uso de las riquezas que la posesión de ellas"-
Fernando de Rojas

Una vez uno aprenda a ser consciente del dinero, deje de endeudarse o se encamine a salir de ello, pague sus deudas y le de respeto total al centavo/dinero empieza a ir en el paso que le da dirección a su dinero de una manera inteligente. Esta es la verdad que ¿Quién no sabe a dónde va su dinero como sabrá lo que tiene?

En esta parte del proceso es necesario establecer el sistema MMEC - hacer cuentas primero en papel/digital/programa donde las cuentas incluya el siguiente modelo.

- Gastos Básicos
- Ahorros de FORTUNA
- Placer Intencional
- Emergencias
- Educación Selectiva
- Ayuda
- Diezmo
- Distribución del 100% de entradas ya sea empleo, extras, negocios, regalos en dinero etc.

Te compartimos hábitos MMEC los que deben activarse inmediatamente para introducirnos al mundo incrementación de la abundancia. 2 formas para que funcione, escoge el que más te convenga.

Escoger 7 frascos plásticos y nombrarle a cada uno con los siguientes temas.

- 4 frascos de color verde
- 1 azul
- 2 rojos
- Verde significa Abundancia y Fortuna
- El azul Placer, gusto y vida.

- Rojo representa Peligro, Vigilancia y Prudencia.

Crear una hoja común/digital o Excel con los siguientes rublos para cada uno con los siguientes temas.

Distribuir los dineros de tu 100% de entradas en el siguiente orden:

50 % para Gastos Básicos

En esta área cubres todas tus necesidades básicas facturas, gastos, techo, comida, luz, agua, gas, básicamente todo lo que **necesites para vivir.**

10 % Ahorros de Libertad Financiera

En este rublo ahorras para poder invertir en un negocio que emprendas o realizar inversiones en los diferentes oportunidades que tengas para incrementar tu dinero. A diferencia de la idea convencional de ahorro MMEC te está diciendo ahorrar para emprender o inversiones con tu propio dinero. Para esto es este AHORRO.

5 % Placer

Este porcentaje es exactamente para lo que dice, placer consciente. Con este dinero tu puedes darte lujos, gustos, vacaciones, placer. Viajes, etc. Todo lo que te nazca hacer para disfrutar tu existencia hazlo según tus fuerzas y sobre todo según tu presupuesto del 5%. Se termina esta cuenta la regla es no usar dinero de otras cuentas. Esto te mantendrá dentro de tu presupuesto.

5 % Emergencias

Aquí buscamos ser precavidos. Sé que algunos no creen en establecer esta cuenta ya que dicen que al decir "emergencias" nos pronosticamos para ellas. No hacerlo MMEC cree que es un tanto irrealista al proceso de nuestra existencia. Por más que tu quisieras ser muy positivo de que el sol no se apague o se valla el sol desaparece de la vista *y entra la noche.*

Lo mismo ocurre con las estaciones de la vida por más que evites el invierto llega como el verano. Simplemente es parte de la vida. Por eso MMEC cree en establecer una cuenta de emergencia, para esas cosas que no las esperabas pero que ocurren en la vida.

10 % Educación Selectiva

Esta sección o cuenta es para que cubras cualquier tipo de educación que tu sabes necesitas para salir adelante ya sea personal, familiar o empresarial. Con esta cuenta compras cursos, seminarios, libros, audios, clases etc.

10 % Ayuda

En este renglón de las cuentas está destinado a toda ayuda benéfica. MMEC cree en mantener el Ego bajo control y matar el egoísmo dando a otros que realmente necesiten una ayuda en la vida. Esta es la cuenta de benevolencia.

10 % Diezmo

El diezmo es uno de los pocos temas que los ricos hablan y sin embargo es un principio ancestral de éxito en las finanzas. Esta parte de tus entradas están destinadas a contribuir en todo lo que sea benéfico, benevolente, religioso etc. El diezmo es algo que uno puede apoyar a toda institución que provea lo que uno cree que hace el bien a la humanidad.

Te digo que ser fiel en el diezmo hace que tu aceleres tu libertad. Implementando este sistema hace que Libertad Financiera tome aviada en el futuro de tan añorada libertad.

Prohibido seguir leyendo este libro hasta no hacer la distribución de tu dinero. No te mientas a ti mismo MMEC cree en la práctica. Muchas teorías nos han dado y mira donde estamos. Si eres fiel en lo poco serás un genio en lo grande. **PRACTICA ESTE CAPITULO.**

Resumen: *"La distribución inteligente de tus dineros no solo lo cuida, le da dirección inteligente y protege e incrementa."*

Aplicación Sobre

"Bienaventurado el que tiene talento y dinero, porque empleará bien este último." - Menandro de Atenas.

Este es un sistema que permite organización y CLARIDAD en las finanzas. Aquí promovemos mantener un registro de lo que entra y sale de nuestras cuentas. Por lo tanto, todo lo relacionado a nuestras cuentas debe CONSISTENTEMENTE ser:

Observado – ¿Que está ocurriendo con mi dinero?

Revisado – ¿Porque se hizo esta compra y dónde?

Corregido – si hay algún error o necesidad de mejoría se corrige.

Calculado - Siempre colectar todo y buscar los resultados, totales.

Cuidado - Estar siempre consciente de cada detalle, gasto y resultados de acuerdo al presupuesto.

Debes saber que lamentablemente los bancos están creados de tal manera que puedan hacer dinero con todo lo que puedan del cliente - que somos nosotros. Ellos saben que los clientes raramente revisan sus cuentas y se aseguran de los cobros de una y mil formas.

Los riesgos de NO cuidar nuestras cuentas son:

• Cobros adicionales sin que lo sepa la persona.

• Desaparición de dinero, aunque sea centavos.

• Cobros por tener la cuenta de cheques que podrías evitar que te cobren.

• Cobros de cuenta de ahorros que podrías evitar que te cobren.

Transacciones no autorizadas.

Especialmente de nuestros gastos más pequeños es importante ya que por experiencia y los grandes en la economía reconocemos que los derrumbes financieros empiezan con esas pequeñas cantidades a las que los humanos somos indiferente.

Cuidando los detalles importantes de nuestras cuentas incrementamos nuestro patrimonio cuidando e invirtiendo esas pequeñas cantidades de nuestros dineros. Por lo tanto, para poder no solo tener totales como hemos visto en capítulos anteriores deseamos lograr:

Administración – ORDEN.

Localidad – DONDE ESTA CADA CENTAVO.

Claridad – TOTAL VISIBILIDAD DE CADA MOVIMIENTO DE MI DINERO.

MMEC te recomienda el Sistema del Sobre. Eso es consigue sobres literalmente sobres y ponerles los siguientes nombres, tu puedes quitar o añadir otros, pero mínimo debes tener estos en cuenta:

Tipos de sobres:

- Comida
- Restaurantes
- Gustos
- Vacaciones
- Gas
- Bebidas
- Regalos
- Etc.

Formas de aplicar el sobre:

Cualquier dinero destinado a la compra, pago recomiendo ponerlo en un sobre de tal manera que esté listo para su fin.

Cualquier dinero que recibas inmediatamente ponle nombre y destino en el sobre ya que los días de tus depósitos serán en otra ocasión.

También cada compra, su recibo debe adquirirse y ser puesto en un sobre, su sobre cada día, semana etc.

Cuando no te provean un recibo lo que es raro en el mundo en que vivimos sin embargo por aquellas cosas que compres en algún mercado, calle tan pronto puedas toma una tarjeta en blanco o hoja y escribe en ella:

- Nombre de la compra

- Costo
- Fecha
- Lugar de la compra
- Este es un recibo deposita este papel en tu sobre de acuerdo a tu sistema de registro.

Sobre Digital

Si usas tarjetas de Banco, ellos te dan una declaración cada mes, la que puedes revisar de igual forma que los sobres físicos, hacer o ver los totales escribirlos en una hoja de papel o digital de cada declaración de cuenta.

Al utilizar tarjetas de crédito también te proveen una declaración mensual que permite la misma disciplina ya mencionada, revisarla y escribir los totales de los gastos o transacciones. De esta manera tu administras, diriges, sabes dónde está tu dinero, a donde fue, y a qué dirección ira en los siguientes días, semanas, meses o años.

Opcional – Aprender, usar el programa Excel o tu propio sistema (aplicaciones) para mantener un record de tus gastos y flujos de dinero es importante sobre todo que tú puedas entrar un sistema de responsabilidad. El punto es tener y guardar cada recibo.

Recomendamos revisarlos los sobres cada semana o fin de mes para hacer los totales de gastos, recibos o transacciones. Sin embargo, para crear la disciplina es importante que lo hagas cada semana hasta que te sea natural realizarlo cada mes.

En lo personal realizo este habito desde hace mucho tiempo y me ha dado buenos resultados. Los sobres que utilizo NO LOS COMPRO son los que me llegan en el correo con mucha publicidad varios de ellos contienen sobres para regresar X información. Yo no los tiro, los usos. Cada sobre que llega me sirve incluyendo los que traen la información borro los nombre y títulos y casi siempre la parte de atrás está limpio y utilizo. Siempre los tengo listo para cualquier de las actividades mencionadas y otras.

Reto MMEC: No sigas leyendo hasta que tengas tus sobres a mano y listos para más organización en tus finanzas. Hoy es el cambio. Hoy le dices al dinero que te importa y lo quieres en tu vida. Grítalo. Sé que se siente raro pero es como todo lo demás. Lo quieres, lo sueñas, lo deseas, lo expresas. Hoy es tu día. Vamos actívalo.

Resumen: "El sobre, este es un sistema que permite organización y CLARIDAD en las finanzas. Aquí promovemos mantener un registro de lo que entra y sale de nuestras cuentas. Por lo tanto, todo lo relacionado a nuestras cuentas debe CONSISTENTEMENTE ser registrado y distribuido en sobres para mantener organización."

Oficina de Mi Fortuna

Te pregunto ¿si buscas alguien serio y profesional en lo que hace donde te gustaría encontrarte con el o ella en el parque o en su oficina? Claro que en su oficina. Por lo tanto un paso extremadamente importante en finanzas que veo en que fallamos mucho es no tener una oficina, lugar, espacio, escritorio, sección etc., donde tener todos estos archivos sobre nuestras finanzas.

MMEC te dice claramente si tu no le das respeto, lugar, espacio físico a tus finanzas y no actúas como un banco, créeme que fracasaras en cualquiera de tus intentos. Establece tu propio banco, oficina es parte de lo que permite el éxito en la administración de tus dineros.

Es por eso que te estamos instando que una vez tengas estos sistemas presentados en el libro funcionando en tu casa busca un lugar físico en donde recurrirás para hacer tus cuentas, tendrás físicamente tus archivos etc. Llámale – "Oficina de Mi Fortuna" etc.

Beneficios de una oficina de finanzas:

- Seriedad,
- Organización
- Atracción al dinero de manera increíble.

Amigos MMEC te dice "Actúa como todos y seguirás siendo pobre, desorganizado y miserable. Actúa como rico, organízate y dale conscientemente a tus finanzas un lugar físico y las riquezas llegaran a ti una tras otra."

Reto MMEC: NO sigas leyendo hasta que hallas escogido en tu casa esa área donde llamaras – **'Oficina de mi Fortuna.'**

Un día pensando porque el dinero se me iba como agua entre al banco corriendo a realizar un deposito. Tenía preguntas así que me registre para que alguien me atendiera y tuve que esperar en la sala de espera. Allí sentado me puse a observar cómo funciona el sistema del banco, el lugar físico donde el dinero se administra. Grite increíble. "Yo no tengo dinero y se me va como el agua porque yo no actuó como un banco – oficina oficial del dinero."

Al momento que me atendieron logre mi razón de estar allí pero yo estaba fascinado con mi nueva idea. Me pregunte "esta gente no me atendió en el pasillo, tampoco en el baño, todo aquí tiene su lugar y mientras estaba en la oficina privada de finanzas se me marco la idea más y salí corriendo a aplicarlo. Créeme que funciona y trae dinero y administra tu dinero y genera más dinero y atrae mucho, mucho dinero.

Resumen: "MMEC te dice claramente si tu no le das respeto, lugar, espacio físico a tus finanzas y no actúas como un banco, créeme que fracasaras en cualquiera de tus intentos. Establece tu propio banco, oficina."

Cómprate una Gallina MMEC

"Lo que el sabio hace al principio, los necios lo hacen al final." – Warren Buffet

Cuando se está buscando Libertad Financiera todo se debe convertir en una oportunidad de servir, agregar valor a los demás y haciendo eso obtener beneficios como lo es entradas extras para lo que deseas. Para ello es necesario Aprender a hacer dinero extra. Pero el dinero extra no vendrá del cielo ni aparecerá por milagro gracias a tu oración. Tiene como base La Inteligencia mesclada con pasión y trabajo dedicado supliendo una necesidad o solucionando un problema en la sociedad. ¿Lo entendiste?

Para este paso MMEC te recomienda comprarte una gallina. Y tú dirás y eso ¿qué es? Bueno la gallina solo es una metáfora en este proceso, pero como funciona y da el conocimiento para puntualizar el tema de entradas extras.

Como sabes una gallina si la cuidas te da huevos y con ellos tienes dos opciones. 1 - **Te los comes** que es lo que hace la mayoría de personas o 2 - **Los encubas** que raramente lo realizan las personas, en esta área está la minoría "Emprendedores Inteligentes" para que más tarde te den más gallinas.

Si eres lo suficientemente inteligente lo que creo eres por eso se que has leído hasta aquí este libro y ya eres de los que no se comen ni la gallina lo que requiere mucha educación y disciplina, ni tampoco los primeros huevos de tu gallina madre después de cuidar esos primeros huevos e incubarlos ahora tienes más gallinitas que te darán más huevos y esos huevos más gallinas. La clave está en encontrar tu gallina MMEC para que te de huevos y allí está el secreto.

Bueno por ahora concentrémonos en la gallina madre. Primero tienes que adquirirla y de eso se trata este punto, en otras palabras, comprarla. La gallina aquí representa empezar un negocio o empresa propia.

Si, te estoy proponiendo que consideres tener tu propio negocio o empresa. Una vez encuentres el negocio o empresa que deseas tienes que cuidarla como a la gallina porque ese negocio o empresa tarde que temprano te dará HUEVOS los resultados económicos necesarios Y SI ERES INTELIGENTE Y NO TE LOS COMES, con las GANANCIAS TENDRAS mas GALLINAS que te darán muchos huevos – MAS GANANCIAS.

He aquí el proceso MMEC para traer a la existencia TU PROPIA GALLINA.

El primer paso en esto es que tu primero busques una necesidad, o solucionar un problema a los demás.

El siguiente paso es dinero si fuere necesario, necesitas un capital para iniciar el negocio o empresa, no hablo de vender productos de otros, estar involucrados en otras empresas. Nada de eso. Eso tiene su lugar y lo hemos explicado en otros capítulos y libros. Aquí hablamos que tu tengas tu propio negocio o empresa.

El tercer paso educarte selectivamente como emprendedor o empresario.

Cuarto paso es conocer el tipo de negocio o empresa que deseas tener.

El quinto paso es conocer el proceso legal.

Sexto paso escoger un plan para tu empresa.

Escoger un nombre.

Tipo de logo como paso siguiente.

Noveno paso es escoger el mercado.

Decimo paso simplemente ACTIVAR TU NEGOCIO O EMPRESA.

Aquí te van algunas ideas que podrías usar para comenzar tu propio negocio o empresa. El tiempo que dediques a analizar en que emprender o activar negocio jamás, escucha bien, jamás será una pérdida de tiempo ni para ti ni para tu posteridad. El punto es encontrar tu gallina MMEC y cuidarla. ¿LISTO? Prepárate un té, jugo o agua e investiga la posibilidad.

"Piense y hágase rico" – Napoleón Hill

Considera esta lista de ideas: Imprenta. Agencia de viajes. Compra de gadgets. Construcción verde. Pañales biodegradables. Moda eco-chic. Joyería de papel. Productos de limpieza. Lavado y encerado ecológico. Mingitorios ahorradores de agua. Reutilización de cartuchos. Envases eco-amigables. Cementerio y Servicios Crematorios para mascotas. Iniciar una clínica veterinaria. Negocio de Ropa para Perros. Fotografía de mascotas. Tienda de alimentos para animales. Pañales para perros. Pastelería para mascotas. Alquiler de perros entrenados. Servicios de Lujo para Mascotas. Casas de madera para perros. Helados para adultos. Restaurante que ofrece nuevas experiencias de compra a través de la tecnología. Malteadas con un toque único propio. Niñeras viajeras. Mesas de regalo virtuales. Parque de trampolines. Invernaderos acuapónicos. Kits de comida exótica. Desalinizador solar de agua. Clósets para espacios pequeños. Iniciar una papelería. Abrir un restaurante. Ofrecer servicios de consultoría. Iniciar una microempresa de reciclaje. Abrir un minisupermercado. Iniciar un negocio de fabricación de Velas y Veladoras. Montar una heladería. Inicia tu propio taller de confección. Abrir una guardería. Organización de Fiestas y Eventos. Negocios de entrega a domicilio. Juguetes educativos. Juegos educativos. Club de belleza. Protección hasta la puerta. Mantenimiento de autos. Tortillas o pan por suscripción. Comida vegetariana a domicilio. Venta de comida online. Moda sin salir de casa. Salud visual. Encargos ecológicos. Mamás bien equipadas. Meseros en línea. Asesorías a pequeñas empresas. Realizar estudios de viabilidad y de investigación para empresarios. Servicios de redacción de planes de negocios. Consultoría y Gestión de la marca. Diseño Logos. Consultoría en Social Media. Servicios de selección y contratación de empleados. Servicios relacionados con la contabilidad. Servicios de prensa y redacción. Gestión de eventos. Negocios de personalización. Experiencias inolvidables. Estilo a la medida. Regalos corporativos. Menú al gusto a la puerta de la casa. Vinos de tu propia mesa. Juguetes únicos. Diseño de ropa. accesorios y objetos de decoración infantil con un estilo moderno. Cuadernos personalizados. Dulces con marca. Tazas. playeras. álbumes. calendarios. carcazas de celulares. carteras y mochilas personalizadas. Tienda de accesorios/complementos/bisutería. Tienda de artículos deportivos. Comercio de Muebles y Decoración. floristería. Tienda de Artículos de Bebé. Negocio de Artesanía. Tienda de artículos lúdicos. Joyería. Tienda de Decoración. Artículos de comida. Accesorios y otros productos y servicios innovadores para consentir a los gatos. Cafeterías temáticas especializadas en postres. Desarrollo de aplicaciones móviles para personas que practican algún deporte o hacen ejercicio. Productos y servicios para personas que practican el golf. Servicios que faciliten la adquisición de boletos para conciertos musicales, conferencias, cursos. Accesorios relacionados con el consumo de café. Productos premium como el servicio a domicilio de una fiesta. Juguetes y premios para perros. Venta de bicicletas personalizadas. Diseño y comercialización de prendas únicas hechas sobre pedido que contengan la imagen del grupo o artista favorito de cada cliente. Venta de pasteles. Cupcakes e incluso pizzas hechos de helado. Diversión y turismo. Actividades deportivas para mujeres. Agencia de turismo cultural. Organización de Actividades Extraescolares. Karaoke. Sala de baile. Utensilios para acampar. Centros/ Salas de ocio. Balneario (Relajación / Baños /Spa). Albergue Juvenil. Vender cosas usadas. Pagarle a gente por buscar cosas usadas y venderlas en eBay o tu propia tienda. Puestos de jugos saludables. Cafeterías vegetarianas. Crear algún tipo de publicidad o abrir tu propia agencia de publicidad etc.

Después de que escojas, comiences y establezcas tu negocio o empresa ahora es importante entender que tienes que cuidar tu gallina por un tiempo, nutrirla, darle agua, mantenimiento y por ley natural vendrá el tiempo en que ella te dará huevos con la posibilidad de tener comida o más gallinas, espero que escojas tener más gallinas y no comértelas como comida porque allí están los pobres y la gente que solo intenta negocios o empresas y terminan FRACASANDO solamente por no educarse y disciplinarse.

De eso se trata ahora después de que tu gallina está bien cuidada y gorda el tiempo viene para que pienses en otros negocios extras que a la vez te llevaran a tener otros negocios tal y como ocurre con las gallinas y los huevos. Esto es diversificar y el camino de los creadores de riqueza. Te proveo un ejemplo de cómo podría ser tu portafolio de negocios o empresas.

Digamos que decides establecer una empresa de muebles, lo haces crecer por un tiempo y te da las ganancias esperadas. La clave está con las ganancias, aquí tienes dos opciones:

Solo piensas en el momento y te lo comes en gastos, gustos y lujos y vuelves a la vida de la rata loca.

O cubres tus gastos y necesidades "básicas" y vas y repites el proceso con otras mueblerías en otras ciudades.

Pero el secreto, éxito, magia, beneficio, está en que ahora con esas ganancias tu puedes abrir otros negocios o empresas como por ejemplo, una lavandería, un restaurante, una empresa de jardinería, una guardería, una empresa de agua embotellada, una panadería, gestión de eventos, escuela de... tienda comestible, electrónica etc.

Al principio pareciera imposible de lograr, pero te digo por experiencia que es posible. Cuando lo entiendes y empieces a realizar te preguntaras a ti mismo ¿Por qué no lo empecé antes? Empieza con algo pequeño para ir probando, testeando y luego mete todo lo que tienes que no te arrepentirás.

En esto pierde el miedo y compra tu Gallina MMEC inmediatamente y ve con todo tu Audacia Financiera a construir Tu Libertad Financiera hoy.

Reto: Has una lista de Gallinas que te gustaría comprar, tiempo de soñar y establecer visión:

_____
_____
_____
_____
_____
_____
_____
_____
_____

_____

De estas escoge las primeras 3 que te fascinan y que no te costaría tanto iniciar ni tiempo ni dinero:

_____
_____
_____
_____
_____

_____

De estas 3 escoge 1 que en este instante que puedes activar, escríbela:

_____

¡Actívalo! ¡Hazlo!

Resumen: "Si, te estoy proponiendo que consideres tener tu propio negocio o empresa. Una vez encuentres el negocio o empresa que deseas tienes que cuidarla como a la gallina porque ese negocio o empresa tarde que temprano te dará HUEVOS los resultados económicos necesarios Y SI ERES INTILIGENTE Y NO TE LOS COMES, con las GANANCIAS TENDRAS mas GALLINAS que te darán muchos huevos – MAS GANANCIAS."

Entradas Pasivas

"Ningún hombre puede hacerse rico o lograr algún tipo de éxito duradero en los negocios si es un conformista." - Paul Getty

Otros de los PASOS importantes para llegar, mantener y disfrutar Libertar Financiera radica en tener Entradas Pasivas. Para algunos el termino es controversial y otros tratan de rebatirlo ya que sus títulos y masters, gracias a su educación convencional solo aprendieron que un Activo es bueno y un Pasivo es malo en lo que es contaduría y finanzas.

Sin embargo, MMEC se aferra a lo que dijo Warren Buffet "Una encuesta de opinión pública no es un sustituto del pensamiento." Los emprendedores modernos si entienden que *entradas pasivas es la plataforma para vivir Libertad Financiera.*

Educación Selectiva ha comprobado que el término "Entradas Pasivas" es uno de los conceptos más apropiados para dar a entender que hay PODER en activar Entradas Pasivas. Le llamamos Entradas Pasivas porque eso es, viene de manera tranquila, pasiva, sin molestar o utilizar de tu tiempo y persona a largo plazo.

Entradas Pasivas es uno de los pasos más importante para tener *y mantener total Libertad Financiera*. Por lo tanto MMEC no utiliza Entradas Pasivas bajo la idea convencional sino en el concepto del emprendimiento de la Libertad Financiera moderna no convencional entre los visionarios con vidas exitosas y multimillonarias.

Es increíble, pero todos los que se han aferrado Al Activo y Pasivo convencional tienen y se amarran a vidas de pobreza. Conozco hombres y mujeres que saben demasiado de números, cuentas, finanzas, economía y pueden de manera excelente explicar la diferencia entre un activo y un pasivo convencional, pero ellos tienen vidas totalmente pobres y miserables en lo que es finanzas. Comprobado en Europa, Centro América, América del Sur, Asia, África, El Caribe, claro no puede faltar esta mediocridad en EE.UU.

Por lo tanto, tu que deseas triunfar y tener entradas suficientes para tu estilo de vida es necesario adquirir conocimientos diferentes a los convencionales. Aprendes y aplicas para mantener tu libertad financiera. De esta manera creas diferentes cosas, negocios para que fluya dinero extra. En esto radica La Agudeza Financiera.

Inteligencia financiera deja que tu entres a este eje, ser parte de este sistema permite al individuo tener varias fuentes de entradas de tal manera que lo que una vez fue temor, necesidad, empleo, dependencia de otros ahora esa energía se utiliza para activar tus propias entradas PASIVAS y después a vacacionar y gustar de la vida con estilo.

Aquí te presento algunas ideas para activar tus entradas pasivas de inmediato.

Tener una casa o local comercial en alquiler: Realizas una inversión inicial para comprarla y obtienes un ingreso fijo cada mes por el alquiler de dicha propiedad. De igual manera puedes asociarte con alguien para la compra y comparten ganancias.

Cobrar derechos de autor o royalties por algún invento o creación artística: Si eres creativo y tienes tu propio libro publicado en una editorial o publicado por ti mismo, una película, un disco etc. Cobras cada vez que se realiza una venta de tu creación.

Ser vendedor de seguros: Los vendedores de seguros obtienen una comisión anual por cada uno de sus clientes que renueve su póliza. Requiere tiempo al inicio, pero da buenos resultados. Entradas tan pronto vendas pólizas y cada año. Se vuelve pasivo por las ganancias anuales.

Fotógrafo online: Si te gusta la fotografía puedes subir tus fotos a plataformas online como Etsy. 500px prime. iStockPhoto donde cobrarás una pequeña cantidad cada vez que alguien compra tu foto. Amigo aquí se trata de usar la imaginación para crear un negocio rentable y que de ganancias pasivas.

Se un representante de venta directa: Tienes una buena cartera de clientes y recibes una comisión cada vez que uno de ellos vuelve a realizar una compra.

Escribe eBooks: Escribes un eBook sobre cualquier temática que te apasione y lo pones a la venta en plataformas como Amazon. Lulu. Google Play. Obtienes una comisión cada vez que alguien compra tus eBooks.

Programas de afiliados: Creas un blog enfocado a un nicho de mercado determinado. Lo posicionas en dicho nicho y cobras comisiones cada vez que una persona entra en tu blog y compra los productos que anuncias.

Educación online: Si tienes ciertos conocimientos sobre una temática creas un curso completo y lo subes a plataformas como Tutellus. Cursopedia. Clickbank. Aprendum y o vendes donde cientos o miles de afiliados se encargan de vender tu producto y tu ganas siempre un buen porcentaje.

Lanzas una comunidad de pago: Creas una comunidad tipo Amazon Prime donde por una suscripción mensual los clientes tienen acceso a contenido privilegiado. El contenido o servicio que ofrezcas debe de ser de calidad para que tus clientes renueven cada mes su suscripción. Esta como funciona y tiene buenísimos resultados.

Vender plantillas WordPress y plugins: Si eres programador desarrollas una plantilla para blogs de WordPress o creas un plugin y obtienes ingresos cada vez que alguien lo compra.

Vender podcasts: Enfocado a la venta de información o formación pero en este caso en formato de audio y las plataforma para este negocio es buena para que tu tengas audiencia. Para esto considera iTunes. Amazon – Kindle ACX. Feiyr.

Tu propio negocio o empresa: Tienes un restaurante o cualquier tipo de negocio que funciona de manera rodada y contratas a un gerente para que supervise su funcionamiento. Obtienes ingresos de dicho negocio sin tener que trabajar en él.

Red multinivel: Empresas como Amway. Herbalife. Natureshine, Órgano, Zurbita te permiten trabajar promocionando sus productos y al mismo tiempo creando tu propia red de trabajadores. Obtienes comisiones por el trabajo y las ventas que obtienen los miembros de tu red. Excelente sistema para crear entradas pasivas.

Publicidad en Internet: Creas un blog, página web y consigues que reciba el tráfico web suficiente como para obtener ingresos pasivos con plataformas de publicidad como Google Adsense.

Vídeos en YouTube: Creas un canal en YouTube donde subes vídeos sobre un asunto que   interese a los usuarios. Obtienes ingresos al utilizar Adsense en tu canal cada vez que un usuario hace clic en un anuncio del sistema de YouTube.

Una tienda en internet: Creas una tienda online y al vender obtienes ingresos las 24 horas del día. Es un ingreso pasivo ya que no necesitas estar activo trabajando en la tienda para que alguien en el otro lado del mundo pueda comprar un producto. Todo lo que requiere es una supervisión de vez en cuando. Etcétera.

El mundo de las Entradas Pasivas es extraordinario e inmenso una vez lo entiendas veras que tienen un potencial que pocos consideran hasta hoy. Sin embargo, como todo lo demás esto tiene sus requisitos que son los siguientes:

- El deseo de una vida mejor.
- Conscientemente dedicar tiempo.
- Tienes que investigar las oportunidades.
- Considerar los porcentajes o ganancias.
- Trabajar.
- Testearlas.
- Activarlas.

Yo lo veo así. Si activarlas no me lleva ni dinero, ciencia, ni poco tiempo no tengo ningún problema en activarlas. NO me importa si es un centavo o dólares lo que me proveerá. Un centavo es ya un centavo que no contaba, que no poseía y por lo tanto cualquier cantidad que reciba de activar una Entrada Pasiva que no requiera ni o mucho dinero, ciencia, ni o poco tiempo la regla MMEC es simple. La acepto y activo.

De igual forma si quiero mejores y más grandes entradas pasivas la regla es simple buscar las oportunidades. Trabajar inteligentemente y ACTIVARLAS LO MAS PRONTO POSIBLE. Algo que he observado, aprendido de los ricos, empresarios y de los contadores es que lo que suma o resta de manera extraordinaria son los centavos.

Observa en los servicios muchas, muchas ocasiones solo le suben al costo un centavo. 5 centavos. 10 centavos y la mayoría de gente dice "no hay problema" es un solo centavo. Lo comprendo así, piensan los pobre y mediocres, perezosos para pensar y preguntarse porque le subieron un centavo. No importa que digan para justificar ese cambio simplemente ellos ganaran. Colectaran más dinero. Tomemos como ejemplo la luz. ¿Si les suben 10 centavos a 50 millones de clientes cuánto dinero activaron mes tras mes además de lo que ya estaban adquiriendo de los consumidores? 500.000 mil dólares por mes por 12 meses son 6 millones de dólares por 30 años son 180,000,000 millones de dólares. Nuevamente allí está el poder del centavo. ¿Lo entiendes? ¿Ya lo entendiste? ¿Lo entenderás?

"Un gran empresario tiene tres pilares como soportes de sus proyectos: Conocimiento, Ganancias y Ganancia." - Duilho Laviola

Las reglas MMEC en las entradas pasivas son:

No escatimes el valor de un centavo en ganancia.

Piensa en Grande usando lo pequeño o poco.

Edúcate Selectivamente.

No fantasees con ser rico si no respetas y usas bien el centavo.

No fantasees con ser rico si no estudias oportunidades AHORA.

No fantasees con ser rico si no vas a activar negocios, empresas y entradas pasivas AHORA.

Piensa a largo plazo no en ganancias instantáneas.

Las ganancias instantáneas son buenas, pero no permiten libertad Financiera sostenible.

Cualquier Entrada Pasiva sin mucho de tu tiempo y dinero es BUENO.

Cualquier entrada PASIVA de dinero con cierta inversión y tiempo al inicio es EXELENTE.

Entradas Pasivas sin la necesidad total de tu persona es EXTRAORDINARIO.

¿Qué opinas de entradas Pasivas?

_____
_____
_____
_____
_____

_____

¿Vas a Activas tus entradas Pasivas? **Si   No   Talvez Después**

Has una lista de mínimo 10 cosas en las que podrías activar tus Entradas Pasivas:

_____
_____
_____
_____
_____
_____
_____
_____
_____
_____

Escribe cual negocio activaras para ACTIVAR tu mundo de ENTRADAS PASIVAS en este instante:

_____
_____

Resumen: "Por lo tanto, tu que deseas triunfar y tener entradas suficientes para tu estilo de vida es necesario adquirir conocimientos diferentes a los convencionales. Aprendes y aplicas para mantener tu libertad financiera. De esta manera creas diferentes cosas, negocios para que fluya dinero extra. En esto radica La Agudeza Financiera."

Aprende a INVERTIR

"Está bien tener dinero, pero no quiero guardarlo para siempre. Simplemente prefiero comprar cosas (se refiere a empresas). De lo contrario sería como ahorrar sexo para cuando seas mayor." Warren Buffet

Cuando se desaprende a gastar neciamente y endeudarse estúpidamente y lo digo con mucho respeto entonces queda un gran espacio en la vida, mente, espíritu, emocional para llenarlo con E D U C A C I O N   F I N A N C I E R A. Ahora aplicamos INTELIGENCIA FINANCIERA para dar el paso a *aprender a invertir*. Este es uno de los grandes pasos para Libertad Financiera y es un proceso que lleva tiempo, mucho interés de tu parte y dedicación.

Significado de la palabra INVERTIR:

- Investigar oportunidad.
- Necesidad, encontrarla y suplirla.
- Versión tuya.
- Educación selectiva.
- Revision
- Tiempo
- Intensidad
- Resultados

ESTO por lo tanto también requiere estudio, preparación, investigación de oportunidades. Amigos creo que a este punto ya se habrán dado cuenta que no hay RIQUEZAS versión microwave, rápido o instantáneo.

Ese ha sido el resbaladero en que muchos han caído. Te sorprenderías como hay gente que vive en una terrible fantasía del dinero y por eso es que medio creen en las riquezas, intentan buscar dinero y adquirirlo por medio de creencias estropeadas, sistemas equivocados y esfuerzo y energías en direcciones contrarias a la abundancia.

Entonces si quieres gozar de riquezas estables tienes que someterte a la ley de la naturaleza que dicta; "El QUE SIEMBREA, COSECHA". Requiere mucho trabajo combinada de inteligencia. La providencia no aparecerá para darte riqueza hasta que hallas sembrado tus semillas correctas.

Por eso MMEC cree en proveerte con semillas de conocimiento, hábitos, ideas, disciplinas, PASOS para que:

- Despiertes Consciencia,
- escojas una razón de vida,
- establezcas una visión,
- reconozcas las razones que anclan a la pobreza,
- disociarse de esas creencias equivocadas,
- un presupuesto,
- distribución de dineros,

La importancia de ahorros, no simplemente como muchos enseñan AHORAR SINO LOGRAR AHORROS ENTRE LOS GASTOS BASICOS.

Y como creemos en no solo hacerte ver el problema, salir del problema sino también el cómo mantenerte fuera del mismo enseñando la importancia de la INVERSION.

¿Por qué invertir el dinero? Porque invertido en el lugar correcto tiene la magia de multiplicar el dinero y eso es lo que deseamos pues buscamos no solo tener dinero sino gozar de libertad financiera ESTABLE.

Varias personas logran *pensar* Libertad Financiera, otros *entran* a Libertad Financiera, pero Pocos se quedan *viviendo* Libertad Financiera *estable*.

Muchos años me pase con el concepto de buscar dinero y allí estuve en ciclo horrible esclavizado a comportamientos buscando dinero de una muy equivocada en empleos, orando y esperando caridad. Recuerdo bien como en ocasiones me miraba a mí mismo y me decía ¿porque no nací en un hogar millonario, de gente rica, porque no? Y la respuesta fue "porque no y si la quieres tienes que sembrar para lo tuyo." Asi que dos décadas me pase tratando de juntar, o encontrar dinero de manera equivocada y lógico no funciono.

Luego pase a la fase de la importancia de ahorrar dinero lo que me costo aprender por tanta enseñanza que tenia de que el dinero no es bueno y que echa a perder a las personas. Estos pensamientos me hundieron en el mediocre pensamiento que si eres rico Dios no te acepta y que el camino al cielo es la pobreza. Horrible y terrible pero cierto. De forma tal que tan poco me cabía la idea de aprender a ahorrar. Pero un día que mi madre se enfermó quise ayudar y no tenía dinero para viajar eso me toco grandemente y considere seriamente el tema y lo estudie y empecé a practicar a medias ya que no podía por mis deudas. Al fin de años pude aplicar tan pronto salí de mis deudas. Pude, pude, puedo y podre ahorrar. Claro hoy me es muy fácil pero tuve que aprender.

De igual manera la primera vez que entre al concepto de invertir fue cuando leí la biografía de Warren Buffet y fue en cierto sentido accidental porque yo estaba buscando libros con biografías para mis otros libros y cuando leí la de Buffet recuerdo estaba en unas vacaciones en mi país Guatemala con dinero que no tenía usando mis tarjetas de crédito al mil. Lo grandioso de ese viaje es que en esas vacaciones me encontré por primera vez de manera clara con lo importante que es la inversión y el poder que tiene para crear tu fortuna.

Esos días en privado llore, grite, evalué como había perdido el rumbo si es que algún día tenia uno sobre mis finanzas. Regrese a Estados Unidos decidido a volver a empezar otra vez y eso hice escribí un plan que puse en obra. Y gracias a ese despertar esos días no podía invertir porque no tenía dinero sino deudas así que implemente un plan que da como resultado el Miguel Martin de hoy. Yo desperté consciencia a la inversión y decidí aprender.

Invertir es el paso de los que hacen que su dinero crezca y trabaje para ellos. Esto abre el camino que lo acerca a uno a la vida realmente libre y feliz - Libertad Financiera.

Entonces ¿qué es Inversión?

Diccionario nos dice:

1 Cambio del orden, la dirección o la posición de algo por sus opuestos.

2 Empleo de una cantidad de dinero en una cosa para conseguir ganancias: las inversiones más seguras son las de las empresas públicas.

3 Empleo de tiempo o esfuerzo en algo.

Simple y al punto es un cambio de orden, emplear el dinero para conseguir ganancias. Eso deseamos, ganancias de nuestros dineros. Quienes no invierten su dinero jamás serán ricos ni gozaran una vida de Libertad Financiera, es imposible.

Antes de entrar a La Inversión

No es

Una de las primeras cosas que tenemos que entender bien claro es que la inversión NO ES un Riesgo aunque hay riesgos, explico. Aquí se estancan muchos y viven en el limbo del miedo que al invertir perderán, solo perderán su dinero. Bueno si es posible y lo perderán si lo hacen bajo ignorancia. Nosotros hablamos de invertir bajo Educación Financiera Selectiva. Esa es una gran diferencia.

Quiere decir que este asunto no depende de la buena suerte, el azar y la oración para que funcione sino de INTELIGENCIA financiera. La falta de esto es lo que permite que muchos le llaman un riesgo. Tu eres una persona SMART y para ti la inversión es una oportunidad de incrementar tus dineros sin trabajar por el dinero. Deja el miedo a un lado y simplemente EDUCATE AHORA y el miedo desaparecerá.

Formación

Inversión en principio es un asunto de formación. Tienes que educarte selectivamente y bien consciente de tu intención. Si no haces esto estás perdiendo tu tiempo, estas solo soñando despierto, camino a una desgracia y perdida de tu poco o mucho dinero. Crucial entender que MMEC promueve que INVERSION ES EDUCACION SELECTIVA PARA ESTAR FORMADO. Sin formación no hay camino.

Seth Klarmam nos dijo: "El value investing requiere una gran cantidad de trabajo duro, una disciplina especialmente dura y un horizonte de inversión a largo plazo. Son pocos los que están dispuestos a dedicar el tiempo y esfuerzo suficiente para ser value investor y, de estos, sólo una parte tienen la mentalidad necesaria para tener éxito."

Información

UN INVERSIONISTA está bien INFORMADO. Siguiendo el ejemplo del icono del mismo Warren Buffet el lee, investiga, estudia sus posibilidades 6 horas cada día para poder trabajar 1 hora al día.

Información es bien importante para el inversionista inteligente. No espera milagros, no hace cosas al azar, no se la pasa orando al cielo que todo salga bien. No se come las uñas como si esto fuera asunto del azar o suerte. No lo es. Sabe desde el inicio donde introducir, poner a trabajar su dinero *gracias a la información adquirida con buena anticipación.*

"Los resultados de sus dineros no está en la inversión sino en la información correcta de donde los pondrá." – *Miguel Martin*

La bolsa

Muchos han creído y seguirán creyendo que la bolsa de valores es el centro de inversiones únicamente, nada mas cerca de una mentira. En la bolsa lo que ocurre en su mayoría de tiempo es especular más que invertir inteligentemente. Si no me crees simplemente mira al Wall Street en New York. La Gente de MMEC no cree en especulaciones cree en la Educación, Formación y mucha información inteligente.

Por eso todos los días y la mayoría de personas allí siempre están esperando, especulando que las cosas salgan bien de otra manera pierden el dinero involucrado.

La bolsa es más un juego de ajedrez que ganara el que sabe jugar AUDAZMENTE, LOS DEMAS SOLO ENTRAN A PERDER que es la gran mayoría.

Es lenta

Una de las razones porque mucha gente está mal informada, ha tenido experiencias negativas en las inversiones es que no se Educa, no se Informa, NI MUCHO MENOS conoce el mercado donde invertir o invertirá, hace las cosas por emociones, sigue el consejo de "especialistas", "amigos", "familiares", "oportunidades fáciles" etc.

La gran mayoría pierde siempre pierde porque sobre todo no ha comprendido que las inversiones prosperas y productiva no son esos negocios del momento sino las que llevan tiempo, las que dependen totalmente de la ley de "SIEMBRA" para cosechar.

"Participar en inversiones que se anticipen al mercado es una tarea que requiere de paciencia y firmeza, asumir el riesgo puede valer la pena." – msn.com

Sembrar lleva tiempo y no es una máquina de dinero falso, tiene un proceso NATURAL, no puede forzarse de otra manera no es inversión sensata. Amigos las inversiones buenas son aquellas que son lentas, tienen un proceso y sostenibles.

Consultores

Tristemente muchos llamados consultores eso es todo lo que son CONSULTORES PERO NO HACEDORES. Te has preguntado si tanto saben y viven porque se ofrecen como consultores y no como ejemplo de lo que podría ser cualquier persona común.

Ser un Consultor no dice nada simplemente son eso. Si quieres gastar dinero en gente que solo hará dinero de la información que tu debieras buscar y estudiar, adelante.

Recuerda dije muchos no todos. Si vas a contratar a uno que se alguien que puede demostrarte como ha hecho con otros clientes, que te muestre el portafolio de su éxito con otras personas. La regla es si vas por ese camino que sea el mejor de los mejores.

Brokers

Consultores y brókeres son hijos de la misma escuela eso son brókeres que su misión final es no hacer dinero por ti sino enrolarte a sus productos sobre dinero. En otras palabras o en palabras MMEC "Te están estafando" a diferencia de un ladrón, el ladrón no te dice que te va robar, sin embargo estos lo hacen legalmente y con tu permiso que es lo peor.

Recuerda que son muchos no todos. La regla es si vas por ese camino que sea el mejor de los mejores. Si vas a contratar a uno que sea alguien que puede demostrarte como ha hecho con otros clientes, que te muestre el portafolio de su éxito con otras personas.

Entonces díganme nos educamos y haces las cosas bien o cierran este libro y siguen su vida o pasan este capítulo y volvemos a la vida común o decidimos tomar control de nuestra PROPIA VIDA financiera y analizamos con mente fría este tema de la inversión ya que de ella depende grandemente el que mantengamos Libertad Financiera SOSTENIBLE.

En breve quienes no aprenden a invertir su dinero están destinados a sobrevivir y nunca vivir de verdad Libertad Financiera ya que quienes no entren a las inversiones inteligentes no podrán tener sus gallinas productoras que necesitan para vivir a gusto recibiendo huevos para seguir creando "gallinas" de finanzas.

Antes de invertir debes saber los siguientes puntos:

Regla simple:

"Nunca invierta en un negocio que usted no puede entender."

-Warren Buffett

Punto 1

Antes de involúcrate en el mundo de inversiones es importante que nos informemos bien sobre las diferentes alternativas que existen en el mercado. Conocer:

- funciones,
- características,
- Posibles riesgos,
- rentabilidad,
- grado de liquidez.

"El margen de seguridad es necesario porque la valoración es un arte impreciso, el futuro es impredecible, y los inversores son humanos y cometen errores. Es el uso del margen de seguridad lo que mejor distingue a los inversores en valor a lo demás, que no están tan preocupados por las pérdidas." - Seth Klarmam

En finanzas deja de correr lo que ya dijimos esto no es para milagros, sistemas microwave, rápido, y riqueza de la noche a la mañana. Esto requiere EDUCACION Y MUCHA PACIENCIA.

TIENES que establecer en tu mente que esto llevara meses, años, mucho tiempo por eso es tan importante que hayas ahorrado una buena cantidad de dinero antes de involucrarte en ello.

Regla Simple:

"Una inversión es la que, tras un análisis, promete la seguridad del principal y un adecuado retorno. Las operaciones que no cumplan estos requisitos son especulativas." – Benajamin Graham.

Punto 2

Al hacer las investigaciones necesarias, analizado todas las alternativas de inversión que existen en el mercado, es hora de elegir la adecuada en función de una serie de factores que debemos tener en cuenta, como son:

- margen de riesgo,
- cuáles son nuestros objetivos económicos,
- nuestros conocimientos,
- preferencias personales.

Punto 3:

Después del estudio adecuado y conocer cada funcionamiento, entonces es el momento de dar el paso final, invertir en ella.

¿Entonces dónde invertir? Algunas que podrías considerar:

Roth IRA

401 (k)

Inmuebles

Tiendas reconocidas y con historial

Servicios

Bolsa de valores

Fondos Mutuos

Negocios comprobables

Pequeñas empresas que requieran capital

Negocios propios rentables

Hoteles

Propiedades con fines de construcción

Apartamentos

Casas para alquilar

Hostelería etcétera.

"¿Cómo aprendes a ser un gran inversor? Primero de todo tienes que entender tu propia naturaleza. Cada persona tiene que jugar con el juego teniendo en cuenta sus propias consideraciones y psicología. Si las pérdidas te van a hacer sentirte mal, y antes o después habrá pérdidas, deberías ser lo suficientemente inteligente para utilizar una forma de ahorro e inversión conservadora." – Charlie Munger.

Nuestro objetivo con invertir es Activar Oportunidades que hagan que nuestro dinero nos de entradas sostenibles y no hacernos ricos de la noche a la mañana Esa idea de hacernos prósperos y ricos milagrosamente solamente en las películas, novelas y en mentes de moral baja faltos de educación financiera que dicta Un Proceso Natural de siembra y Cosecha.

En este proceso necesitamos la **formula CIDP** que es Combinar Inteligencia, Conocimiento, Dinero y Paciencia.

José Rozados nos dijo sobre las inversiones en inmuebles: "detectar valores de venta de inmuebles en el mercado por debajo de los costes de reposición del inmueble es un buen indicio para comenzar a investigar si eso lo convierte en una oportunidad, pero es un buen punto de partida".

Al invertir tienes que aplicar el habito de la paciencia porque la necesitaras mucho para esperar los resultados que buscas, entradas, inteligencia, información y paciencia debes te mantener siempre juntos.

Regla simple:

"No pongas tu interés en el dinero, pero pon tu dinero a interés." - (Oliver Wendell Holmes)

Resumen: "El éxito en la inversión no se puede explicar en una ecuación matemática o en un programa informático, es un arte." - Seth Klarmam

Deudas Buenas y Deudas Malas

¡Deshágase de las deudas malas y obtenga créditos (deudas) "buenos"! – Kevin Trudeau

A este nivel de crecimiento ahora entrare a un tema controversial para unos y potencial para otros. **Las deudas malas y el paso a las buenas deudas o créditos.** Aunque ya hemos recomendado salir o evitar las deudas tontas, en capítulos anteriores lo que ha este punto debes estar logrando o hayas ya logrado. Ahora nos disponemos a compartirles información de como si uno se educa y utiliza Agudeza Financiera puede diferenciar entre deuda buena y mala y usar la buena para crear RIQUEZA.

Lo que esto quiere decir es que hay dos deudas las malas son todas aquellas que nos quita, substrae o roba dinero en intereses innecesarios a los que debemos huir como a un cáncer. Sin embargo hay dos deudas extras a las que debemos poner atención y a esto le llamo deuda buena.

La deuda buena es aquella que:

1 – aprendes a usar el dinero de otro, en este sentido es una deuda porque el dinero no es tuyo. Lo debes PERO USAS el dinero de otro solo y con el inteligente propósito para crear negocio y así multiplicar el dinero.

A este nivel tienes que estar bien educado para salir adelante y poder conseguir el dinero que no tienes pero que puedes usar, el de otros.

2 – usar el dinero de los bancos a un interés totalmente bajo en porcentaje. Esto facilita buenos y grandes negocios, transacciones y oportunidades de riquezas.

Las tarjetas de crédito son excelentes para este tipo de deuda. NO importando la cantidad que ellos te provean te dan como regla un mes o 30 días para que les pagues. Como sistema atrapador ellos saben y esperan que no les pagues para que empiece el negocio de ellos que son los intereses. Pero la magia de MMEC esta en hacer negocio antes que empiece el negocio de ellos.

Allí está el juego, evitar la trampa y usar lo que legalmente ofrecen en 30 días y hacer que ellos trabajen para nosotros. *Cuando me encontró el concepto de Libertad Financiera yo era una rata condenada en ese sistema. Vivía para ellos, trabajaba para ellos. Pero aprendí y Salí de allí y ahora ellos me dejan usar su dinero y su sistema trabaja para mí.*

Sin embargo, si de verdad usas Agudeza Financiera tu puedes usar el dinero de tarjetas de crédito dentro del límite de los 30 días y no pagar interés. Para lograrlo tienes que ser bien organizado, saber exactamente cuánto dinero estas usando y como regla MMEC debes pagarlo el día 20 después de su uso o mínimo 5 días antes que caduquen los 30 días.

Usarlo dentro del límite del mes que estas instituciones permiten usarlas sin adquirir intereses es la magia. Cuando haces eso usando el dinero dentro y solamente en el periodo de 30 días tu puedes realizar cuantos negocios quieras, transacciones inteligentes. Eso te permitirá NO PAGAR INTERESES. Y lo más bonito es que lo puedes usar cada mes. Parte de la inteligencia de usar este dinero está en que tu sepas que negocios, compras, transacciones puedes hacer en 1,5,7,10, 15 días y hacerlas con ese dinero.

Ya por mucho tiempo los bancos nos han usado a nosotros para hacer mucho dinero AHORA MMEC dice es HORA DE USAR A LOS BANCOS E INSTITUCIONES PARA USAR SUS DINEROS y realizar negocios que nos traigan riquezas A NOSOTROS.

Entonces recapitulando tenemos la deuda mala, aquellas que no importa el tiempo solo quita, substrae, roba a tu dinero. Esa deuda no lo quieres ni regalada.

La deuda buena es aquella que te facilita el dinero ya desea de:

- Socios
- Bancos
- Tarjeta de crédito
- Corporativas
- Familiares
- Prestamistas

- Emprendedores inversionistas

Las opciones que tenemos en ellas son :

- Sin intereses,
- intereses con porcentajes bien bajos más que los que comúnmente están en el mercado para todos los demás.
- Sin intereses por un periodo de tiempo.

He aprendido y aplicado este sistema de préstamo. Si estuvieras en algún negocio que necesitas el dinero más de un mes están tanto bancos como tarjetas de crédito que te ofrecen prestamos con intereses súper bajos por 12 meses o 24 meses. Excelentes para hacer ciertos negocios y entre ellos el de bienes raíces.

Yo no solo he trabajado con el de 30 días para negocios que no requieran más que ese tiempo sino aún más lo que me ha sido genial el de 12 meses o 24 meses para negocios que requieran algún tiempo dentro de ese periodo. Simplemente uso su dinero en cierto margen de la tasa de interés mientras el negocio me dé más en el margen de ganancia, pago el interés y me quedo con el dinero para activar ganancias que de otra manera no hubiera tenido. Recuerda MMEC cree en el poder un Centavo y eso siempre ya es ganancia.

Si sabes preguntar y preguntar y preguntar lo suficiente encontraras instituciones bancos y tarjetas de crédito que aun te dan dinero entre 12 a 24 meses sin ningún interés siempre y cuando pagues dentro de ese periodo y te dicen si no lo pagas y al terminar el periodo les debes al tal % de interés lo que casi siempre es muy alto ya que ese es su negocio te cobran el tiempo que tuviste su dinero. Pero tu negocio es jugar con su dinero y sacarle el mejor provecho y jugo posible dentro su tiempo.

Los bancos ofrecen líneas de dineros para negocios, pequeñas empresas con interés demasiado bajos por lo tanto si tu Agudeza Financiera ha madurado tú estás listo para hacer uso de estos dineros inteligentemente.

Así también midiendo los resultados con anticipación y mente bien fría todo dinero de otro es bueno en tus manos porque tú lo harás crecer. Esos otros pueden ser socios, prestamistas, inversionistas y más. Este tipo de deuda es excelente y benéfica cuando sabes usarlo.

Sin embargo aléjate de esas instituciones que ofrecen prestamos con interés demasiados altos, ni por emergencia ni por ociosidad. La regla con esos dineros es NO.

Regla de deuda buena: Dineros de otros, instituciones, inversionistas o prestamistas tienes que estar bajos en intereses a lo que esta comúnmente, fijos y largo tiempo para regresarlo entre mas largo el periodo para trabajarlo es genial.

Resumen: "Cuando ya estás bien adentro de los pasos para Tu Libertad Financiera yo digo que no hay ningún problema en la ***deuda buena*** siempre sea bajo la supervisión de Educación Financiera."

Avicultor en Finanzas

"La ley de la cosecha es cosechar más de lo que se siembra."
- James Allen

El siguiente paso en este caminar está en esta sección sobre que hacer del dinero que ganes de esos negocios rentables, de tus inversiones a corto plazo, después de salir de deudas y estar en Libertad Financiera. Esto es al entenderlo como encontrar un manantial en el desierto donde no había agua. Empieza a pensar como un avicultor, conviértete en un experto avicultor. Vive como un avicultor inteligente aplica sus principios en tus finanzas.

Para comprender esto tenemos que dejar claro como iniciamos este camino. En la mayoría de los casos estábamos endeudados, pobres y totalmente esclavos al habito de estar siempre en busca de ayuda para esto y aquello, del estar dependiendo de otros. ¡Ya no más! Somos libres y conscientes. Esto no es otra cosa que estar conectados con el universo y poseer el poder de la Abundancia Eterna.

"Es necesario sembrar para el futuro." - *Napoleón Bonaparte*

Ya hemos aprendido a las claras:

Es de una atmósfera tal (creencias, anclas, comportamientos) que nos saca el concepto MMEC en finanzas.

Ya aprendimos como obtener dinero del que no se tenía para pagar deudas y tener dinero.

La capacidad de reducir gastos atrapando las ratas de la economía y así producir el dinero que no se miraba pero que ha estado allí por años con nosotros.

También mostramos la importancia del ahorro, no de cualquier ahorro, sino del ahorro de las sobras que teníamos, a los detalles que no le dábamos importancia de esta simple y practica manera obtuvimos dinero para poder comenzar negocios e invertir en oportunidades.

Ahora en este capítulo aquí mostramos la importancia de no pensar en gastarse el dinero obtenido de las primeras ganancias de los o cualquier negocio e inversiones sino convertirlas, tomarlas como semillas para VOLVERLAS A LA INVERSION. Meterlas en NUEVOS NEGOCIOS U OPORTUNIDADES con un nuevo objetivo, cosechar para futuras generaciones. ¡Es el plan semilla!

"Lo más importante es conocer el momento correcto para sembrar." - Masanobu Fukuoka

Cuando se logra hacer esto no estás solo adquiriendo la estabilidad en Libertad Financiera, sino que la aseguras por siempre cuando sabes escoger nuevos campos de cultivo para tu dinero, nuevas oportunidades, nuevos negocios que permitirán germinación de objetivos más nobles. Tu familia de esta manera estará asegurada económicamente, aunque tu mueras. Tener esta mentalidad y acción de verdad te permite vivir con objetivo y disfrutar de tu vida en esta tierra en vida.

Quiero que captes que MMEC te está diciendo que

los resultados,

las ganancias de cualquier esfuerzo que te ha sacado de deudas,

introducido a negocios que llevan a libertad financiera

y que ahora tienes después de haber invertido

se convierten en semillas para triplicar tu dinero

ya no solo para mantener tu libertad financiera sino para la posteridad, tus hijos, familia, o visión humanitaria donde el día que ya no estés tú sigues vivo en estas semillas eternas.

En todo lo que has hecho y das en esos PASOS para tu Libertad Financiera se requiere Educación, estrategias, metas, visión, misión, disciplinas, hábitos, astucia, agudeza, conocimiento, respeto, responsabilidad y CONSCIENCIA.

Es entonces en esta parte donde se diversifica y se tiene varias opciones y se escogen las mejores para el futuro de la siembra de nuestro dinero a largo plazo.

En este nuevo nivel requiere que veas tu dinero, tus entradas, tus ganancias como semillas. Cuando empiezas a pensar en el futuro de tu familia es necesario semillas para que produzca a futuro sin que tu estés presente y requiera de tu competencia.

Las semillas bien sembradas de todas tus ganancias hasta aquí harán lo que ningún otro sistema puede hacer por tu familia o visión humanitaria. Aquí dejas ahora un legado en la forma que administres y dejas tus finanzas AHORA. Este es el concepto del avicultor, aquel que toma sus semillas y las siembra para tener él o ella y para las generaciones venideras.

Esta es la fórmula que he aplicado en todos los negocios que he iniciado. Pague mis deudas. Ahorre dinero para invertir en un negocio. Este negocio me dio dinero y con el abrí otro negocio y este a otros negocios y las ganancias de varios de ellos llegue a invertir en una empresa y las ganancias de esta empresa permitió el surgimiento de otra empresa y de esta fructífera forma de hacer crecer tu dinero he invertido en la creación de más negocios y otra empresa que he formado. Todos mis negocios y empresas con dinero totalmente "orgánico".

Yo no estoy trabajando y creando solo para tener para este día y mi familia sino para el futuro de mi hija Génesis Martin y sus nietos. Mi meta es dejar campo en mis emprendimientos, negocios y empresas produciendo más semillas para mi descendencia. Soy un fiel avicultor hoy día, ¿y tú que harás con todo estas semillas de conocimiento?

Resumen: "En este capítulo hemos mostrado la importancia de no pensar en gastarse el dinero obtenido de las primeras ganancias de los o cualquier negocio e inversiones sino convertirlas, tomarlas como semillas para VOLVERLAS A LA INVERSION. Meterlas en NUEVOS NEGOCIOS U OPORTUNIDADES con un nuevo objetivo, cosechar para futuras generaciones."

Interés Compuesto

"El interés compuesto es la fuerza más poderosa del universo"— Winston Churchill

MMEC quiere compartirte 3 maneras de ganar dinero del mismo dinero por medio del interés como una fuerza cuántica para incrementar tus capitales. Este concepto trabaja no para tener un solo campo de cosecha sino parcelas trabajando a tu favor día y noche.

También debes tomar en cuenta y preguntar ¿quieres dinero a corto, mediano o largo plazo? Esta pregunta es tan importante como la vida. Amigos para mantener Libertad financiera sostenible debes pensar como rico, siempre a Largo Plazo. Regla: "Cambia de mentalidad, cambia de acciones y cambia de gastar a inversiones de tu dinero y estas en la gloria económica."

Empecemos:

1 – Interés simple involucra lo siguiente. Tu inviertes dinero en algo por cierto interés acordado y lo que ganes es tu interés por esa inversión. Simplemente te da más dinero.

2 – La segunda forma de obtener ganancias en el tema de interés es de la siguiente forma. La ganancia de la inversión numero 1 la vuelves a invertir en otro negocio y las ganancias de ese dinero es tu interés. De manera simple y practica duplicas tu dinero.

3 – La tercera forma involucra Invertir al mismo capital los intereses obtenidos a cierto plazo y allí creas una máquina que multiplica tu dinero toda tu vida.

Hablemos un poquito de las dos primeras.

En el primer tipo de inversión muy convencional usaremos como ejemplo un centavo. El poder de un centavo en ganancia es importante e impactante en el incremento de tu dinero. Por ejemplo, un centavo cada hora al día ganado seria 24 centavos por día por 30 días son 7.20 dólares. 7.20 de ganancia por mes EXTRAS. Si multiplico esto por 12 meses del año estoy ganando 86.40 dólares EXTRAS. Si tomo estos 86.40 por 5 años son 432.00 dólares EXTRAS. Por 30 años 86.40 son 2,592.00 dólares EXTRAS. Todo esto gracias A UN CENTAVO DE GANANCIA invertido. Imagínate tener 7 veces (7 negocios) ese centavo ganado en 30 años seria 18.144.00. Interesante y practico. Esto es para una idea de lo que sería el resultado de un CENTAVO y ¿qué pasaría si fuera más en inversión repetidamente en diferentes lugares?

SEGUNDO ejemplo sigue de esta manera. Aquí obtengo un centavo cada hora al día ganado seria 24 centavos por día por 30 días son 7.20 dólares EXTRAS. 7.20 de ganancia por mes. Sometidos a una inversión donde me paguen o gane el 3% cada mes serian 21 centavos de ganancias EXTRAS. Estos 21 centavos EXTRAS del negocio original inteligentemente los someto EN OTRO NEGOCIO donde me paguen el 5% que me da al mes 31 centavos por 12 meses me da 3.72 dólares EXTRAS X 5 años son 18.6 dólares EXTRAS. Si estos 18.6 los inviertes en OTRO NEGOCIO por un 10% de ganancias al mes nos da 1.86 dólar por 12 meses nos da 22.32 dólares y si fuese por 30 años nos da 669.60 dinero que puedo unirlos a otras ganancias que me darán más y más y más dinero EXTRA.

Si tuviera pequeñas inversiones totalmente independiente de otros negocios, inversiones, emprendimiento y mínimo tuviera 7 diferentes de ellas por 30 años tendría en total la cantidad de 4,687.20 EXTRAS. ¡La Clave está en las veces que las actives, 7, 10, 30 etc., Allí está la clave y el éxito en la repetición de veces y no solo en una vez!

TODO ESTO Gracias al poder de un centavo ganado e invertido varias veces. Pero si invirtiera 5,000 dólares con la ganancia del 10% interés anual tendría 500.00 de ganancia o 15,000 por 30 años. ¿Qué tal haría con 7 negocios con ganancias de 500 por 30 años? Tendría la cantidad de 105,000.

No tienes que ser un matemático para entender que este sistema de simple inversión solo puede multiplicar tu dinero de manera increíble e inteligente. Como a la gente le es más fácil estar empleado para colectar dinero, gastar su dinero y regalar cosa que no requiere de inteligencia financiera solo de estupidez y brutalidad no se preocupan ni fatigan por entender Educación Financiera, estudiarlo o tan siquiera analizarlo mucho menos practicarlo y es solamente por eso que el 5% de la humanidad tiene, administra o invierte su dinero, los demás el 95% solo consume y GASTA SU DINERO como ríos. Por esta sencilla razón hay más POBRES QUE RICOS.

¿Interés Compuesto que es?

Ahora deseo que hablemos de la 3 tercera opción y más importante de todo lo que he hablado a este tipo de ganancia EN INTERESES se le llama Interés Compuesto.

Se explica oficialmente que es: "La noción de interés compuesto se refiere al beneficio (o costo) del capital principal a una tasa de interés durante un cierto periodo de tiempo, en el cual los intereses obtenidos al final de cada periodo no se retiran, sino que se añaden al capital principal. Por lo tanto, los intereses se reinvierten." – Definición.de

Básicamente funciona de la siguiente manera. Inviertes un dinero en lo que tú decides. Por ejemplo 1000 dólares al 10% anual. Al año debes tener 100 de ganancias, pero en lugar de retirarlo SIMPLEMENTE lo unes al capital y cobras interés 10% de ese total que seria 1100 dándote en el 2do año 110 de ganancias y lo vuelves a unir al total anterior que era 1100 teniendo ahora un total de 1210. Si realizas esto por 5 años tendrás un total de 1,610.51. Esto quiere decir que ganaste 610.51 EXTRAS en 5 años.

Bajo el interés normal o simple solo hubieras ganado 100 en el primer año X 5 que serían 500 eso si sabes administrar tu dinero de otra manera lo haces por un año y como la mayoría en lugar de invertir en otro negocio o buscar el interés compuesto se lo gasta, come, pierde, raramente lo REINVIERTE. 1,000 invertido al 10% con interés compuesto por 30 años tendrías 17,449.40. Sin embargo si tan solo invirtieras 1000 siete veces en diferentes lugares (negocios, inversiones) por 10% de interés compuesto (17,449.40) ¿cuánto crees que tendrías en 30 años? Mira la interesante respuesta: un total de 122,145.82. Los 1000 en siete lugares por 60 años 304,481.64. No te pierdas y engañes con el lapto de tiempo. ¡La Clave está en las veces que las actives, 7, 10, 30 etc., Allí está la clave y el éxito en la repetición de veces y no solo en una vez!

Un ejemplo más solo en el interés de que puedas ver el potencial del INTERES COPMUESTO. Para afirmar el Poder que tiene UN CENTAVO en su libro 'Como ser muy, muy, muy rico' Sandy Forster explica perfectamente el punto del centavo, la importancia del interés compuesto y el poder que tiene hacerlo inteligentemente. Explica: "Digamos que en el año 1500 Sir William Thatcher (protagonizado por el apuesto Heath Ledger en Corazón de caballero) decidió que iba a ahorrar para cuando se retirará. Tenía un centavo y sabía que podía ganar el 6% de interés al año. Puso su centavo en una bolsa especial y guardo el interés en su bolsillo derecho para que estuviera seguro. Nunca añadió nada al centavo original, pero el interés se siguió acumulando año tras año en su bolsillo derecho."

"William es un individuo supersónicamente sano y sigue vivo hasta el año 2004 (después de 504 años) y decide retirarse. Así que saca su centavo de la bolsa y lo añade al interés simple que está en su bolsillo derecho. ¿Adivina cuanto tiene ahora William? Bueno, el interés de su bolsillo derecho ascendió solo a 39 centavos (1c x 6% x 504 años = 30 centavos.) Sumado a su centavo original que está en su bolsillo izquierdo, tiene 31 centavos para retirarse. ¡Ese no fue un plan a largo plazo muy ventajoso, William!"

¿Pero si William hubiera invertido su ganancia que hubiera ocurrido? "La respuesta es de hecho sorprendente. Después de 504 años aplicando un interés compuesto al centavo original, William tendría 56 774 862 806 (es decir, 56 miles de millones, 774 millones, 862 mil, 806 dólares). ¡Se habría necesitado una bolsa de dinero bastante grande para guardar esa cantidad!

Concluye Sandy Forster: "Ahora, siendo realistas, ninguno de nosotros vivirá tanto tiempo, pero eso no importa. Todos deberíamos tener más de un centavo para invertir a tasas más altas y esto segura que la mayoría de nosotros estaríamos felices con unos cuantos millones, sin necesidad de llegar a los miles de millones, ¿de acuerdo?"

Para MMEC El interés compuesto es uno de los pasos más importante el camino a la riqueza sostenible y es una fuente de dinero imparable ya que por naturaleza ese es su trabajo. Cuando uno llega este punto de educación y lo practica es IMPOSIBLE NO vivir La Libertad Financiera y sus resultados de cubrir las necesidades básicas, gustos, lujos, vacaciones justas, merecidas, felicidad y placer con la vida YA QUE TIENES tiene sorpresas y bellezas que explorar y este tipo de dinero lo permite. Tu misión como humano de ayudar, servir y contribuir simplemente se expande y es totalmente posible.

Albert Einstein lo dijo de manera exquisita y sabia - "El interés compuesto es la fuerza más poderosa de la galaxia".

Talvez hoy este tema no te llame la atención como a mí no me impacto al principio, pero una vez decidí investigar, estudiarlo y aplicarlo no solo me gusta, lo creo, lo aplico en mis negocios a largo plazo. Realmente entenderlo y aplicarlo es solo de gente suma y conscientemente INTELIGENTE.

Resumen: "El Interés Compuesto simplemente involucra invertir al mismo capital los intereses obtenidos a cierto plazo y de esta manera creas una máquina que multiplica tu dinero toda tu vida."

El Climax de La
Libertad Financiera

"La clave de la libertad financiera y la gran riqueza, reside en la habilidad o aptitud de la persona para transformar ingreso ganado en ingreso pasivo y/o de portafolio." - Robert Kiyosaki

Al avanzar en esta jornada, el máximo pasado y experiencia es libertad. A este punto tienes que gozar y ver el gran resultado de libertad financiera. ¿Qué es eso?

Un verdadero nuevo estilo de vida.

Esto quiere decir que tus entradas son más que tus gastos.

Esto significa que tienes dinero invertido creando más dinero.

Te has comprado tu gallina MMEC o sea tienes tus negocios o empresas.

Has Activado tus Entras Pasivas.

Tienes conocimiento y usas el poder del Interés Compuesto.

De todo esto estas recibiendo dineros de entradas extras de cualquier índole legal y de acuerdo con tu conocimiento, conexiones, creaciones, conciencia, creencia y valores.

"Para lograr la seguridad financiera, necesitas atender tu propio negocio. Tu negocio gira alrededor de tu columna de activos y no de tu columna de ingresos." - Robert Kiyosaki

Libertad Financiera también significa que tu familia entera tiene lo suficiente para vivir sin estar trabajando para otro. Tienes para las emergencias. Posees lo suficiente para aportar a cualquier necesidad o institución de caridad sin ver tu cartera o mover la cabeza disgustado.

A este nivel tienes no tienes casa sino a casa de tus sueños, de tu gusto, viajar a donde te place. Vacacionar es tan natural como cuando antes ibas a trabajar para alguien. Vives la vida y totalmente tienes tiempo para estar con tu familia y disfrutarla paso a paso en sus actividades y vidas, tienes vidas con ellos no a un lado de ellos. Tu economía es tu banco.

Ahora no estas estresado en deudas, no estas confundido en mediocridades, no tienes insomnio por no tener para terminar el mes y cubrir tus gastos y gustos. Todo lo contrario, conscientemente eres FELIZ. Tus negocios, tus inversiones son ahora tu universidad y creado el estilo de vida que has deseado. Eres completo y realizado.

Hoy de este lado del puente te digo que sí se puede y que no es lo mismo de pensar a vivirlo. El no tener que estar empleado, ni auto empleado, tener tus propias entradas económicas por medio de sistemas que cada di incrementan es una de las sensaciones que muy pocos gozan y Yo soy uno de esos pocos. El tiempo que tienes para tus cosas, vida, familia, gustos es único. Vacacionar en Italia, México, Hawái, Guatemala, Florida, New York sin presión en un día común, lugar y gasto ya no es una discusión es parte del menú del estilo de vida que he creado. Comprar lo que necesite y quiera para mi familia sin preguntarme y de donde saco ese dinero es estupendo (sigo usando un presupuesto). Ir a mi restaurante favorito y caro sin ver el costo al lado derecho es super, cenar en Suiza con mi esposa solo por simple gusto de hacerlo es una dicha que solo libertad financiera te lo permite. Disfrutar de los SPA, masajes cada semana o mes es único. Viajar en mi tiempo y agenda es genial. Ser vegetariano y comer lo mejor que hay en el mercado y organico es fascinante. Contribuir y servir en la causa de Dios sin la orden de nadie es extraordinario. Tener para contribuir conscientemente y dar YO quiera es una bendición de vida. Tener suficiente tiempo para ver a mi hija crecer y contribuir como padre en su educación, ir con ella a su clase de gimnasia nada me lo pudo permitir tan fácilmente como Libertad Financiera. Pero sobre todo tener demasiado tiempo para mejorar, encubar ideas de emprendimiento y crear más productos, servicios, programas, sistemas para inmortalizar Libertad Financiera es un don divino.

¡Si un niño travieso y mocoso como YO, joven sin familia, sin educación convencional y solo en este país EE.UU pudo crear su propio estilo de vida bajo el concepto de Libertad Financiera tú también puedes!

"No hay libertad sin independencia económica." - *Isabel Allende*

Resumen: "Lo más hermoso es que ahora tienes el tiempo para sembrar semillas de conocimiento, ejemplo de esfuerzo, amor, dedicación, administración, visión noble y con todo deseo de dejar un legado real del poder del emprendimiento, libertad y el de vivir tu vida, la vida."

Regala Dinero

"Más agradable es dar que recibir." - Séneca

A este punto haces lo que muchos no gustan, regalar dinero. NO lo haces solo porque te sobra sino porque lo tienes y te gusta ayudar. Quien no lo hace aun no a aprendido a vivir con dinero.

MMEC te propone formar el habito de dar ahora de lo que ya tienes. Empezar a regalar dinero AHORA de lo que ya tienes esa práctica simplemente atraerá más dinero APARENTEMENTE PERDIDO AL REGALARSE, pero AL DARSE sin esperar recompensa MULTIPLICA TU DINERO y guía a tu libertad.

"Bueno es dar cuando nos piden; pero mejor es dar sin que nos pidan, como buenos entendedores." - Gibran Jalil Gibran

Recomiendo empezar con 5% de tus ganancias hasta aumentarlo al 10%, por razones misteriosas cuando ya tienes dinero y no te molesta dar HACE QUE MANTENGAS TU DINERO, TAMBIEN HACE esto QUE tu recibes más en dinero, AMOR de las personas, y el que recibas mucho más también del universo, salud, gozo, felicidad.

Pero la clave es hacerlo ahora, dar con gusto y fluidamente hace que tus riquezas simplemente incrementen y asegures tu libertad financiera.

Personalmente practico esto desde hace mucho tiempo sin saber que con este habito estaba activando mi libertad financiera. Gracias a este concepto no solo he dado sino que he creado medios para realizarlo más efectivamente. Allí nació una parte de lo que realiza la misión de LVP / "La Verdad Profética", dar, regalar al necesitado. Yo tengo una regla NO doy al que solo pide porque de esta gente abundan muchos, doy al que necesita de verdad. Hija de esta visión y habito es el movimiento de Celebra Dando CGM / "Célébrate Giving Movement" donde invitamos a la gente que celebre lo que sea cumpleaños, aniversarios, logros, fiestas dando algo al necesitado.

Cuando se empieza siempre recuerda no es la cantidad sino el hacerlo lo que importa. Ya vendrá en tu vida donde la cantidad si importara.

"Persona que de riqueza que atrae. Rico que no dé, rico que desaparece." – Miguel Martin

Resumen: *"Demos bastante si queremos conseguir mucho." - Don Bosco*

Se Vigilante Consciente

"No gastes tu dinero antes de ganarlo." - (Thomas Jefferson)

Llegar y estar donde estoy hoy día está basado en esto que te voy a enseñar en seguida.

La pobreza como todo otra filosofía persigue y se mete donde le den cabida. LA riqueza, prosperidad y libertad financiera si no se respeta y cuida también se retira. Por lo tanto he creado y activado mi sistema de alarma bajo "ser un vigilante constante" a no volver a mi vieja vida, conceptos y hábitos.

Familiares, programas de TV, Radios, películas, música, libros, conceptos, amigos, audios, líderes políticos, educadores, seculares, religiosos están totalmente sometidos a un filtro que para entrar a mi conciencia y subconsciente llamado COFIVI que los bloquea de una y solo pasan si YO quiero y cuando YO quiero. De otra manera no son bienvenidos y Yo sigo CREANDO mi Imperio MMEC.

Conciencia

Uno de los pasos más importante es que en todo lo que hagas de ahora en adelante tienes que ser Conscientemente vigilante. Nada es casualidad, nada pasa por azar, nada es insignificante, todo está centrado en el cuidado, de otra manera las perdidas serán manifiestas y cobrarán la insensatez de no practicar lo que ya sabes.

Mantener la conciencia alerta y educada constantemente requiere el precio de educarte masiva y constantemente.

"Eterna vigilancia es el precio de la libertad" - Thomas Jefferson

Firme

En este estilo de vida se requiere más que conciencia, firmeza para decir NO a lo que no contribuye a tu crecimiento y libertad financiera. Firme en contra de la mediocridad.

Muchos no entenderán ni aprender a decir NO, no los puedes sacar de la pobreza, guiar al camino de la libertad y mantener en ella. ¿Pero deseas tu ser firme e ir a encontrar todo mal habito, un hogar, sociedad y amigos y firmemente gritar no más? ¿Tienes la firmeza que requiere para el cambio?

Si no eres firme contigo mismo no podrás serlo con los demás. La firmeza es la puerta a la prosperidad o la mediocridad. Yo me voy por la primera y firmemente la mantengo escogiendo mis amigos, libros, lideres, modelos, ideas, sistemas, grupos, yo creo mi sociedad y punto.

"Lo característico de la conciencia es la inquietud, la vigilancia constante, la perenne disposición a la defensa. Ser es defenderse." – Ramiro de Maeztu

Vigilante

Todo lo que has vivido en el pasado en el mundo de la economía o ha sido por ignorancia, falta de educación, descuido sin embargo de ahora en adelante todas las desgracias económicas en tu caso serán solamente por descuido, indiferencia y falta de disciplina sistemática.

Entonces si planeas, deseas y quieres tener éxito financiero tienes que ser simplemente VIGILANTE ese es el precio para llegar lejos y mantenerte en estos Pasas Para Tu Liberad Financiera.

"La vigilancia y la lucidez son los senderos de la inmortalidad. Los que vigilan no mueren. La negligencia es el sendero de la muerte. Los negligentes son como si ya estuvieran muertos." – Buda Gautama

Resumen: Vigilar tus entradas, salidas, gastos, negocios, inversiones, gustos, viajes, vacaciones, tu presupuesto de otra manera regresaras de dónde has salido – esclavitud económica.

"La vigilancia tiene un precio es la consistencia en todo." – Miguel Martin

El Poder de Las Afirmaciones de Abundancia

"Hay que reivindicar el valor de la palabra, poderosa herramienta que puede cambiar nuestro mundo." - William Golding

Otro de los pasos en tu caminar a Libertad Financiera son el poder de las Palabras en la vida, energía, autoridad y poder. Es bastante la gente que no capta esta verdad sin embargo aquí en MMEC creemos y las usamos para todo lo que crea el bien de la existencia. Funciona en cualquier área de la vida. Las afirmaciones es una plataforma CREADORA.

Creemos que con las palabras atraemos el bien o con ella invitamos el mal y fracaso por anticipado. Creemos que con las palabras atraemos fortuna o con ellas las alejamos. En el poder de las palabras nos hundimos o sembramos abundancia.

"El verdadero significado de las cosas se encuentra al decir las mismas cosas con otras palabra." - Charles Chaplin

Creemos que con las palabras afirmamos nuestro deseo de Éxito, Prosperidad, Salud, Vida, Paz, Riqueza o con ellas confirmamos nuestra convicción de pobreza, mediocridad, intranquilidad, fracaso, desorganización, enfermedad y deudas.

Con las palabras al expresarlas con consciencia REEDUCAMOS NUESTRO SUSBCONCIENTE QUE ES EL DIRECTOR, el ARQUITECTO DE NUESTRA VIDA VERDADERA. Las afirmación anclan el subconsciente con lo que tengamos planificado. Confirmando con palabras audibles reclamamos lo nuestro y alineamos con el intimo deseo, acciones conectando todo en nuestro favor, la energía creadora se manifiesta proveyendo lo visionado y deseado en lo más íntimo del ser.

"La palabra es mitad de quien la pronuncia, mitad de quien la escucha." - Michel de Montaigne

Por lo tanto MMEC presenta el proceso de traer a la REALIDAD lo que se cree con:

- Expresar las creencias. Palabras.
- Hablar los deseos. Palabras.
- Afirmar lo que se añora. Palabras.

Has el siguiente ejercicio, expresa, habla y afirma con toda tus fuerzas: **"amo mi vida" "Tengo el Poder Para Vivir en abundancia" "Todo lo Puedo" "Todo lo tengo" cierra los ojos por un momento y piensa y luego ábrelos y dime honestamente cómo te sientes al expresar estas frases:** _____

_____
_____
_____
_____
_____

Ese es el poder de las palabras en todo y por todo.

Profetizo

"La palabra es el espejo de la acción." - Solón

Yo elegiré mi propia vida.

Yo seré el creador de mi éxito financiero.

Respetare al dinero y el dinero me querrá.

Yo merezco ganar y ganar vine a esta vida.

Mi intención es crear mi riqueza y abundancia tal y como yo quiero.

Yo admiro y modelo gente rica y exitosa.

Tengo el poder de SER TODO lo que fui creado a SER.

Yo creo que el dinero es importante y yo administro mi dinero.

Seré una persona libre y educada financieramente.

Yo creo que el dinero proveerá libertad y servicio abundante.

Yo creo que el dinero hace la vida más deleitosa y fácil.

Yo me enriqueceré con lo que amo.

Amo mi vida y el dinero es parte de lo que me hace vivir más fácilmente.

Me merezco ser rico porque estoy agregando valor a la vida de las personas.

Generosamente doy.

Seré un excelente recibidor de la vida Abundante.

Me gusta lo que tendré.

Estoy agradecido por todo el dinero que poseeré.

Oportunidades lucrativas siempre vienen a mí.

Tendré la capacidad para ganar más dinero.

Tendré la capacidad para mantener y administrar el dinero.

Usare lo que tengo y lo que tengo me da lo que necesito y más.

No necesitare endeudarme para ser exitoso.

Tendré la capacidad de expandir mi dinero.

Yo siempre me pagare primero.

Yo usare el dinero de los bancos y ellos me pagan por usar su dinero.

Pondré dinero en mi cuenta de libertad financiera todos los días.

Mi dinero trabajara duro por mí y me produce más dinero.

Ganare suficiente en entradas pasivas para pagar mi estilo de vida que gusto.

Tendré libertad financiera sostenible porque así lo determine.

Yo trabajare porque quiero no porque tengo que.

Mi negocio de tiempo parcial está siendo administrado sabiamente.

Tendré entradas pasivas sostenibles.

Afirmo que

"Las palabras que no van seguidas de hechos no valen para nada." - Demóstenes

Yo creo elegir mi propia vida.

Yo soy el creador de mi éxito financiero.

Respeto al dinero y el dinero me quiere.

Yo merezco ganar y ganar vine a esta vida.

Mi intención es crear mi riqueza y abundancia tal y como yo quiero.

Yo admiro y modelo gente rica y exitosa.

Tengo el poder de SER TODO lo que fui creado a SER.

Yo creo que el dinero es importante y yo administro mi dinero.

Soy una persona libre y educada financieramente.

Yo creo que el dinero provee libertad y servicio abundante.

Yo creo que el dinero hace la vida más deleitosa y fácil.

Yo me enriquezco con lo que amo.

Amo mi vida y el dinero es parte de lo que me hace vivir más fácilmente.

Me merezco ser rico porque estoy agregando valor a la vida de las personas.

Generosamente doy.

Soy un excelente recibidor de la vida Abundante.

Me gusta lo que soy.

Estoy agradecido por todo el dinero que poseo ahora.

Oportunidades lucrativas siempre vienen a mi.

Tengo capacidad para ganar mas dinero.

Tengo la capacidad para mantener y administrar el dinero.

Uso lo que tengo y lo que tengo me da lo que necesito y mas.

No necesito endeudarme para ser exitoso.

Tengo la capacidad de expandir mi dinero.

Yo siempre me pago primero.

Yo uso el dinero de los bancos y ellos me pagan por usar su dinero.

Pongo dinero en mi cuenta de libertad financiera todos los días.

Mi dinero trabaja duro por mí y me produce más dinero.

Gano suficiente en entradas pasivas para pagar mi estilo de vida que gusto.

Tengo libertad financiera sostenible porque así lo determine.

Yo trabajo porque quiero no porque tengo que.

Mi negocio de tiempo parcial está siendo administrado

sabiamente.

Tengo entradas pasivas sostenibles.

Confirmo

Reclamo con las Manos extendidas al Universo (Extiende tus manos)

"Por la palabra de Dios fueron hechos los cielos, y todo el ejército de ellos por el aliento de su boca... Porque él dijo, y fue hecho; El mandó, y existió." - Sal. 33: 6, 9.

Yo creo elegir mi propia vida.

Yo soy el creador de mi éxito financiero.

Respeto al dinero y el dinero me quiere.

Yo merezco ganar y ganar vine a esta vida.

Mi intención es crear mi riqueza y abundancia tal y como yo quiero.

Yo admiro y modelo gente rica y exitosa.

Tengo el poder de SER TODO lo que fui creado a SER.

Yo creo que el dinero es importante y yo administro mi dinero.

Soy una persona libre y educada financieramente.

Yo creo que el dinero provee libertad y servicio abundante.

Yo creo que el dinero hace la vida mas deleitosa y fácil.

Yo me enriquezco con lo que amo.

Amo mi vida y el dinero es parte de lo que me hace vivir mas fácilmente.

Me merezco ser rico porque estoy agregando valor a la vida de las personas.

Generosamente doy.

Soy un excelente recibidor de la vida Abundante.

Me gusta lo que soy

Estoy agradecido por todo el dinero que poseo ahora.

Oportunidades lucrativas siempre vienen a mi.

Tengo capacidad para ganar mas dinero.

Tengo la capacidad para mantener y administrar el dinero.

Uso lo que tengo y lo que tengo me da lo que necesito y mas.

No necesito endeudarme para ser exitoso.

Tengo la capacidad de expandir mi dinero.

Yo siempre me pago primero.

Yo uso el dinero de los bancos y ellos me pagan por usar su dinero.

Pongo dinero en mi cuenta de libertad financiera todos los días.

Mi dinero trabaja duro por mí y me produce más dinero.

Gano suficiente en entradas pasivas para pagar mi estilo de vida que gusto.

Tengo libertad financiera sostenible porque así lo determine.

Yo trabajo porque quiero no porque tengo que.

Mi negocio de tiempo parcial está siendo administrado sabiamente.

Tengo entradas pasivas sostenibles.

Resumen: "Si combinas estas Afirmaciones, declaraciones con acciones masivas en la práctica de los consejos de este libro **"Pasos a Tu Libertad Financiera"** tendrás resultados extraordinarios y vivirás la vida que te mereces ya que el que busca y trabaja ENCUENTRA Y RECIBE la vida que TANTO ANELA."

Estas herramientas son poderosas YO lo he vivido. Un día mi esposa en una plática hablábamos de lo cortos que estábamos en nuestros fondos y empezó a expresar negativismo. La detuve y le dije amor "hazme un favor solo probemos esto, cambia la frase de "no tenemos" con "en este momento no posee los fondos pero sé que es pasajero porque el dinero está en camino a mis manos para lograr este fin." Le rogué repitiéramos esta frase solo por una semana y que estuviéramos atentos de los resultados. Increíblemente ese día empezó a llegar literalmente dinero y cuando termino la semana ella misma me dijo "estoy sorprendida de tu herramienta de afirmaciones, no solo vino el dinero sino mucho más de lo que necesitábamos"

Te cuento otras implementando los consejos de este libros y otros que he escrito como "El Código De Toda Posibilidad" y "El Poder de Pedir" recuerdo una noche fría en la calle caminaba con mi madre hacia la casa y viene a mi mente cuando nos sentamos en la cera de una casa y nos pusimos a platicar de nuestra situación. Le conté que tenia deseos y expresé claramente lo que deseaba realizar que era venir para este país.

Exprese, ella me escucho y nos abrazamos y lloramos y me dijo que haría todo lo que podía para viajar aunque a ella le dolía el alma, lo que no sabía YO era que el universo también me escucho y fue tan profunda esa profecía que active esa noche YO no dormí de tanto repetir "Yo me voy a Estados Unidos, encontrare los medios y dinero para viajar". En menos de dos semanas estaba en camino hacia California. Conseguimos el "coyote", el "dinero" como 5 mil dólares. Repito gracias al poner en acción estas herramientas MMEC.

En otra ocasión mientras cruzaba la frontera de Tijuana y San Isidro éramos como 25 personas y migración nos había rodeado a todos. Recuerdo haber gritado "a mí no me agarran, tengo que terminar mi viaje, Dios por favor ayúdame a llegar a mi destino", a mi destino llegue el siguiente día. Todos habían terminado en la cárcel menos YO.

En cierto momento de mi experiencia necesitaba un carro y ya había empezó a ahorrar para comprarme uno. El carro que yo desea costaba 15,000 dólares usado. Simplemente necesitaba un carro y dije "este es el carro que quiero y este tendré." Empezaba primavera y estaba viajando por el 35 de Austin a Dallas. Allí donde venía manejando grite, "Yo me merezco este carro y este carro encontrare." Me aferre a esto en el alma que grite "este carro ya lo tengo y agradezco a la vida que me lo allá provisto". En menos de una hora había encontrado el carro por internet pero el precio no era mi presupuesto, costaba 15,000. Le llame al dueño y me dijo que el precio estaba fijo y que no lo cambiaria. Le dije "señor solo tengo 9,000 y ese es mi carro así que dígame cuando lo recojo." Me dijo que no podía porque no era el precio." El día siguiente me llamo y me dijo "ven por el carro decide dártelo a ti".

Las afirmaciones son la llave a tu deseo y punto.

Realidad – Hacerla

"Atrévete a soñar la vida que has soñado para ti mismo.
Ve hacia adelante y haz que tus sueños se hagan realidad." -
Ralph Waldo Emerson.

En la vida y especialmente para llegar a la Libertad Financiera hay un proceso del que no puedes prescindir, "La Realidad" ya que tiene el poder de ayudarte en tu construcción de tu Vida de Abundancia "acelerándola" si eres estratégico.

Este proceso incluye

- Pensar
- Sentir
- Actuar masivamente
- Celebran por adelantado
- Información Abundante.

El Punto aquí es ir de **Creo a Siento, de Siento a VIVO EN ABUNDANCIA**. Tienes que ACTUAR como que ya fueras TOTALMENTE PROSPERO. El fin de esto es HACERLO REALIDAD.

Allí está el problema la mayoría puede y piensa, desea e intenta una vida diferente, pero eso es UNICAMENTE lo que en su mayoría hace. Por lo tanto, considera el sistema MMEC para CREAR TU REALIDAD. Vamos del pensamiento al hecho.

Pensar: en esta fase tienes que visualizar como serás en unos días, semanas, meses, años, décadas – esto simplemente cambia pensamiento y sin forzar tanto la mente la introduces a nuevos paradigmas y anclas de abundancia.

Dieta de Pensar Abundancia esto incluye por un mes:

- Pensar cada día algo nuevo en que deseas convertirte.
- Escribir una lista cada día en la noche en lo que deseas convertirte.

_____
_____
_____
_____
_____
_____
_____
_____
_____
_____
_____

_____

Sentir: por naturaleza y el mundo de los hábitos tenemos la costumbre de sentir mal, permitir los sentimientos negativos, vivir aburrimiento. Por lo tanto, en esta parte del proceso las personas que piensan abundancia entienden la importancia de SENTIR ABUNDANCIA y por lo tanto usan sus emociones a su favor y buscan emociones de Alegría, Gusto, Bendición, Tengo, Lo logre, Me Fascina, Realizado, Estoy feliz. Soy prospero.

Dieta de SENTIR Abundancia esto incluye por un mes:

• Asegurarte de **Sentir cada día** al pensar en eso nuevo en que te estas convirtiendo.

• Escribir una lista cada mañana de lo que estas sintiendo al convertirte en lo que deseas.

_____
_____
_____
_____
_____
_____
_____
_____

_____

• Expresar verbalmente mínimo a una persona lo que estas *sintiendo* al pensar en lo que te estas convirtiendo.

Acción Masiva:

Este punto compartido aquí es una de las reglas más importante para MMEC. La Acción Masiva. Tienes que agarrar y dominarlos por decirlo así los pensamientos y sentimientos de abundancia, eso es la lista de cosas que has escrito en lo que deseas convertirte y llevarlo a la acción, Acción Real.

Aquí no se trata de desesperarse por hacer mucho, no. Hablamos de hacer algo que siempre valla a esa acción cada vez **más masiva**. Pequeño o grande debes simplemente hacerlo hacia tu objetivo de manera masiva. Todo lo que hagas hazlo masivamente y miraras milagros ante tus ojos.

Acción masiva esto es el pensamiento de una mejor casa, un negocio restaurante, mejor carácter, empresas, mejor personalidad, mas viajes, cuentas de banco en positivo, un mejor carro, ropa de marca, familia unida, manifestar más cortesía, escribir libros, ampliar mi jardín, establecer una escuela para niños discapacitados, extender mi empresa en el extranjero etc. Esto puede ser lo que tu deseas hacer, expandir, crecer, tener aquí el punto es simplemente hacer algo en camino a ello de manera MASIVA.

"Un sueño no se hace realidad mágicamente: se necesita sudar, determinación y trabajo duro." - Colin Powell.

Entiende que el secreto está en que por más mínimo lo que hagas o adquieras contara en el mundo de abundancia y tu banco de pensamiento, emociones solamente contribuirán a hacerlo una realidad.

Sin embargo, si tuvieras varias vidas, y todo el tiempo del universo pues hazlo cuando quieras pero como sabemos que solo tenemos una vida y cierto tiempo necesitamos concientizarnos de que es ahora o nunca. Esto hace que nos volvamos personas de acción masiva. Si lo vamos a realizar lo vamos realizar masivamente. Mira lo que pasa con las personas comen y comen masivamente listo allí tienen "obesidad". Toda acción tiene una reacción pero toda acción masiva acelera los resultados.

Es en este momento que tenemos para pasar de actuar a acción masiva. La acción masiva simplemente quiere decir que en vez de hacer una acción para ir a mi deseo y sueño una simple vez lo hare 7 veces más y cada día hare más y más acciones en favor de mi deseo y sueño.

NO hay otro camino, no hay otra vida, no hay otra oportunidad así que me consagro a la Acción Masiva, todo lo que puede ocurrir son resultados a mi favor y de esta manera he acelerado mi vida Abundante. Así es como me vuelvo arquitecto de mi propio destino, constructor de una vida súper abundante y así el creador de mi VISION DE VIDA.

Celebrar, agradecer: la idea es que cuando se logre algo por más mínimo que sea en favor de esa visión o sueño se tiene que celebrar como ya lo mencionamos al inicio del libro. Haz algo en reconocimiento de tu logro puedes hacerlo solo, con alguien o grupo de personas. Simplemente celebra.

Créeme que cuando celebres o agradeces tus logros pequeños o grandes el universo se alegra y te da más. A Celebrar y agradecer se ha dicho. Terminaste de leer esta capitulo, ejercicio, reto, libro, ¡Ahora celebra!

"El compromiso lleva a la acción. La acción te acerca a tus sueños." - Marcia Wieder.

Información Abundante

Antes y después de lograr algo nuevo en tu vida tienes que estar buscando e introduciendo en tu vida Información de abundancia. Siempre pregunta ¿que necesito para tener o esto o aquello? ¿Qué más puedo aprender para llegar a? ¿Dónde está el secreto del éxito de tal persona o empresa? ¿Cómo se vive en las alturas? Constantemente se tiene que estar buscando INFORMACION DE ABUNDANCIA.

Quienes viven abundancia evitan personas que no les proveen sabiduría, experiencia, enseñanza, conocimiento, ayuda, amor, paz, crecimiento, oportunidades, verdades, influencia de bien etc. Es imposible que adquieres información de abundancia con personas pobres, ignorantes, consumidoras del tiempo, chismosas, egoístas, celosas, pegados a la TV, Redes Sociales, pleitos etc.

"Cuando estamos motivados por metas que tienen un significado profundo, por sueños que necesitan completarse, por puro amor que necesita expresarse, entonces vivimos verdaderamente la vida." - Greg Anderson.

Dieta de Información de Abundancia esto incluye por un mes:

• Asegurarte de leer un libro nuevo sobre finanzas, desarrollo personal, empresas cada mes etc.

• Hacer una lista de gente que no te provee Información

de abundancia en tu vida y la clave está en alejarse ellos.

_____

_____

_____

_____

_____

_____

• Hacer una lista de gente que vive abundancia y buscar hacerse amigos de ellos mínimo uno por semana. Quiere decir que al final de un mes debes tener mínimo 4 nuevos amigos, conocidos, o contactos para incrementar tu Información de abundancia y fortalecer tu nueva vida.

_____

_____

_____

_____

_____

_____

_____

_____

• Escoger un lugar donde poner tu librería de abundancia, allí tendrás el santuario de crecimiento en FINANZAS. Libros, audios, CDS, USBS, memorias con toda tu biblioteca, juegos, cartas, hojas, pluma, lápiz, crayones, marcadores, biblia, libros de MMEC etc.

Lugar _____

_____

• Registrarte a un curso, seminario, programa de abundancia, economía, desarrollo personal, emprendimiento etc.

Cuando_____ Do nde_____

Los resultados son increíbles cuando se siguen estos pasos de Libertad Financiera. Ya no más pienses o esperes que llegue la abundancia, hay que CREARLA, HAY QUE TRAERLA. Somos los imanes de nuestro Nuevo Mundo con acciones masivas. Somos los creados de La Realidad.

No importa el talento, conocimientos o los esfuerzos, hay cosas que llevan tiempo. No puedes producir un bebé en un mes dejando embarazadas a 9 mujeres. Date tu tiempo para pensar, activar el poder de tus decisiones y ve con todo, **vive acción masiva – has tu visión de Libertad Financiera tu realidad.**

Historia 1:

Estos son principios que no fallan si crees y actúas. Por los últimos 20 años había deseado, luego visionado y un día lo puse como meta el comprar mi propia casa en este país. Todo estaba en orden de creer a sentir, de sentir a querer vivir en abundancia. Lo que faltaba era la realidad. Mis amigos, conferenciantes, autores, emprendedores muchos ya habían logra muchas metas incluyendo una casa propia pero yo no.

Esta es mi historia de cómo lo hice realidad, encontré mi casa actual. Cansado de vivir de esquina a esquina en este país, muchos apartamentos, casas móviles, dormir en carros, vivir en casitas de metal donde se acomoda toda herramienta de trabajo al lado del perro.

A este punto de mi vida yo había buscado una casa, también había considerado comprarme una casa movible pero no se me daba nada. Busque agentes de bienes y raíces y encontraron 3 casas para mí y a última hora me dijeron que esto y aquello no me calificaba. Casi sucumbo al "no" de los demás.

Pero un domingo temprano me dije ¡Yo creo que he hecho todo para tener mi casa y casa quiero! "No acepto vivir aquí en este apartamento mas así que donde está mi casa, casa te quiero dime donde estas que yo ya estoy listo para ti". Reafirme al universo: "Hoy salgo a buscar casa y no regreso sino encuentro mi casa" Salí a las 7am y ya para las 12 había viso y llamado como 100 casas estaba cansado pero no había encontrado nada. Todo estaba fuera de mi presupuesto y además era domingo contrario a mi condición y día de negocios.

A las 3pm me fui a comer y empecé a cuestionar mis convicción y me dije ¿será que esto funciona, las frases, profetizar, declarar, afirmar, esperar? ¿Qué mas necesito hacer? Y terminando de expresar eso como a las 5pm alguien me regreso la llamada para decirme "Sr. Martin gracias por su mensaje pero yo solo tengo casas por encima de los 300,000, 400,000 mil dólares".

Le agradecí la llamada y me pregunto ¿pero qué es lo que buscas y cuál es tu presupuesto? Le conté mi historia y presupuesto y que no podía terminar el día sin casa. Me dijo "mira tengo una casa que estoy renovando pero no sé si te interesa y si calificas ve a verla y si te gusta hacemos negocios" Salí corriendo a ver la casa cuando la vi y entre en ella dije "wow, llore, grite, me arrodille y dije esta es mi casa".

La estaban renovando así que todo estaba volteado adentro pero yo visione a mi familia a mi hija que todavía no existía jugando, vi mi oficina, y muchas otras cosas. Grite "gracias Dios, universo, vida por escucharme." Le llame y le dije "sr., si me gusta y esta es mi casa." Me dijo "bueno mira esta casa cuesta 125.000 dólares pero tengo un programa que puedo aplicarte y te la consigo por 60,000 te interesa..." Le grite "claro que sí". Además la casa solo tenía 4 años de existir básicamente era seminueva con cuartos suficientes, terreno suficiente y casi en el campo. Estaba genial como mandado a hacer. Convertí un deseo de años en realidad. Aquí el punto no son los precios o números sino los principios aplicables a todos. Países, estados, precios pueden variar pero el principio del proceso de hacer algo que de verdad quiere en REALIDAD.

Historia 2:

Negocios había tenido y activado por muchos años. Pero ir en grande y con lo mío desde el 2010 había pasado por mi mente tener algún negocio, empresa que fuese la base de todo lo que creía, proveyera libertad financiera y la mantuviera. Igual me había involucrado en varias cosas que lo prometían pero no fue lo mío y rápidamente me di cuenta que igual a un empleo estaba trabajando para otros y no lo mío. Fue allí donde empecé a profetizar "Creare mi propia empresa e imperio empresarial." Sin miedo entre a modo "acción masiva". Noches enteras le dedique cabeza pensando, muchas ideas surgieron, escribí todas, sondee ideas. Las condiciones que puse fue que tenía que ser algo mío, productos, servicios, sistemas, programas totalmente propios. En esa línea de pensamiento buscaba un sistema que pudiera activarse y caminar solo. Activar un producto que diera más hijos, hijas, nietos, bisnietos. Que todo estuviera dentro de un programa que tuviera como fundamento tres cosas mis Creencias, Principios y Valores. Que fuese algo con el principio de Warren Buffet el principio de la "bola de nieve" que pudiese empezar, empujar y que solo fuese avanzando e incrementando hasta ser tan grande que dominara todo.

Use la herramienta de las preguntas: ¿Dónde está lo mío? ¿Cuál mi negocio? ¿Dónde está mi empresa? ¿Cuál es mi propósito de vida? ¿Cómo puedo agregar valor a la humanidad? ¿En qué puedo dedicar mi vida y energías que me den satisfacción cada día? ¿Cuál es el sistema, programa que puedo crear en alineación con el universo y el deseo de Dios? ¿Dónde está ese producto o servicio que me asegure a mí y familia total libertad financiera?

El principio de afirmo y siento: En mi surgieron las respuestas "Lo mío aquí está", "mi negocio aquí está" "Mi empresa está dentro de mi" "tengo bien claro mi propósito de vida", "valor agrego a la humanidad", "dedico mi vida a agregar valor a los demás", "aquí tengo el sistema y programa para crear mi propia, mantener y para mí y familia libertad financiera", "YO tengo ese sistema y programa que está en alineación con el universo y Dios", "

El principio del poder creativo: Hasta aquí todo era pensamiento hecho ideas. Recuerdo como esto estuvo encubado por mucho tiempo. Tenía unos obstáculos aún. Deseaba algo que fuera grande y sin embargo tuviera mi principio de lo "orgánico" significando que naciese conmigo y no involucrara dinero como inversión y si involucraba que yo tuviese el capital ahorrado tal y como enseño aquí en este libro. Ya no más deseaba endeudarme lo que odio con el alma.

Así que necesitaba hacer todo esta visión una REALIDAD. ¿Cómo hacerlo? Pues bien en esta madrugada a diferencias de las demás me dije "no amanece sin que yo ya tengo mi empresa activada". Me di cuenta que lo que me faltaba y necesitaba unir en UNO era el fundamento de "Creo a Siento, de Siento a VIVO EN ABUNDANCIA. ACTUAR como que ya fuera TOTALMENTE PROSPERO. HACERLO REALIDAD." Y Allí nació la REALIDAD de "MMEC, Miguel Martin Education Center". Brinque de alegría ese madrugada. Lo escribí he hice el esquema de lo que seria.

MMEC empezó bajo todos los principios enseñados en mis libros. En embargo te cuento todos, todos, todos sin excepción me dijeron que fracasaría. Me dieron ejemplos de que gente que había intentado y tropezado, me rogaron que no lo hiciera que había ya muchos en esta área del Desarrollo Humano. También me recordaron que era muy joven y que la gente no me creería porque no poseía las canas, títulos, masters, diplomas. No dieron ni un centavo por mi "filosofía" y "emprendimiento".

El universo es mi testigo todos los cercanos me dieron la espalda. Nadie quiso involucrarse conmigo. La gente religiosa cercana no solo me condeno, sino que oraron para que fracasara. A todos los que contacte para unirse conmigo me ignoro porque no tenía las credenciales ni siquiera para estar con su equipo de voluntarios. Escribe cartas, busque reuniones con grandes en la industria, ofrecí mis servicios cientos de veces, miles de veces. Perdí mi voz de tantas llamadas, los dedos me dolieron tengo callos de tantos textos que escribí para encontrar ayuda y oportunidades pero en su mayoría ni siquiera se molestaron en contestarme.

Pero encima de esto y a pesar de ello MMEC nació, tenía que nacer porque su EXISTENCIA Y MISION ES MAS PODEROSO QUE TODO ESTO. MMEC dice "SOY REALIDAD". Nació para producir y producir que hoy día es una marca local, estatal, nacional y empiece a impactar vidas, empresas, plataformas extranjeras bajo su propio pulso. ¡Somos MMEC!

Cuando esto estaba creado (MMEC) el universo escribió "HECHO REALIDAD" todo lo demás entro a su lugar, todo aquello que una vez solo había pensado, ideas, cosas, productos, servicios, sistemas, productos que ya existían en mi portafolio de negocios. Nada se había perdido en toda experiencia como emprendedor. Hoy me respetan, piden nuestros servicios, compran nuestros productos, existen representantes de MMEC orgullos de ser parte de nuestra empresa. ¡SOMOS REALIDAD!

Te juro que jamás me arrepiento haber dado este paso final en "Pasos a Tu Libertad Financiera." Las cosas buenas, las cosas que de verdad valen la pena y son eternas no nacen de la casualidad, tienes que crearlas intencionalmente. La realidad del presento o futuro solo tú eres el diseñador y creador.

Historia 3:

Por ultimo diré esto como historia que yo era un esclavo del pasado, conceptos errados, deudas, y el empleo realidad que YO mismo había creado. Pero gracias a Dios, al universo y estos principios aquí expuesto hoy tengo, gozo y disfruto La Libertad Financiera, LA HIZE REALIDAD. Es increíble pero el factor que me guio a la Libertad fue la necesidad de ser YO. Me empodere mi mente, vida y libertad. ¡Amo mi libertad!

Los mis principios y herramientas he usado para crear y traer a la realidad:

- **11 libros** publicados en Estados Unidos.
- **Cursos.**
- **Seminarios.**
- Organización no lucrativa **"La Verdad Profética."**
- Empresa de Productos Vegetarianos **"Meganutrición."**
- Dos estaciones de **radio LVP y MMEC.**
- **Entradas Pasivas.**
- **Inversiones.**
- **Libertad Financiera.**

"El mundo necesita soñadores y el mundo necesita hacedores. Pero sobre todo, el mundo necesita soñadores que hacen." - Sarah Ban Breathnach.

Resumen: "El Punto aquí es ir de Creo a Siento, de Siento a VIVO EN ABUNDANCIA. Tienes que ACTUAR como que ya fueras TOTALMENTE PROSPERO. El fin de esto es HACERLO REALIDAD."

Misceláneos

"Actúa masivamente como rico y rico serás" - *Miguel Martin*

Tener un contador

Los inteligentes aprenden no solo a tener un presupuesto, cuidar de sus entradas y salidas, pequeños gastos ellos también entienden lo importante que es tener un contador personal llevando su dinero a otro nivel. Especialmente al tener más negocios y dineros.

"¿Qué es un contador? Contador, del latín computador, es un adjetivo que hace referencia a aquél que cuenta. El verbo contar, por su parte, tiene múltiples significados: puede referirse a numerar o computar cosas; poner a alguien en el número que le corresponde; referir un suceso; o considerar.

Como sustantivo, un contador o contable es un individuo que aplica, gestiona, interpreta y registra la contabilidad de una empresa o de una persona. Su objetivo es llevar la historia contable de sus clientes, producir informes internos o para terceros y aportar información útil para la toma de decisiones financieras." - definición.de

Por lo tanto, es importante contar con uno porque este calcula el monto más exacto de tus impuestos, de tal manera que te evites sobrecostos de carácter tributario pagos en exceso, demoras en devoluciones, o deducciones de gasto no efectuadas. Dicho profesional también se encarga del control de gestión, planificación de las actividades tributarias, o asuntos laborales.

Especialmente cuando empiezas tu negocio o varios negocios o estableces tu empresa esto es un hecho, tener un contador personal es de suma importancia para el reporte de tus dineros al gobierno. De esta manera ellos no solo tienen dinero, cuidan su dinero, sino que mantiene una organización profesional de tu dinero. Todo en su lugar y orden incluyendo al gobierno.

Cuando haces esto logras que tus finanzas vallan a otro nivel y sigues el proceso de una vida de Libertad Financiera.

Pasos para TU Libertad Financiera

Seguro de vida

En el mundo en que vivimos tenemos aseguranza para el carro, casa, crédito, pero pocos poquísimos tienen una aseguranza de vida. Hay una parte de personas que creen que la aseguranza de vida no es necesaria ya que creen que Dios los cuida y no hay de qué preocuparse. La parte religiosa es clara, se entiende y respeta. Sin embargo, sin argumentar este tema lo dejo al criterio del inteligente que es una persona organizada y piensa aun en su familia si dejara de existir.

En el siguiente articulo presentado por familias.com comparte algunas razones del porque sería conveniente tener una aseguranza de vida especialmente para los que tienen mente de inversionistas, emprendedores, los beneficios además de la familia son excelentes mientras estas vivo.

Familias.com nos explica: "La familia es la mayor preocupación cuando se piensa en que algún día se tendrá que dejar este mundo. Apoyar y proteger a sus miembros es el gran pendiente de los jefes de familia, quienes cargan sobre sus hombros la responsabilidad económica del hogar. Sin embargo, pocos cuentan con los recursos para dejar a sus seres queridos con una solvencia económica que les permita hacer frente al menos en lo inmediato.

Crear un patrimonio por lo general lleva años, y en muchas ocasiones cualquier cantidad de tiempo es insuficiente. El poco dinero disponible luego de los gastos, confiarnos en exceso, pero sobre todo la poca cultura de la prevención, son las causas principales para que no busquemos alternativas que nos permitan proteger a los que amamos cuando ya no estemos para ellos.

No tener las condiciones para dejar grandes fortunas no quiere decir tampoco que todo está perdido, porque existen opciones que por desconocimiento nuestro o mala fama por parte de ellos no consideramos en serio. ¿De qué hablo? De los seguros de vida, por poner un ejemplo y motivo de este artículo.

¿Tener o no tener un seguro?

Muchos los ven como los malos de la película por buscar un beneficio económico. Seamos honestos, la realidad es que queremos exactamente lo mismo: ¿por qué otra razón invertiríamos nuestro dinero sino para verlo de regreso y con rendimientos?

Voy a dejar la originalidad a un lado y a apropiarme de tres frases infaltables que todo vendedor de seguros que se respete utilizaría para convencerte de comprar uno; frases que no por hechas son menos ciertas, pero de tu cuenta dejo las conclusiones:

"Si usted fallece habría tres muertos: un marido, un padre y un ingreso"

Si resulta que eres el principal proveedor de tu familia, ten por seguro que tu pareja, hijo o hija, padre o madre, no solo llorarán tu ausencia.

"Un seguro de vida es el único sistema que le permite hacer testamento antes de acumular dinero"

Si la vida te regala suficientes cumpleaños como para cumplir el plan asegurado tendrás dinero para la vejez y si, por el contrario, acabara antes, tu familia no quedará desamparada.

"La finalidad de un seguro es crear efectivo donde efectivamente no hay nada"

Si fuera el caso de que dispones de grandes cantidades de dinero o bienes suficientes para que tu familia no tenga de qué preocuparse, entonces como quien dice ya estás hecho, pero si no es el caso, lo mejor que puedes hacer es prepararte para una eventualidad.

El ABC a cumplir:

1. Asesorarse

concienzudamente sobre lo que estás contratando y tener dispuestos todos los documentos que tu familia requerirá en caso de querer hacer efectiva la póliza. Recuerda dar información fidedigna, porque no hacerlo invalidaría cualquier contrato.

2. Bonificar

puntualmente los pagos, archivar todos los comprobantes y renovarla cada que se requiera es de vital importancia; no cumplir estos requisitos no sólo impedirá que tus familiares puedan disponer de los recursos, sino que habrá sido en vano todo tu esfuerzo y dinero invertidos.

3. Comunicar a tu familia quiénes serán los beneficiarios, e indicar a qué tienen derecho, de este modo se evitarán

malos entendidos o lo que es peor, que no reclamen lo que les pertenece.

La vida no tiene precio, pero cuesta, mientras que la muerte cuesta cuando no le ponemos precio a nuestra vida. Para que los que te aman te extrañen por lo que eres y no por lo que das, porque la vida sigue aún después de la muerte, ¡asegúrate!"

Allí están las razones básicas del porque se debería considerar un seguro de vida. Además de esto hoy día los beneficios son más que eso – el que la familia este asegurada después de la muerte de la cabeza del hogar, especialmente para los que creemos en las inversiones a largo plazo. Hoy día hay seguros de vida que permiten ser una inversión donde los beneficios los puedes adquirir mientras estas vivo o simplemente otra forma de invertir sabiamente tu dinero de donde a largo plazo lo incrementaras. Investiga y consigue la mejor póliza que cubra tu deseo y necesidad.

Testamento

Como en todo lo relacionado a las finanzas son pocos los que se preparan para el futuro y en este caso la muerte. Todos estamos destinados a morir y por lo tanto hay dos formas de despedirnos de esta tierra dejando legado o simplemente ocupando un espacio más en el cementerio.

Sin embargo, los que planean aun después de muerte ellos inteligentemente dejan un testamento de lo que tienen a su familia sea lo que sea ellos lo dejan clar.

¿Por qué es importante hacer un testamento?

Son demasiadas historias que nos han demostrado como al morir el padre o madre se disputan lo que no es suyo y grandes separaciones se inician cuando no se ha dejado un testamento. Estas desgracias son las que buscamos evitar ya que esto debe ser parte del proyecto, plan en nuestra Libertad Financiera como legado.

Por lo tanto, el testamento tiene como objetivo dos cosas principales. El primero es proteger lo que es nuestro. Un testamento evita que aquello que logramos construir durante nuestra vida, con tanto esfuerzo, caiga en las manos equivocadas. Un testamento nos da certidumbre. Nos permite tener la tranquilidad de que nuestros bienes servirán el propósito para el cual los quisimos tener.

Miscelaneos

Debemos tomar en cuenta que:

* si no dejamos un testamento, estamos dejando la decisión del futuro de nuestros bienes en manos de un juez, a través de un proceso complicado que podría durar varios años.

* Además, si no tenemos herederos legales y nadie reclama nuestros bienes, éstos podrían pasar a manos del Estado.

Segundo el testamento no solo protege lo nuestro, sino que protege a los nuestros. Creo que cualquier padre de familia quiere tener a su familia protegida. Un testamento es un mecanismo de protección para ellos. Les provee seguridad y les permite continuar con sus vidas sin preocuparse sobre qué sucederá con su casa o con el dinero que se tiene ahorrado.

Con ello buscamos evitar pérdida de tiempo y separación de nuestra familia en juicios y en muchas ocasiones muy largos.

Finalmente, el testamento establece nuestro deseo para el futuro para lo que es nuestro. La adecuada planeación de la sucesión es indispensable no sólo para proteger a nuestros seres queridos, sino para garantizar que ese patrimonio que logramos construir con tanto esfuerzo quede en las manos adecuadas de acuerdo a nuestro deseo.

Por ello, es una responsabilidad esencial que nos permite garantizar el bienestar de nuestra familia y una pieza fundamental en nuestro plan financiero personal a largo plazo aun sin nuestra presencia en esta tierra.

Aquí te comparto 7 pasos básicos que deberías considerar al realizar tu testamento, claro está esta lista no está limitada, tu puedes hacer tu lista.

1 - La primera cosa que debe incluir un testamento es información básica tales como nombre, dirección y fecha en la cual firmaste este testamento. Asegúrate de incluir la fecha en la que cobra vigencia; esta será la fecha en la que firmaste el documento finalizado.

2 - Menciona el ejecutor del testamento. Esta será la persona que se asegurará de que tus deseos se cumplan de acuerdo con tu testamento.

3 - Debes documentar que otorgas a esa persona el derecho de administrar tu patrimonio. Esto ahorrará tiempo y dinero al ejecutor, y le permitirá comenzar a administrar tu patrimonio

285

inmediatamente. No agregar este fragmento obligará al ejecutor a solicitar permiso de una corte para cumplir tus deseos.

4 - Solicita a tu ejecutor que pague todas tus deudas y gastos finales. Esto solventará cualquier deuda debida a hipotecas o préstamos. También incluirá gastos e impuestos del funeral.

5 - Una vez que han sido solventadas todas tus deudas, necesitarás indicar cómo quisieras dividir tus activos. Esto debería incluir cualquier dinero, propiedad y pertenencias. Esta es habitualmente la parte más difícil del testamento. Aquí necesitas ser tan específico como sea posible, nombrando al beneficiario (la persona que recibirá el activo) y el asunto específico. También es una buena idea nombrar un segundo beneficiario en caso de que la primera persona que indicaste muera antes que ti. Esto debe incluir todo desde automóviles y muebles hasta cuadros y joyas. Cualquier cosa de valor que quisieras dar a otra persona, sea miembro de la familia o no.

6 - Si tienes hijos, deberías listar el nombre de la persona que deseas que los cuide cuando mueras. Si tienes un hijo dependiente, deberías asegurarte de incluir esto en tu testamento. Esto es necesario inclusive si ambos padres están aún vivos (por si acaso ocurre el peor escenario y ambos se accidentan al mismo tiempo). Lista al otro padre como la primera persona y a una persona de relevo que cuidarían a tu hijo o hijos si ambos padres ya no lo pueden hacer. La mayoría de las veces, este es un amigo o miembro familiar cercano que crees que dará a tu hijo un buen hogar.

7 - Termina tu testamento indicando cuándo y dónde lo firmaste. Tu testamento debería ser firmado al menos por dos personas que no sean beneficiarios, para mostrar que no fue creado bajo coacción o fuerza.

Abogado, gestor

En el camino de Libertad Financiera es importante tener el conocimiento y las herramientas necesarias para realizar este viaje de una manera fácil hasta donde sea posible y una de las áreas que debe considerarse seriamente es contar con la asesoría de un abogado cuando sea necesario ya por algo personal, empresarial, familiar etc.

Por eso Una característica principal de toda persona involucrada en finanzas y negocios, empresas o con tratos públicos la planificación es importante y talvez no ahora pero en su momento será necesario hacerlo de la mano de especialistas. Consideremos algunos de los beneficios.

•   Cuentas claras conservan lo que posees, proveedores y clientes. En la sociedad en que vivimos hoy día es necesario blindar las nuestras pertenencias, relaciones comerciales y redactar contractos en donde queden estipulados los deberes y obligaciones de cada uno de las partes interesadas.

•   Tener un abogado ayudara a evitar malos entendidos y complicaciones judiciales.

•   Con un abogado puede establecer un marco legal y administrativo en sus negocios o empresa.

•   Reducir el impacto de la lentitud prestando atención a los detalles administrativos y legales del día a día:

•   Entregar presupuesto, solicitar su aceptación, documentar la entregas de mercancías.

•   Para todo esto, y para saber si sus facturas reúnen los requisitos legales necesarios, o para aclarar responsabilidades en los plazos de entrega o en la calidad, nada mejor que levantar el teléfono y poder consultarle a un abogado de forma rápida y ágil.

•   Con su abogado siempre contará con las mejores armas de negociaciones.

•   Es conveniente tener un buen asesoramiento profesional que le ayude a vigilar los costes de estructura y a aprovechar la flexibilidad de las leyes laborales, asesorándose sobre qué contratos le benefician más, qué derechos y deberes tiene frente a sus trabajadores.

•   El imparable auge de las nuevas tecnologías ha obligado a las empresas a ponerse las pilas a la hora de tratar cuestiones como el comercio electrónico, la protección de datos personales, la firma electrónica, los sorteos y promociones deben ser revisadas por un abogado especialista en nuevas tecnologías y seguridad online, para asegurarnos que la web del negocio cumpla con toda la normativa.

•   Proteger el patrimonio personal. Las transacciones realizadas por el operador financiero de una empresa pueden ocasionar responsabilidades económicas que no sólo comprometen los activos de un comercio también podrían

afectar su patrimonio personal.
- Cuando posee asesoría legal sabe las reglas de juego.
- Con un abogado usted puede vivir y caminar en paz en lo relacionado a sus finanzas, negocios y empresa o empresas.

Siempre consulte con un abogado especialista los pro y los contra de todo lo que haga.

Un Mentor

Razones por la cuales necesitas tener un Mentor

Una de las decisiones que más me ha ayudado en la vida personal, financiera y profesional ha sido tener un mentor. Conseguir un mentor no es tarea fácil, pero es uno de los esfuerzos que te traerá mayores frutos en cualquiera de tus emprendimientos.

MMEC siempre te recomienda que tengas un mentor para cada una de las áreas que deseas tener éxito. Muchas veces un solo mentor puede servirte para ayudarte en varias áreas; a veces necesitaras tener varios mentores. Por ejemplo, digamos que las tres áreas principales donde deseas tener éxito son tu familia, finanzas o tu condición física. Entonces necesitas tener los mentores que te ayudarán en cada área.

Unas de Las razones por las cuales tener un mentor o coach es:

Una visión más amplia: Un mentor entiende el proceso del éxito en el campo donde te aconseja mucho mejor que tú. Entiende los procesos, la política y el impacto de las decisiones sobre la organización y su entorno, Por ello, te puede guiar de una mejor manera porque es capaz de ver el panorama completo.

Más conocimiento: Un mentor ha caminado el camino antes que tú. En consecuencia, te va a ahorrar tiempo y dinero ayudándote a acelerar tu curva de aprendizaje y minimizando tu posibilidad de cometer graves errores. Debido a que ha fracasado en el pasado, es una gran fuente de información sobre qué hacer y sobre qué no hacer.

Exige cuentas: Una de las disciplinas que más te puede ayudar a tener éxito es rendir cuentas. Un buen mentor te va a exigir cuentas. Buenos mentores no pierden el tiempo así que si ellos sienten que no estás ejecutando lo conversado y no estás comprometido con tu éxito simplemente no siguen aconsejándote. Un amigo: Un buen mentor desea y lucha porque tengas éxito. En muchas ocasiones se convierte tu amigo que debería ser una meta. Las relaciones que se forman durante la jornada llegan a ser una de las relaciones más profundas de tu vida que estoy seguro valorarás más que el éxito mismo. Te recordarás de mí en ese momento.

Experiencia cuántica: cuando se tiene al mentor correcto y se sabe lo que se desea y con el y sus consejos la persona logra en su experiencia saltos cuánticos, acelera sus pasos, resultados mucho más rápidos y llega mucho más expedito a su destino que si lo hubiera recorrido de la manera convencional que es "obtener la experiencia con forme llegue" y solo. Eso es lo que hace un emprendedor convencional, alguien que va a la universidad a adquirir un título que le lleva años solo para descubrir que un jovencito de 13 años sabe más que él o ella.

Resumen: "Tenía más de un millón de dólares cuando tenía 23 años y más de diez millones cuando tenía 24 años y más de cien millones de dólares cuando tenía 25 años, y nunca fue importante porque nunca lo hice por dinero." - Steve Jobs

Vuelve a Repasar

"Un libro es un regalo que puedes abrir una y otra vez." - *Garrison Keillor.*

Uno de los grandes secretos que he aprendido en la vida de los exitosos es repasar todo lo que me instruye en la vida. Abraham Lincoln volvía a leerse los libros que terminaba y en ese simple acto volvía a aprender, recordar, reafirmar su verdad.

"Cuanto más lees, más cosas sabrás. Cuantas más cosas aprendas, a más lugares viajaras." - Dr. Seuss.

Hay una magia en repasar las cosas una y otra vez. Se encuentra con algo que en el momento de su primera lectura no se vio como importante o no se estaba al nivel de comprensión como al realizarlo en la segunda o tercera lectura.

"Es lo que lees cuando no tienes que hacerlo, lo que determina lo que serás." - Oscar Wilde.

Entonces el último paso y consejo para mantener tu Libertad Financiera es:

- Vuelve a leer
- revisar,
- practicar
- y mejorar en los pasos expuestos en este libro.
- Aplica algo más de lo que ya has hecho hasta ahora.

Resumen: Así de simple. Volver a leer y aplicar. Siempre Vuelve a Repasar.

Te he escrito este libro cuando he salido de manera práctica de mis deudas, empezado negocios, empresas sin la necesidad de endeudarme, totalmente orgánicas, o usando inteligentemente los dineros de otros. Estoy incrementando mis inversiones y todo lo realizo con inteligencia, visión y acción masiva. Vivo de una manera extraordinaria ya que Libertad Financiera es posible, es fácil es necesario para gozar y gustar de nuestra existencia.

Vuelve a Repasar

Todos podemos ser LIBRES, pero no todos queremos pagar el precio. ¿Qué vas hacer con toda esta información? ¿en este instante cual será tu decisión y acción masiva?

Te deseo toda la prosperidad y fue un extraordinario gusto haber estado contigo en estos **"Pasos a Tu Libertad Financiera"**. Nunca te des por vencido y cuando gustes puedes escribirme y contarme de cuanta ayuda es este libro en tu vida, familia, empresa, negocios o emprendimiento.

Mantén esto en tu mente siempre. Con este libro he activado tu propia fortuna y el recibirla depende ti. Siempre mantén en mente una mesa, cada vez la veas recuerda los significados de sus cuatro patas y la mesa en si:

Primera pata representa Despertar Consciencia al Dinero.

Segunda pata representa Respeto al Dinero.

Tercera pata representa Administración del Dinero.

Cuarta pata representa Posición / Inversión del dinero.

Cumples con estas cuatro patas y tienes tu mesa símbolo de tu FORTUNA. Cada vez que veas una mesa recuerda tu fortuna **MMEC.**

"La gente rica piensa YO creo mi vida gente pobre piensa la vida me ocurre a mi" – T. Harv Eker.

Fin

Kit MMEC para oficina de Tu fortuna

"La manera en que hacemos una cosa así hacemos todas las cosas." – Miguel Martin

En cada familia, persona y oficina para libertad Financiera no debe faltar como mínimo lo siguiente:

Papel

Un lápiz

Borrador

Saca punta

Calculadora

Pasos para TU Libertad Financiera

Marcadores
Note Pad
Cuaderno
Hoja de Presupuesto
Sobres
7 Plásticos de colores.
Galón / Contenedor plástico
Cajita paga guardar hojas o tarjetas.
Tarjetas 3/5 de colores.
Educación Financiera.
Hoja de Presupuesto MMEC
Nombre: _____
Fecha: _____
Entradas de dinero
Trabajo 1 _____
Trabajo 2 _____
Otros   _____
Total: _____
Pagos
Diezmos: _____ Esto si eres religioso.
Ofrendas: _____ Esto si eres religioso.
Pago de Casa o alquilar: _____
Luz: _____
Agua: _____
Gas: _____
Aseguranza de Carro _____
Celular / Tel_____
Comida: _____
Total_____
Deudas
Deuda 1 _____
Deuda 2 _____
Deuda 3 _____
Deuda4_____

Total_____
   Ahorros
   En Banco _____
   En Casa   _____
Total _____
   Inversión / Negocio
   Empresa _____
   Socio   _____
Total_____
   Resultados
   Ganancias _____
   Ahorros _____
Total_____

   Gustos / Lujos
   Cuenta _____
   Cuenta_____
   C u e n t a _____
Total _____

Hoja de Pago de Tarjeta de Crédito y Deudas MMEC

   Fecha_____
   Nombre_____
   Tarjeta Crédito Nombre _____
Total_____
   Pago Mensual_____
   Fecha para terminar de pagar_____
_____

   Meta de como planeo pagar más rápido es:

_____
_____
_____
_____
_____
_____

Pasos para TU Libertad Financiera

Deuda: Nombre_____

Total_____

Paga mensual_____

Tiempo acordado_____

Fecha para terminar de pagar_____

_____

Meta de como planeo pagar más rápido es:

_____
_____
_____
_____
_____

_____

Cosas que no son mías y que regresare inmediatamente son:

_____
_____
_____
_____
_____

_____

Nombre de persona, agencias, instituciones, negocios, tiendas etc _____

_____
_____
_____
_____
_____
_____
_____
_____

_____

Regresare en fecha _____

Promesa MMEC

Me comprometo con el universo no volverme a endeudar ni tomar o usar lo que no es mío

Nombre_____ Fecha_____
_____

Firma _____
_____

Testigos _____
_____

Sobre el Autor

El autor es un Conferenciante internacional sobre temas religiosos, liderazgo, salud y motivación por los últimos 20 años y autor de varios libros como: La Verdad Profética Tomo 1, Como Joven Cristiano Caí Pero Me Levante, El Código De Toda Posibilidad, El Líder Gladiador, El Noviazgo Cristiano, El Poder De La Disciplina, El Poder De Pedir, 12 Reglas De Una Vida Exitosa, El Emprendedor Inteligente - EmpiezaTu Propia Empresa, Dile Adiós a tu Empleo - Comienza tu Propio Negocio.

También es el fundador de LVP / La Verdad Profética una institución no lucrativa que ayuda a gente necesitada. Es el Fundador y Presidente de la empresa MMEC / Miguel Martin Education Center con sede en Dallas Texas de Desarrollo y Motivación Personal.

Conoce más sobre Miguel Martin y reciba información y entrenamiento gratuito en su página web www.miguelmartin. info www.miguelmartineducationcenter.com

Pasos para TU Libertad Financiera